Jürgen Hoops von Scheeßel

Die Moorsiedler

Buch 3: "Schwere Zeiten"
Eine historische Familiensaga

Die Moorsiedler

Buch 3

"Schwere Zeiten"

Eine historische Familiensaga

Jürgen Hoops von Scheeßel

Edition Noëma

Bibliografische Information der Deutschen Nationalbibliothek
Die Deutsche Nationalbibliothek verzeichnet diese Publikation in der
Deutschen Nationalbibliografie; detaillierte bibliografische Daten sind im
Internet über http://dnb.d-nb.de abrufbar.

Bibliographic information published by the Deutsche Nationalbibliothek
Die Deutsche Nationalbibliothek lists this publication in the Deutsche Nationalbibliografie; detailed
bibliographic data are available in the Internet at http://dnb.d-nb.de.

Coverabbildung: Aus der Chronik "225 Jahre Ostendorf 1764-1989" von Rainer Brandt, S. 11. Gemeinfrei.

ISBN-13: 978-3-8382-1679-9
Edition Noëma
© *ibidem*-Verlag, Stuttgart 2023
Alle Rechte vorbehalten

Das Werk einschließlich aller seiner Teile ist urheberrechtlich geschützt. Jede
Verwertung außerhalb der engen Grenzen des Urheberrechtsgesetzes ist ohne
Zustimmung des Verlages unzulässig und strafbar. Dies gilt insbesondere für
Vervielfältigungen, Übersetzungen, Mikroverfilmungen und elektronischen
Speicherformen sowie die Einspeicherung und Verarbeitung in elektronischen
Systemen.

All rights reserved. No part of this publication may be reproduced, stored in or introduced into a
retrieval system, or transmitted, in any form, or by any means (electronical, mechanical, photocopying,
recording or otherwise) without the prior written permission of the publisher. Any person who does any
unauthorized act in relation to this publication may be liable to criminal prosecution and civil claims for
damages.

Printed in the EU

Inhalt

Prolog — 7

Karten — 10

Hauptpersonenregister — 11

Glossar — 13

Zeichnungen — 14

Buch 3
„Schwere Zeiten"

Kapitel 1
Das andere Klima — 15

Kapitel 2
Jahre in Not — 33

Kapitel 3
Der Kartoffelhof — 77

Kapitel 4
Die Franzosenzeit — 98

Kapitel 5
Auf nach Dithmarschen — 158

Kapitel 6
Ein neuer König — 238

Prolog

„Schwere Zeiten"

Eine historische Romanreihe über eine Familiengeschichte

Das Buch

In meinen vorangegangenen, historischen Romanen Gretge, Anna, Tibke und Mette habe ich das vor über 350 Jahren erduldete Schicksal von Verfolgung, Ächtung, Anklage, Verurteilung und Hinrichtung unschuldiger Frauen, einiger weniger Familien, über vier Generationen geschildert.
Deren schwere Lebens- und Leidensgeschichte, sowie deren Martyrium stehen dabei exemplarisch für die vielen Schicksale der im Hexenwahn und Aberglauben seinerzeit verfolgten und gequälten Menschen, überwiegend waren es Frauen. Im Fokus dieser Hexenprozesse, einstmals ausgelöst durch die Inquisition, ertrugen nicht nur die Opfer, sondern auch deren Familien unsägliches Leid, selbst noch zu Zeiten und im Gebiet der Lutheraner.

In dieser Romanreihe, die einer Familiensaga entspricht, schildere ich die erfolgreiche, aber auch entbehrungsreiche und leidvolle Geschichte der „zweiten Söhne".
Diese waren im Gebiet, in dem das Majoratsgesetz galt, nicht erbberechtigt. Ihnen blieb nur die Hoffnung, in einen anderen Hof einheiraten zu können, Knecht des hoferbenden Bruders zu sein, oder aber der Weggang.

Jürgen Christian Findorff wurde am 20. September 1771 von Georg III. offiziell zum Moorkommissar ernannt. Seit 1752 arbeitete Findorff bei der Moorkolonisation, was ein Projekt des Kurfürsten von Hannover war, in bisher ungenutzten Moorgebieten Neugründungen, sogenannte Moorsiedlungen, entstehen zu lassen. Dies hatte die

Trockenlegung der Moore zwischen Hamme und Wümme zum Ziel, um sie besiedeln zu können.
Damit wurde vielen Landeskindern die Möglichkeit eröffnet, in nicht allzu weiter Entfernung der bekannten Heimat, die Chance zu nutzen, sich über Generationen hinweg bis zum stolzen Besitzer einer ehemaligen Moorkate, nach hartem Kampf mit der Natur, hochzuarbeiten.
Es war quasi eine Auswanderung im eigenen Land, die viele hoffnungsvoll ergriffen, die jedoch unzähligen auch einen frühen Tod oder das Scheitern bescherte.

Um der Auswanderung oder Abwanderung entgegenzuwirken, ein Ausbluten des eigenen Volkes zu verhindern, aber auch, um noch genügend wehrfähige Männer für zukünftige Kriege sowie für die Produktion von Nahrungsmitteln zur Verfügung zu haben, erließ der König in Hannover im Jahr 1832 eine Verordnung die dies ermöglichte.
Diese Maßnahme sollte die Hoffnung auf eigenes, neues Land für die bisher ohne Zukunft hier lebenden Menschen wecken, um sie zum Bleiben zu bewegen, indem sie die Stellen als Eigentum erwerben konnten.

Es handelt sich hierbei um eine belegte und überlieferte Familiengeschichte, wie sie viele andere, ja, fast alle *„Auswanderer in die eigene alte, aber für sie neue Welt"* an anderer Stelle, nicht nur im Königreich Hannover, erlebten. Die Gründung vieler Fehndörfer in Ostfriesland fußte auf einer ähnlichen Zielsetzung seitens der preußischen Krone.

In schwerer Not, mit harter Arbeit, vielen Entbehrungen und, manchmal auch ausweglos erscheinenden Erlebnissen als Moorkolonist, über Generationen hinweg eine Existenz für die Enkel zu schaffen, ist mehr als eine anerkennenswerte Leistung. Oftmals gelang es dabei nur die eigene Familie mit viel Mühe und Not zu ernähren.

Darüber werde ich im Folgenden berichten.
Die Romane sind wie eine Zeitreise durch die Geschichte unserer Heimat im Elbe-Weserraum, am Beispiel einer Familie, wie sie viele andere Familien auch erlebt haben.

Noch heute, mehr als 250 Jahre später, leben viele stolze Nachfahren auf dieser Scholle, und eine noch immer mit Familiennamen Hoops.
Eigentlich haben sich die Dialoge damals überwiegend nicht in Hochdeutsch, sondern im landesüblichen plattdeutsch zugetragen. Die Geschichte nicht in Hochdeutsch nieder zu schreiben, würde viele geneigte Leser und Leserinnen ausschließen, was keinesfalls gewollt ist. Dennoch war es mir ein besonderes Anliegen hier und da bestimmte Worte wie Aussagen in meiner Muttersprache, plattdeutsch, zu halten, die nicht zwingend übersetzt werden mussten.

Viel Freude beim Lesen wünscht Ihnen

Jürgen Hoops von Scheeßel

Karte der Vogtei Sottrum [1]
„Die Heimat der Väter"

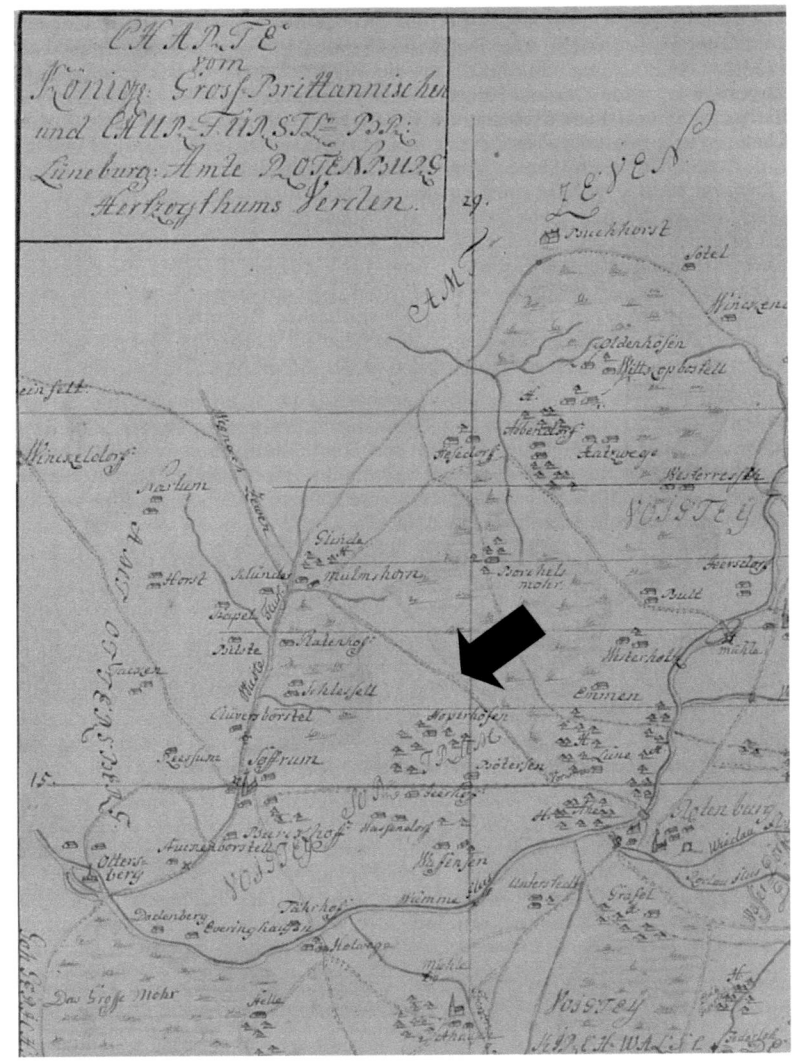

---

[1] Abb. 1 Karte der Vogtei Sottrum, HStA Hannover, Hannover Nr. 140, I 4, 1753; siehe auch Dörfler, Seite 27

Hauptpersonenregister

3. Generation – Die Familien der zweiten Söhne

Jochen (Joachim I) Hoops   Johanns Sohn
[1727-1811] 1. Moorkolonist in Ostendorf

Anna Cathrin geb. Hoops   Johanns Ehefrau
Tochter von Christian Hoops, einem Nachfahren der Hoops aus Stemmen im Kirchspiel Scheeßel

Anna Hoops   Johanns Tochter
[1730-1808] verheiratet mit Friedrich Dormann, Gastwirt in Oldendorf (heute Gasthaus Adebar, Dittmers Hof) bei Zeven

----

Johann Hoops   Joachim I 1. Sohn
[1758-1831] Halbhöfner in Kranenburg
Rebecka / Becke geb. Meyer, Erbwitwe Johanns Ehefrau

Joachim II Hoops   Joachim I 2. Sohn
[1760-1820] 2. Moorkolonist in Ostendorf
Margaretha geb. Meyer   Joachim II Ehefrau

Cord Hinrich Hoops   Joachim I 3. Sohn
[1762-18__], Kohlenhändler in Bremervörde

Claus Hoops   Joachim I 4. Sohn
[1765- 1838], Gastwirt in Oldendorf (Gasthaus Adebar)
Marie geb. Könken   Claus´ Ehefrau

Harm Hoops   Joachim I 5. Sohn
[1767- 1834], Kötner in Forst bei Stade
Lucia geb. Tiedemann   Harms 1. Ehefrau
Engel geb. Matthees   Harms 2. Ehefrau

Friedrich Hoops   Joachim I 6. Sohn
[1778- 1841], Häusling in Forst bei Stade
Margret geb. Kahrs   Friedrichs Ehefrau

Anna Hoops	Joachim I 1. Tochter
[1770-____] verheiratet mit Johann Hinrich Wintjen, Neubauer in Ostendorf	
Margaretha Hoops [1773-1778]	Joachim I 2. Tochter
Engel Hoops [1776-1776]	Joachim I 3. Tochter

Claus Hoops	Joachims II 3. Sohn
[1797-1883] Einwohner in Süddithmarschen	
Margaretha geb. Wiese	Claus Ehefrau

Der Familienname wurde einstmals bereits vor 1500 „Hopes" geschrieben, wobei das „e" nur die ausgesprochene Verlängerung des „o" ist, und als Hoops ausgesprochen wurde. In Sottrum wird noch heute eine als Hops geschriebene Familie, wie Hoops mit einem weichen langen O ausgesprochen. Die Schreibweisen, wie die Aussprachen haben sich allerdings bei Abwanderungen regional auch in Hops, Hobst, Hoop und Hoeps verändert, wobei es in einem Stamm unterschiedliche Schreibweisen gibt.[1]

Die Findorfer, wie die Ostendorfer Chroniken waren mir hier und da sehr nützlich. Zudem vieles, was ich in den Jahrzehnten gelesen und gehört habe. Hauptsächlich aber haben mir die Urkunden und Informationen aus den Familien, wie die „Stammtafeln Hobst-Hoops-Hops-Hoeps-Hoop", oder die teilweise noch vorhandenen Fotos und Aufzeichnungen aus den Familien sehr geholfen. Dafür möchte ich mich an dieser Stelle sehr herzlich bedanken.

---

[1] siehe: Stammtafeln Hobst-Hoop-Hoops-Hops im Elbe-Weserraum Geiger, Horb am Neckar 2013, ISBN 978-3-86595-530-2, Autor Jürgen Hoops von Scheeßel [vergriffen]

Glossar

Altenteiler	Bauer, der die Führung seines Hofes an einen Nachfolger übergeben hat.
Bademutter	ortsübliche Bezeichnung für Hebamme
Flett	Diele mit offener Feuerstelle im Niedersachsenhaus
Groot Dör	Große Doppeltür, durch die auch ein Heuwagen eingefahren werden kann
Häusling	Bewohner eines kleinen Hauses ohne Ackerland
Häuslingshaus	kleines Haus, gehört zu einem Hof
Herrenmeier	Erbpächter eines Amtshofes
Holzklotschen	geschnitzte Holzschuhe
Kate	kleines Haus mit wenig Ackerland
Kötner	Bewohner einer Kate
Schauer	überdachter Unterstellplatz für Fuhrwerke und Gerätschaften

Kapitel 1

1783/1784

Das andere Klima

Seit dem Tod seines Vaters, Johann, waren zwei Jahre vergangen und das Leben ging weiter. Joachim I, Jochen genannt, hatte aus einer Wildnis, einem Nichts einen Hof gemacht, und darauf war sein Vater sehr stolz gewesen. Das Lob und seine Worte gingen ihm immer wieder durch seinen Kopf und es war ihm dabei warm ums Herz. Noch Vorgestern waren ihm, während des Gottesdienstes, die Worte ins Gedächtnis zurückgekehrt. Er war mit den Ernten und seinem Ergebnis als Bauer sehr zufrieden. Zudem hatte er mit dem unerwarteten Segen von 140 Talern eine Reserve für schlechte Zeiten. Wie nahe er am Abgrund zum Ruin stand, ja, vor einer Katastrophe, ahnte er nicht, wie Millionen andere ebenso unwissend waren.

Heute schrieb man den 8ten Juni 1783. Es war ein Dienstag und Jochen stand auf seinem Hof. Er schaute früh am Morgen nach Osten in die aufgehende Sonne, bevor er zum Melken der Kühe ging. Er genoss seit Jahren allmorgendlich diesen Anblick. Zudem schaute er aber auch prüfend nach dem Wetter, was es am Tag bringen würde. Es war für ihn und seine Familie überlebenswichtig.

Zwei Tage später stand er ebenfalls gewohnt früh auf, trat wie immer auf den Hofplatz, um die Sonne aufgehen zu sehen. Als er sich gerade recken und den Schlaf aus dem Körper drücken wollte, bemerkte er mit halboffenen Augen, dass etwas anders war. Es war keine Sonne zu sehen, auch das Licht war anders als sonst. Der Himmel war mit dunklen Wolken gefüllt. Das, was er erblickte, sah sehr bedrohlich aus, denn die Wolken waren auch anders als die

ihm bekannten dunklen Wolken, die viel Regen mit sich führten, oder Stürme ankündigten. Es war eher so, als wäre der Rauch von unendlich vielen abgefackelten, feuchten Strohballen in der Luft und würde wie eine Nebelwand über dem ganzen Dorf stehen. Der Anblick fuhr im in die Glieder, denn diese dunklen Wolken und dieser Nebel machten ihm richtig Angst. Er schaute sich sorgenvoll um und sah, dass auch der linke Nachbar, schemenhaft durch den Nebel erkennbar, kopfschüttelnd auf dem Dammweg stand.
Jochen ging mit schnellen Schritten ins Haus und holte seine Familie und die Bediensteten nach draußen, damit sie es sich selbst ansehen konnten.
„Erschreckt euch nicht", waren seine beschwichtigenden Worte. Allerdings hatte er damit keinen Erfolg, denn es sah aus, als ob das Jüngste Gericht bevorstand.
Seine Frau Anna bemerkte, was noch keiner von den Anwesenden gesehen hatte, weil sie alle in den Himmel starrten.
„Jochen, schau einmal. Hier liegt überall eine ganz feine Staubschicht auf den Pflanzen in unserem Kohlgarten."
Die besorgte Stimme seiner Frau und die Tatsache der Staubschicht bedrückten ihn. Er sagte seinem Knecht, er müsse heute die Kühe alleine melken, er würde zum Amt reiten und vorher bei den Nachbarn nach dem Rechten sehen.
„Anna, schließe den Deckel vom Brunnen", bis ich weiß, was das für ein Nebel am Himmel ist, der die Sonne nicht durchscheinen lässt. Und schick den Sohn zu den Immenkörben nach dem Rechten sehen."
Anna drehte sich um und tat was Jochen ihr aufgetragen hatte. Sie half heute auch beim Melken. Als sie den Tisch decken wollte bemerkte sie, dass auch hier eine ganz feine Staubschicht auf dem blanken Holz lag. Sie wischte sie mit einem feuchten Lappen ab, wobei der Staub wie nasses Mehl, wie nasse Asche schmierte.

„Das ist kein Staub", sagte sie laut zu sich selbst. „Aber was ist das?", fragte sie sich und schaute besorgt drein.
Jochen kam nach einigen Stunden auf den Hof zurück. Er führte sein Pferd am Zügel.
„Ich war nicht in Bremervörde, ich war bei einigen unserer Nachbarn. Dieser trockene Nebel hat mir und dem Pferd das Luftholen schwergemacht. Bei den Nachbarn sieht es nicht anders als bei uns aus. Manch einer spricht vom Weltuntergang, aber ich glaube nicht daran. Was muss das für ein großes Feuer sein, dass soviel Asche hierher weht?", fragte er seine Frau, womit er nicht ganz falsch lag. Er hatte schnell erkannt, worum es sich handelte, was ihm aber nichts nutzen würde.
Die Nachricht, dass es den Immen gut ging, der Sohn die Stöcke abgestaubt und mit Säcken abgedeckt hatte, beruhigte wenig.
Als dieser ungewöhnliche Nebel auch über Tage anhielt und daraus viele Wochen wurden, fingen auch die größten Optimisten an ernsthaft zu zweifeln und sich zu sorgen.
„Anna, ich habe die Befürchtung, dass es diesen Sommer mit der Ernte nichts wird. Wir haben zwar eine Menge Stroh und Heu im Haus, aber ich kann nicht sagen, wie lange es reicht. Gott sei Dank hat es seither nicht geregnet und der Staub ist hier und da fortgeweht worden, aber andernorts ist der Staub mehr geworden. Anstrengungen fallen sogar den Kräftigsten schwer und viele Alte und Kranke im Dorf bekommen kaum noch richtig Luft. Halte die Vorräte knapp und fahre morgen mit mir zum Krämer. Ich will Vorräte kaufen, damit wir über den Winter kommen. Nehme von den 140 Talern 40 mit. Der Wagen wird voll und die zwei Pferde werden es schwer haben. Die anderen bleiben hier auf dem Hof."
„Jochen, der Pastor spricht auch vom jüngsten Gericht", warf Anna ängstlich ein. Er nahm sie liebevoll in den Arm, was ihr in diesem Augenblick unheimlich gut tat.

Am darauf folgenden Morgen stellte Jochen zwei Eimer mit Wasser getränkten Lappen auf den Wagen. Den Pferden legte er einen trockenen Lappen um die Nüstern und befestigte sie am Geschirr. Er selbst band sich, auch seiner Frau, Tücher vor den Mund und die Nase, was das Atmen ein wenig erleichtern sollte, denn der Staub, den die Pferdehufe vor ihnen aufwirbelte sorgte ihn. Dann fuhren die beiden sehr früh am Morgen nach Bremervörde.
Es bereitete ihnen dennoch Probleme beim Atmen und in den Augen. Sie brauchten für die Fahrt statt einer, gute drei Stunden. Jochen hatte zudem Wasserschläuche für die Pferde mitgenommen, aber auch Kisten und zwei Fässer, Körbe, Seile und eine große Plane.
Überall wo sie vorbeifuhren und Nachbarn, aber auch anderen Menschen begegneten, trafen sie auf ebenso verängstigte Leute, wie sie es selbst waren. Mehrmals hielt er unterwegs an, nahm einen der nassen Lappen aus den Eimern und wischte und spülte damit Mensch und Pferd die Augen sauber. Die Pferde tränkte er aus den Wasserschläuchen. Seine Maßnahmen halfen ein wenig.
„In Bremervörde werde ich die Lappen der Pferde wechseln müssen. Aber es hilft", sagte er aufmunternd zu Anna. Ansonsten sprachen sie nicht viel, denn das Atmen fiel ohnehin schon schwer durch die Lappen.

In Bremervörde angekommen sahen sie auch hier überall den Staub. Er versorgte zuerst die Tiere, während seine Frau gleich zum Krämer ging, dessen Laden gerade geöffnet hatte. Joachim folgte ihr nach einer Weile. Beide waren mit dem Krämer alleine und es gab auch nur ein Thema, der schreckliche, andauernde Nebel, der kaum Sonnenlicht durchließ und der feine Staub, der durch alle Ritzen gekommen war.
„Seid gegrüßt. Ihr seid aber früh unterwegs und ich freue mich euch zu sehen. Was führt euch zu mir?", wollte der freundliche Kaufmann wissen.

Jochen fasste sich kurz.

„Hinter dem Haus steht mein Wagen. Ich möchte bei dir heute einkaufen, mir Vorräte anlegen, denn ich bin in Sorge. Zudem habe ich einigen Nachbarn versprochen etwas mitzubringen, damit nicht jeder hierher unterwegs ist. Was hast du denn da an Speckseiten, Schinken, Trockenfisch, Bohnen und anderes trockenes Zeug, das man lange lagern kann?"

Der Krämer freute sich über den frühen Kunden, der mit seinem Hamsterkauf Umsatz machte und ihm einen unerwarteten Gewinn brachte. Ihm war noch nicht bewusst, was sich im Land wirklich verändert hatte, und welche Folgen das haben würde. Deswegen waren seine Preise unverändert gleich. Dass Anna nicht nur die 40, sondern die ganzen 140 Taler mitgenommen hatte, dazu ihre Reserve von 60 Talern, verschwig sie ihrem Ehemann aus gutem Grund. Sie ahnte aber, dass es gut investiert war, wenn sie das Geld in Vorräten anlegen würden.

Gemeinsam packten sie auch die Sachen für die Nachbarn zusammen, für die Jochen versprochen hatte dies und das mit zu bringen. Sie hatten ihm Geld dafür mitgegeben.

Als der Wagen mit dem gewünschten Bedarf gefüllt war, zählten Jochen und der Krämer die Waren noch einmal durch.

Da waren mehrere Schinken, Speckseiten, Würste, dazu ein Fass mit gepökeltem Fisch, Körbe voller Trockenfleisch, Pökelfleisch und Dörrfisch, Säcke gefüllt mit Buchweizen, Roggen, Gries und einiges mehr. Auch zwei kleine Fässchen Wein waren darunter. Sie gaben ihm die geforderten 100 Taler, hatten somit noch eine Reserve. Jochen war erstaunt, als Anna die Taler in bar bezahlte.

„Hör zu, ich komme am nächsten Sonntag vor der Predigt vorbei und stelle den Wagen hinterm Haus ab. Nach dem Gottesdienst möchte ich noch drei Schinken und vier

Speckseiten unter der Plane finden. Das Geld dafür gebe ich dir jetzt ebenfalls in die Hand."
Die beiden waren sich einig und hatten ein sehr wichtiges Geschäft gemacht, ohne den Krämerladen annähernd leergekauft zu haben.
Mit dem abgeplanten Wagen fuhr das Ehepaar die wenigen Kilometer gemächlich wieder nach Hause. Der ständige Staub machte den Pferden, durch die Last des vollgeladenen Wagens, das Atmen und Ziehen schwerer. Jochen legte mehrmals eine kurze Rast ein. Bei den Höfen, für die er etwas mitbringen sollte, hielt er kurz an und lud die Sachen ab.
„Es war gut, dass du mehr Geld mitgenommen hast. So konnten wir auch das bezahlen, was heute nicht mehr auf den Wagen passte. Ich darf ihn ja auch nicht zu schwer beladen, sonst brechen mir die Pferde unterwegs noch tot zusammen", lobte er seine Frau, deren Antwort er wegen der Tücher vor dem Mund nicht verstand.
Auf seinem Hof angekommen, fuhr Jochen den Wagen unter den Schauer und ließ die Plane auf dem selbigen.

Anna ging ins Haus und Jochen zäumte mit seinem Knecht die Pferde ab, führte sie in ihren Pferch. Dort erhielten sie frisches Wasser, reichlich Hafer und hinreichend Pflege. Zuvor hatten beide draußen die Pferde abgebürstet, damit die Asche draußen blieb.

Danach beauftragte er den Knecht zu seinen Verwandten nach Hesedorf zu gehen, denn der Fußweg würde dem Knecht leichtfallen. Zudem brauchten die Pferde Erholung. Die Magd schickte er zu Annas Familie nach Westerholz. Beide sollten Briefe überbringen, die Anna gleich zu schreiben begann. Er mahnte sie, reichlich Wasser mit auf den Weg zu nehmen und ihre Münder, Augen und Nasen gut zu schützen.

Sie teilten ihren Verwandten mit, dass es ihnen gut gehe, sie sich aber Sorgen machten, wie es mit der Ernte werden würde. Sie fragten an, wie viel Torf die Familien zum Winter benötigen würden, baten daher um Mitteilung, um es einplanen zu können. Weiterhin versicherte Anna, dass der Preis dafür wie im letzten Jahr gleichbleiben würde, schließlich handelte es sich ja um Familie. Sie hatten die Unterstützung der Familie beim Hausbau in Ostendorf nicht vergessen.

Nachdem sich die beiden auf den Weg gemacht hatten, holte Jochen seine Söhne zusammen.
„Hört zu, die beiden sind ein paar Tage unterwegs. Ihr habt das Wetter mit dem trockenen Nebel und der Asche in letzter Zeit erlebt. Ich mache mir ernsthaft Sorgen um unsere Ernte. Ohne ausreichend Sonne und ohne genug Regen, im richtigen Verhältnis zueinander, wächst auf dem Feld kein Ertrag. Der Staub und die Asche machen den Bienen das Honigsammeln verdammt schwer. Die Kühe fressen das staubige Gras kaum, und dieser Staub dringt durch die kleinste Ritze. Deswegen haben eure Mutter und ich beschlossen, dass wir uns heimliche Vorratslager anlegen. Dazu werden wir zwei Erdbunker[2] bauen. Da wir hier im Moor leben, können wir nicht einfach in die Erde graben, wie bei eurem seligen Großvater auf dem Hof."
Sie nickten zustimmend. Die Ruhe und Entschlossenheit des Vaters machten ihnen Mut.
„Der Knecht und die Magd dürfen davon nichts wissen, denn es sind Notvorräte. Wenn es zu einer großen Notlage im Land kommt, könnte das Wissen darüber Spitzbuben, Diebe und Mörder, aber auch anderes Gesindel anlocken, um uns die Grundlage zum Leben zu stehlen. Natürlich bekommen die beiden auch von den Notvorräten, aber es ist

---

[2] auch bekannt als separater Vorratskeller außerhalb eines Gebäudes

besser, sie wissen nichts davon, dann können sie sich auch nicht verplappern."

Dass es um die Menschen auf dem Hof und um das Überleben und Überstehen des nächsten Winters ging, hatten alle Söhne verstanden. Keiner würde auch nur ein Wort an andere darüber verlieren. Dem Krämer hatte er einen extra Taler für sein Schweigen über seinen Einkauf gegeben, ihm aber auch gedroht, dass, sollte er es erzählen, Joachim und alle seine Verwandten zukünftig beim anderen Händler einkaufen würden.

Der Nebel und die Dunstglocke kam ihnen bei dem Vorhaben die Erdbunker anzulegen sehr zu Gute. Die ganze Aufmerksamkeit der Nachbarn war auf deren Probleme gerichtet. Der Bauer wusste aus Gesprächen, dass ein jeder seiner Nachbarn notwendige Vorkehrungen treffen würde.

Dass Jochen einen großen Haufen an gutem Boden hinter der Scheune angehäuft hatte, kam ihm nun gelegen. Dennoch kamen sie reichlich ins Schwitzen.

Die Söhne trugen die Grasnarbe ganz vorsichtig ab und legten sie sorgsam bei Seite, aber nicht ohne sie dabei feucht zu halten. Dann zimmerten sie zwei Verschläge in denen ein Mann gekrümmt stehen konnte, der auch so breit und lang war, dass ein Mann seine Arme ausbreiten konnte und sich auch zu drehen vermochte. Die Ziegel, die Jochen für den Bau eines Hauses gesammelt hatte nutzten die Familie, um den Boden doppelt auszulegen, damit es einen steinernen Fußboden gab. Darauf setzten sie den gezimmerten Kasten, der eine Öffnung für eine Tür hatte.

Von außen ummantelten sie den Kasten mit einer eingeölten Plane. Dann stapelten sie eine doppelte Wand aus Ziegeln um den Kasten herum und auch obendrauf. Das verhinderte nicht nur das Durchgraben und Eindringen von Tieren, sondern hielt, mit der darüber angehäuften Erdschicht, die mit den feucht gehaltenen Soden begrünt wurde, den Innenraum kühl, wie bei einem Kühlschrank.

Mit der eingefetteten Plane und den Grassoden wollte er verhindern, dass Regenwasser hindurch kommen konnte.
Jochen baute aus Erfahrung gegen Überflutung noch ein Gerüst ein, das nicht auf dem Boden stand. Das Wasser der Oste trat ab und an über die Ufer. Die versteckten Türen waren aus dicken Eichenbohlen gezimmert und ließen keine Maus, geschweige denn eine Ratte durchschlüpfen. Diese trockenen und harten Bohlen verhinderten auch ein „sich durch das Holz fressen". Im Dachboden baute Jochen eine Ecke aus, um dort die Vorräte so aufhängen zu können, dass sie trocken blieben, zudem auch, dass keinerlei Viehzeug, wie Ratten oder Fledermäuse sich daran zu schaffen machen oder die Vorräte verschmutzen konnten. Anna hatte alle Schinken und Speckseiten doppelt in Tücher eingeschlagen, damit sie vom allgegenwärtigen Staub verschont blieben. Die Art des Aufhängens war eine Kunst, die dazu diente, dass nicht einmal ein Nagetier an den Schätzen knabbern konnte.
Für diese Arbeiten brauchte die Familie volle drei Tage, dann waren alle Verstecke fertig. Durch geschicktes Stapeln von Holz vor den Erdbunkern verbarg er diese vor neugierigen Augen. Auf die Frage der Söhne, was er dem Knecht erzählen würde, antwortete er: „Ich werde ihm sagen, dass ich Vorräte anlegen will und dieses Holz trocken ist. Die Planen über den Scheiten schützten sie vor der Nässe. Auf dem nun frei gewordenen Platz wird das Holz, im Schutz der Hauswand unter der Traufe, rascher trocknen. Anna, ich hoffe nicht, dass uns das Schicksal straft. Die Bienen benehmen sich recht ungewöhnlich. Gott sei Dank ist es noch trocken. Stell Dir vor, auf den Staub fällt Regen, dann würde alles verschmieren. Wir werden mit dem Honig sparsam sein müssen. Möglicherweise brauche ich ihn, damit die Immen jetzt und im Winter nicht verhungern. Ich baue heute nun noch ein Dach über den Immenzaun zu ihrem Schutz. Was soll das noch werden?"

Er wusste nicht, wie Recht er mit seiner Annahme behalten würde. Den Nachbarn erzählte Jochen, dass sie etliche Ausbesserungsarbeiten am Haus und Stall wegen der Verschmutzung durchführen mussten. Mit dem Lehm versuchten sie wahrlich Ritzen und Löcher abzudichten.

Am Tag, nachdem die Familie die Arbeiten für die Vorräte beendet hatten, fingen die Wolken an ihre Last ab zu werfen. Es kühlte sich merklich ab und fing mit einem leichten Nieseln an, der den Staub zu einer schmierigen Masse werden ließ. Der Regen wurde immer stärker, während die Familie im Haus saß. Ein Teil des Viehs hatte Jochen vorsorglich ins Haus geholt.
„Endlich", sagte Anna.
„Nun wird der ganze Dreck von den Pflanzen gespült und das Vieh hat wieder zu Fressen und mein Kohl wird auch sauber."
Kurz darauf öffnete sich die kleine Seitentür und die beiden Ausgesandten kehrten pitschnass zurück. Sie hatten es nicht mehr vor dem Regenschauer ins Haus geschafft.
„Da sind wir wieder, wenn auch vollkommen durchnässt", sagte der Knecht und übergab die Magd der Bäuerin, sich um sie zu kümmern.
„Ich bin froh, dass ihr zurück seid", sagte Jochen.
„Zieht euch etwas Trockenes an, trinkt ein Bier und esst erst einmal, nachdem ihr euch aufgewärmt habt. Dann ruht euch erst einmal richtig aus."
Draußen tobte nun ein kräftiges Unwetter mit Blitz und mächtigen Donnerschlägen.
„Junge, stell die Eimer mit Wasser gefüllt zum Löschen bereit, falls der Blitz bei uns einschlägt", wies Jochen seinen Ältesten an. Der tat gleich was der Vater ihm aufgetragen hatte.
„Was bringt ihr für Nachrichten aus Westerholz und Hesedorf mit?", wollte Anna begierig von den Beiden wissen, während sie ihnen auftischte.

Der Knecht sprach für Beide, denn die Magd war von der Reise geschwächt und noch immer wie durchgefroren, obwohl es eigentlich Sommer war. Dieser Juli war anders, als alle bislang erlebten.

„Wir haben unterwegs Felder gesehen, die einzugehen scheinen. Sie sind nicht nur durch die lange Dürre und Hitze verdorrt, sondern auch durch das fehlende Sonnenlicht irgendwie anders. Dazu hat der viele Staub auf den Pflanzen großen Schaden angerichtet. Ich kann aber nicht sagen wieviel. In Hesedorf, wie in Westerholz sind alle wohlauf, aber ebenso um die Zukunft besorgt, wie wir. Wir sind beide überall zusammen hingegangen. Ich wollte sie nicht alleine gehen lassen. Ab und an viel auch das Atmen schwer, wie bei einem Torschwelbrand, wenn einem der Rauch den ganzen Tag einnebelt. Wir sollen 4 Fuhren Torf liefern, zwei nach Hesedorf und zwei nach Westerholz. Da es nicht eilt, sollen wir es tun, wenn es unsere Zeit nach der Ernte zulässt. Das Anliefern ist zugleich mit einer Einladung für alle verbunden."

Damit endete der Knecht und leerte seinen hölzernen Krug, den er sogleich der Bäuerin zum Füllen hinhielt. Sie erfüllte ihm seinen Wunsch gerne. Sie schaute die beiden an und sah, dass der Regen den ganzen Schlamm aus den Haaren gespült hatte.

„Das sind sehr gute Nachrichten, wenn man die schlimme Lage bei Seite lässt. Das habt ihr gut gemacht", lobte Jochen.

„Bauer, wir sind so spät gekommen, weil ich mir noch unsere Felder ansehen wollte. Ich fürchte, dass unsere Ernte schlecht ausfällt, dem Anschein nach komplett", sprach der besorgte Knecht.

„Ich sehe es mit Sorge genauso", antwortete Jochen, ein wenig ratlos erscheinend.

„Wenn ihr mögt, könnte ihr für ein paar Tage zu euren Familien gehen. Schaut, wie es ihnen geht", bot der Bauer an.

Dann stand er auf und blickte durch das kleine Fenster nach draußen, wo der heftige Regen vom Wind gepeitscht und von Donner begleitet sein Unwesen trieb.

„Was bin ich froh, dass wir alles fest haben. Sobald es ruhiger wird, gehen wir nachsehen, ob es irgendwelche Schäden an Haus und Hof gibt, aber auch nach dem Vieh draußen auf der Weide und meinen Immen."

Im Raum schwebte eine niedergeschlagene Stimmung, dazu seit Wochen das fahle neblige Licht und die jetzt dunkle Welt mit Donner und Blitz.

Der Sturm tobte unvermindert die ganze Nacht hindurch und flaute erst in den frühen Morgenstunden ab.

Am Morgen stand Jochen wieder draußen auf dem Hofplatz wie eh und je. Doch sah er seit Anfang Juni nicht das ihm bekannte und beruhigende Bild der aufgehenden Sonne, sondern weiterhin eine immer grauer werdende Welt. Bei seinem Rundgang nahm er seinen Ältesten und seinen Knecht mit.

Das Land war sehr nass, die Pfützen waren reichlich auf dem Hof vorhanden, überall lagen kleine Äste, die der Sturm aus den Bäumen gebrochen und ins Land verteilt hatte. Es roch auch irgendwie anders als sonst, wenn es geregnet hatte, und Jochen vermisste das Zwitschern der Vögel. Bei den Bienen angekommen, sahen die Männer, dass ein herabgefallener Ast einen Bienenkorb stark beschädigt hatte. Da es recht kühl war, hielt sich die Aktivität der Immen in Grenzen.

Die Zäune waren hingegen unversehrt geblieben. Er wies den Knecht an, die Immen in den Schauer zu stellen. An der Oste angekommen sahen sie, wie bedrohlich hoch der Wasserpegel war, was sie auf die heftigen Niederschläge zurückführten.

Die drei Kühe auf der Weide waren vollzählig und ebenfalls unversehrt. Doch der Schein trog, wie sich in wenigen Tagen zeigen würde. Er ließ sie in den Kuhstall bringen, da sie hier kaum noch etwas zu fressen fanden und er in Sorge war, dass der Staub und Schlamm den Schwarzbunten schaden könnten.

Das Korn auf den Feldern war umgeschlagen und vom starken Wind geknickt, während die Ähren im Nassen lagen.

„Die Dächer haben gehalten, auch die Fenster sind noch heil. Die Frauen öffnen bereits die Fensterklappen", waren die einzigen Worte, die beim Rundgang der Männer aus dem Mund von Jochens Knecht kamen.

Sie verstanden sich auch ohne Worte, jedenfalls redeten sie von Haus aus nicht viel miteinander. Mal ein Fingerzeig, ein Blick, eine Kopfbewegung, oder eine Handbewegung reichten ihnen vollkommen. Sie hatten sich ab und an über die Geschwätzigkeit der Frauen lustig gemacht, denn bei der Arbeit blieb wenig Luft zum schnattern.

Der Regen hatte die Luft ein wenig staubfreier gemacht, so dass das Atmen bei schweren Arbeiten wieder leichter fiel. Der Übernachbar litt seit Jahren an Asthma. Die zusätzliche Belastung der Staubwochen war zu viel für ihn. Er starb jämmerlich an Luftnot, was sie beim Rundgang erfuhren.

Tage später erkrankte eine der drei Kühe. Der Bauer führte es auf das schlechte Gras zurück. Dass es das Regenwasser war, konnte er nicht ahnen.

Solange die Kuh krank war, konnte ihre Milch nicht verwertet werden. Das war ein Verlust für den Bauern. Doch hatte er im Gegensatz zu manchem Nachbarn Glück, denn hier und da starben Kühe, Schafe und andere Nutztiere in Mengen. Das brachte manchen Moorsiedler existenzbedrohend an den Rand des Ruins, denn das Fleisch zu essen wagten sie nicht.

Auch ahnte niemand, wo diese Klimaverschlechterung ihre Ursache hatte. Erst viele Jahre später waren die Menschen in der Lage diese globale Katastrophe einzuordnen.

Am 8ten Juni 1783 kam es in Island zu einem heftigen Vulkanausbruch der ganze acht Monate andauerte. Die dabei ausgeworfenen Gas- und Aschewolken aus dem Laki-

Krater enthielten eine ungeheure Menge an Schwefeldioxid, das der Wind über ganz Europa, über die vielen Monate verteilte. In Verbindung mit Regen verwandelte sich das Gas zu einer schwefelhaltigen Säure, teilweise sogar zu Schwefelsäure, die Schäden an Fauna und Flora verursachte. Noch lange nach dem Ende der Eruptionen, im Februar 1784, beeinflussten die Gas- und Aschewolken das Klima.

Die gesamte Ernte auf Hoops fiel in diesem Jahr, wie erwartet, sehr schlecht aus. Dass es das gesamte Amt, ja ganz Europa traf, tröstete niemanden im Dorf. Nicht alle Bauern konnten für den Winter ausreichend vorsorgen, und zugleich für die Aussaat im nächsten Frühjahr Mittel zurücklegen.
Jochen hatte so viel Vorräte für die Menschen gebunkert, dass er bei einem kompletten Ausfall der Ernte durch den Winter kommen würde. Zugleich hatte er auch ausreichend Saatgut für das nächste Frühjahr auf dem Hof.
Lediglich der Vorrat an gutem Heu war ihm nicht vergönnt. Was des einen Pech, ist des anderen Glück. Sein linker Nachbar hatte alle seine Kühe verloren. Sein Dachboden war aber voll guten Heus. Er tauschte eine gesunde Kuh und einen Schinken gegen etliche Fuder Heu ein. Damit war beiden geholfen.
Nun musste er nur noch dafür Sorge tragen, dass alles trocken und geschützt gelagert wurde. Seine zwei Erdbunker waren dem Knecht, aber auch der neugierigen Magd verborgen geblieben.

Das Erntedankfest fiel in diesem Jahr bescheiden aus, doch die Dankbarkeit der Menschen für das verbliebene Ernteergebnis war sehr groß.
Der Krämer verdiente anfangs noch sehr gut, doch dann stockte der Nachschub an Nahrungsmitteln, sodass er für sich und seiner Familie eine gesonderte Speisekammer

hinten im Haus einrichtete und üppig füllte. Bislang hatte er die Vorräte seines Geschäfts dazu genutzt.
Es gab Tage, da waren die meisten Regale und sein Lager leer und er konnte nichts verkaufen. Seinem Konkurrenten erging es nicht besser.
Für die Bürger im nahen Bremervörde war das eine Katastrophe, denn sie hatten in ihren Bürgerwohnungen nur begrenzte Möglichkeiten Lebensmittel zu lagern, und nicht jeder hatte einen kleinen Gemüse- und Kohlgarten, oder Hühner. Dabei nutzten Gärten bei der Wetterlage wenig.
Die Lebensmittelpreise waren deutlich gestiegen, seitdem bekannt wurde, dass die Ernte nicht wie erhofft ausfallen würde.
Der Winter kam dieses Jahr recht früh. Er kündigte sich nicht wie sonst an. Der erste Nachtfrost, Anfang November, kam sehr überraschend. Dass damit der Bedarf an Brennmaterial steigen könnte, war eine weitere Belastung für die Menschen. Brennmaterial war teuer und würde bei einem lang andauernden Winter für viele unbezahlbar werden. Zudem war der Staub in die Ritzen des Brennmaterials hineingedrungen, und verursachte einen greulichen Gestank beim Verbrennen.
Der erste Nachtfrost war für Jochen das Zeichen, dass es Zeit war, die vier Wagenladungen Torf nach Hesedorf und Westerholz zu bringen.
Diese Aufgabe für die ersten drei Fahrten übertrug er seinem Knecht. Die letzte Fahrt würde er selbst mit der Familie durchführen, während der Knecht mit der Magd für drei Tage als Stallwache zurückblieb.
Unterwegs sprach er mit Anna, die neben ihm auf dem Bock saß, über ihre Situation.
„Anna, ich denke, dass wir den Knecht und die Magd, trotz der angespannten Lage, auf dem Hof halten sollten und können. Wenn sie nicht wechseln wollen, dürfen sie bleiben. Was meinst du dazu?"

Anna pflichtete ihm bei. „Das sollten wir tun. Ich werde es ihnen gleich nach unserer Rückkehr anbieten. Dann haben sie Zeit es sich bis Januar zu überlegen. Ich bin mit ihnen sehr zufrieden."
In Hesedorf und Westerholz gab es herzliche Wiedersehensszenen. Die zwei Abende im Kreise der Familie taten besonders den beiden Eltern gut. Die waren jeweils eine Nacht in beiden Dörfern, bevor Jochen mit den Seinen nach Ostendorf zurückfuhr.
Die Fahrt führte durch ein eher trostloses Land, dessen Lebensfreude gelitten hatte, weil die Sorge vor dem bevorstehenden Winter in der schon stickigen Luft lag.
Der trockene Nebel wollte einfach nicht aufhören die Menschen und das Land ins Grau, ohne klare Sonnentage, ein zu hüllen. Heute würde man es als Smog bezeichnen.

Anfang Dezember fiel der erste Schnee und der Frost hielt bis zum März 1784 an. Als die Menschen hörten, dass sogar die Elbe zugefroren war, wurde die Sorge größer. Dass dadurch der Schmuggel über das Eis der Elbe nach Dithmarschen für Einzelne ein Glücksfall war, half auch den Menschen in Ostendorf ein wenig.
Die Angst, dass die Brunnen zufrieren, dass das Eis der Oste zu stark ist, um Wasser zu enthalten, ging um. In den Niedersachsenhäusern und kleinen Moorkaten, die teilweise noch mit Grassoden bedacht waren, lag die Temperatur, trotz Flettfeuer und Vieh, in der Diele regelmäßig um den Gefrierpunkt. Dabei taute kein Eis oder Schnee zu Wasser. Es im Kessel über dem Feuer aufzutauen kostete wertvolles Brennmaterial, und die Verdunstung würde Eiszapfen im Haus an die Decke und an die Vorräte, die im Rauch hingen, verursachen.
Durch den dreimonatigen Dauerfrost blieben die Menschen überwiegend in ihren Häusern eingesperrt. Dazu kam die Wirkung der dunklen Jahreszeit, die durch die stinkenden Aschewolken noch verschärft wurde. Es war eine schlimme

Situation in allen Häusern und ein extremer Winter, der die Stimmung der Menschen bis zur Verzweiflung trieb.

Auf dem Hoopshof reichten die Vorräte durch den Winter gerade so. Dem Nachbarn wurde mit einer Speckseite ausgeholfen und auch mit der einen Kuh war er sehr zufrieden.
Der Dauerfrost führte auch dazu, dass viele Beisetzungen aufgeschoben werden mussten, da der Frost immer tiefer ins Erdreich hineinreichte. Die Särge stapelten sich in manchen Häusern.
Ende Februar bemerkte Jochen, dass der Frühling sich anschickte einen Versuch zu starten. Auch der Nebel schien nachzulassen und ließ ab und an auch einmal die Sonnenstrahlen bis auf die Erde reichen.
Der Hof war hüfthoch eingeschneit und an manchen Stellen hatte der Wind Schneedünen und kleine Hügel kreiert.
Jochen grauste schon vor dem Tauwetter.
„Anna, wir leben im Dorf, die Oste unweit entfernt, der Boden tiefgefroren. Wenn das Tauwetter kommt, werden wir hier im Schlamm und Wasser ersaufen, wenn wir nicht aufpassen. Gut ist, dass wir die wichtigen Dinge hoch gelagert haben. Ich werde morgen beginnen die verbliebenen Vorräte aus den Erdbunkern auf den Boden umzulagern. Dass unser Knecht und die Magd bei uns bleiben gibt mir Zuversicht, diese schlimme Zeit gut zu überstehen."

Der Knecht wie die Magd waren für zwei Wochen bei ihren Familien. Während dieser Zeit lagerte Jochen mit seinen Söhnen die Vorräte auf das Bodenlager um. Dabei stellte er fest, dass die Anlage der Erdbunker gelungen war.
„Wir werden sie wohl noch häufiger nutzen", stellte er für sich fest.

Den Schlitten würde er wohl bald nicht mehr brauchen. Er hatte sich aber als zweckmäßig und hilfreich in den drei Eis- und Schneemonaten erwiesen.
Die Veränderung der Großwetterlage und das Ende der Ausbrüche auf Island sorgten dafür, dass das Tauwetter unerwartet rasch einsetzte.

Das viele Eis und die schweren Schollen behinderten den Abfluss des Schmelzwassers. Dadurch kam es wieder zu Überschwemmungen und zu schwerem Eisgang. Durch einzelne Nachtfröste froren die übereinander geschobenen Eisschollen wieder fest zusammen.
Der erneute Kälteeinbruch mit heftigen Niederschlägen machte allen das Leben, besonderes die Versorgung und Transporte, erneut sehr schwierig.

Wochenlang drohten die Elbdeiche durch den Eisgang und den Wechsel zu brechen. Die enorme Zerstörungskraft der Flut war durch die Wucht des mitgeführten Treibgutes und der Eisschollen besonders groß und bedrohlich. Das brachte viele dazu, vorsorglich Möbel und Kleidung auf die Böden zu verbringen, und sich darauf einzustellen, Kleinvieh notfalls ebenfalls nach oben zu evakuieren.
Es dauerte einige Jahre bis sich die Böden und Flüsse von der Katastrophe der Jahre 1783/84 erholt hatten, die Böden wieder ertragreiche Ernten hervorbrachten, sich der Fisch- und Wildbestand, aber auch die Immenvölker erholt hatten. Der Handel fing langsam an wieder zu wachsen und das Land an der Oste seine Bevölkerung zu ernähren.[3]

---

[3] Beim Ausbruch der Laki-Krater auf Island am 8. Juni 1783, der etwa 8 Monate andauerte, produzierten insgesamt um die 130 Krater ein Gesamtvolumen von ungefähr 12 bis 15 km³ Lava. Hinzu kamen riesige Gas- und Aschewolken. Die ungeheure Menge an Schwefeldioxid verursachte schlimme Folgen. Dieses Gas reagierte mit den Wassertröpfchen der Wolken zu Schwefelsäure. Der sehr extreme, lange Winter von 1783 auf 1784 in Nordeuropa war das Resultat der Klimaveränderung, und wirkte sich auch in Nordamerika und Asien aus. Im Frühjahr folgten extreme Überschwemmungen. Die Ursache dafür hat sich 3000 km entfernt vom Ort unserer Geschichte ereignet. Quelle: u.a. Wikipedia

Kapitel 2

Jahre in Not

1784-1787

„Wohin man auch hört", sagte der alte Jochen zu seiner Familie, „geht es den Menschen schlecht. Der Winter zieht sich, diese graue Schicht liegt überall und das Wasser macht es zu einem dicken Brei, der überall kleben bleibt und bei Trockenheit steinhart wird, als wäre er gefroren."
„Vadder, was sollen wir denn tun?", fragte ihn sein ältester Sohn.
Die Sorgen um seine Stelle und Familie hatten den Familienvater gezeichnet und früh altern lassen.
„Wir müssen unsere Lebensmittel, die wir noch haben weiterhin strecken. Draußen können wir derzeit sehr wenig tun, weil es durch den vielen Regen, den langen Winter und die extremen Überschwemmungen durch die Oste unmöglich ist, die Felder zu bestellen, auch wenn es längst Zeit zur Aussaat gewesen wäre" antwortete er, zur Familie gesprochen.
„Ich habe mir lange überlegt, mich mit den Nachbarn zusammen mit dem Amtmann zu besprechen. Wir werden Arbeiten am Haus und den Stallungen voranstellen, das Vieh am Leben erhalten, selbst die Körbe mit den Immen pflegen, die wir unterm Traufdach trocken zu stehen haben, und die Bienen mit dem im letzten Jahr gewonnenen Honig füttern."
„Dann gibt es keinen süßen Kuchen mehr?", fragte die 14-jährige Anna Katharina, die Feier zu ihrer Konfirmation vor Augen.
„Ja, so ist es mein Kind", entgegnete ihr die Mutter.
„Ich habe die Vorräte im Haus geprüft und gezählt. Es wird noch eine Weile reichen, wenn wir es uns gut einteilen. Satt werden wir nicht immer werden, aber wir überleben,

bleiben bei Kräften und nur das zählt." Dabei schaute sie fest entschlossen in die Runde.

„Mutter, der Herr Pastor hat am letzten Sonntag gesagt, dass wir viel beten sollen. Glaubst du denn, dass das wirklich hilft?", wollte der kleine Friedrich wissen.

Sie strich dem auf ihrem Schoß sitzenden 6-jährigen Knaben sanft mit einem Lächeln übers Haar. „Beten schadet nicht mein Sohn", antworte sie mit leiser Stimme, in der die Sorgen um die Kinder und die Zukunft hörbar wurden.

Die Stimmung bei den Anwesenden war eine Mischung aus Unsicherheit, Angst, Furcht und Hoffnungslosigkeit, aber auch aus der Hoffnung, dass es irgendwie weitergehen würde. Das Vertrauen in den Hausherren war ungebrochen.

„Was wird aus uns?", fragte der Knecht für sich und die junge Magd.

„Macht euch keine Sorgen. Ich werde euch nicht entlassen, aber ich erwarte, dass ihr treu und fleißig helft, diese schwere Zeit zu überstehen, auch wenn es schwer fällt", sprach der alte Jochen mit klarer Stimme.

„Ich kann euch aber keinen Lohn zahlen, bis es im Land wieder besser wird. Wenn ihr gehen wollt, werde ich euch nicht aufhalten."

Beide schüttelten die Köpfe, schauten sich an und der Knecht antwortete: „Wir bleiben."

Zufrieden fuhr Jochen mit seinen Erklärungen fort.

„Wir haben die letzten Jahre gut gewirtschaftet und uns einige Vorräte geschaffen, auch für das Vieh. Wichtig ist, dass wir das alles trocken halten, damit sie keinen Schaden durch Schimmel nehmen. Haltet das Holz trocken, die Dächer dicht. Auch das Stroh in den Alkoven wird nicht gewechselt. Das Saatgut bleibt auch unangetastet. Es scheint, als würde es landesweit bald kaum etwas geben, und das was es gibt, wird fast unbezahlbar sein", mahnte er die Runde.

Die nächsten Wochen wurden schwer erträglich, bei harter Arbeit, mit knurrenden Mägen. Dazu kam ein unerträglicher Geruch, ja Gestank, wenn das Land feucht wurde, und eine Furcht, wenn die Sonne weiterhin verdunkelt blieb, und der Lorenz nicht wie gewohnt Sonnenbrände und Helligkeit brachte, was wird dann sein?

In vielen Dörfern waren im Winter das Saatgut an Hafer und Gerste durch die Feuchtigkeit verrottet, oder durch die nächtlichen, harten Fröste fast vollständig vernichtet worden. Einige aßen dieses schlechte Korn und erkrankten schwer, schlimmer noch, sie verreckten daran jämmerlich und kläglicher als durch das Mutterkorn.

Morgens lag ungewohnt häufig ein dichter Nebel über dem ganzen Land, der anders als vor der Katastrophe aussah, trocken war, zudem auch die Gemüter bewegte, mystische Gedanken von sich zu geben. Einige sprachen davon, dass das Jüngste Gericht nicht mehr fern wäre.

Es wurde berichtet, dass eine rauchige und stinkende Nebelwand über Wochen, hoch über den Äckern und Wiesen lag, die selbst bei Vollmond und gegen Mittag die einst lichtspendenden Gestirne am Himmel hinter einem Schleier undeutlich werden ließen.
Aber, es musste ja weitergehen. Die Felder wurden an trockenen Tagen tiefer als sonst gepflügt, um dieses Grau unter die Krume zu bekommen, es sozusagen zur Hölle zu schicken. Der Staub, der dabei aufgewirbelt wurde, setzte den ziehenden Ochsen wie dem die Pflugschar haltenden sehr zu. Selbst die Tücher vor den Nasen und Nüstern schienen diesen feinen Dreck kaum auf zu halten. Alle Arbeiten dauerten länger und waren anstrengender als vor der Katastrophe.

Wasser tranken sie nur noch aus dem Tiefbrunnen, welches frisch gepumpt werden musste. Auch das Vieh bekam dieses Nass auf dem Hof zu saufen.

Die Sorgen und Nöte des alten Jochen wurden nicht weniger. Den Nachbarfamilien erging es nicht anders, was niemandem auf dem Hof ein Trost war.

***
1785

Als Jochen wieder einmal von einer Besprechung beim Amtmann auf seine Hofstelle zurückkam, sah er die auf dem Hof Lebenden im kalten Flett, ohne die Wärme eines Feuers sitzen, da ja das verbliebende Feuerholz für die ganz kalten Nächte dieses Winters zurückgehalten werden musste. Es konnte ja niemand absehen, wie schlimm es noch werden würde. Nur eine Glut wurde gehalten, die nie ausgehen durfte. Durchgefroren und in wärmenden Kleidern saß er vor ihnen, sich die ausgekühlten Hände über der Glut wärmend. Die Glut reichte aus, die Vorräte, die über der Wärme im Rauch hingen einigermaßen schadlos zu halten. Zunächst blickte er dankbar auf seine fleißige Magd und seinen treuen Knecht, sah den warmen Atem aus ihren Mündern strömen.
Die zwei Bediensteten waren auf dem Hof geblieben, auch wenn es keinen Lohn gab. Sie hatten aber eine Schlafstätte, etwas zu essen und eine Aufgabe, und sie lebten, was manch anderen nicht vergönnt war. Ihre Nasen waren rot, der Atem in dem frostigen Haus zeichnete sich deutlich ab. Viele Knechte und Mägde mussten zur Lichtmess gehen, es wurden aber keine neuen eingestellt. Sie gingen meist zum Elternhaus zurück oder mussten betteln.

„Ich kann euch nicht sagen was die Zukunft bringt. Aber ich werde tun, was immer möglich ist. Das letzte Jahr war sehr, sehr beschwerlich", sprach er mit niedergeschlagener Stimmlage.
Dann fuhr er mit kräftiger Stimme fort: „Dennoch haben wir gemeinsam aus dem Land geholt, was möglich war. Sogar meine Immen geht es endlich wieder besser. Wir haben ihnen für den letzten Winter mehr Honig gelassen, der eh schon nicht übermäßig im Stock vorhanden war. Der Winter hält uns noch sehr fest. Das Eis der Elbe ist gefährlich, und

sie mit dem Wagen zu überqueren eher tödlich, sagte der Amtmann. In drei Monaten beginnt die Feldarbeit. Wir werden den Winter nur überstehen, wenn wir es wie im letzten Jahr machen. Ihr wisst ja, mein Schwager ist kurz vor dem Weihnachtsfest tot geblieben. Ob die Katastrophe daran schuld war, das vermag niemand zu sagen. Wer weiß, ob der Herzschlag nicht eine segensreiche Erlösung war.
Claus, ich habe einen Brief von meiner Schwester erhalten, den mir der Postmeister in Bremervörde ausgehändigt hat. Sie bittet dich zu ihr nach Oldendorf zu ziehen, um ihr bei der Wirtschaft zu helfen. Sie ist körperlich nicht mehr belastbar. Was wunderts nach 12 Kindsgeburten und dem großen Haushalt. Sie bietet dir an, die Gastwirtschaft zu übernehmen, sobald du dich eingearbeitet und geheiratet hast", er hatte sich zu seinem 4ten Sohn gewandt.

Der Angesprochene schaute erstaunt auf, dann in die Runde und zuletzt zu seiner Mutter, die ihm ermunternd zunickte. Johann, der älteste der Brüder ergriff das Wort.
„Bruder, du solltest das Angebot annehmen. Wir wissen, wie viel Tante Anna von dir hält. Du weißt, wie viele ihrer eigenen Kinder tot geboren oder früh gestorben sind. Sie hat niemanden, der ihr sofort und auch tatkräftig zur Hand gehen kann. Solch ein Angebot erhältst du nie wieder. Wir werden dich und deine Arbeitskraft vermissen, aber nicht deine Rationen, die du nicht mehr isst, die wir mehr haben."
Sein Schmunzeln in den Augen und seine warme Stimme halfen dem Angesprochenen ohne lange Überlegung mit einem „Ja, ich werde es machen" zuzustimmen.
„Wann soll ich fahren?", fragte er seinen Vater.
„Ich fahre dich gleich morgen hin, mein Sohn", war die knappe Antwort, die der Kälte im Raum geschuldet war. Alle wollten so rasch wie möglich in ihre Betten, wo es wärmer als hier im Flett war. Der alte Jochen holte eine

Flasche Schnaps, die als Feierersatz und Schlaftrunk reihum gegeben wurde.

Am nächsten Morgen brachen die beiden sehr früh auf. Der Abschied der Familie fiel kurz aber herzlich aus, und Jochens Frau konnte die Tränen nicht zurückhalten.

Der Wagen fuhr den kurzen Stich vom Hof bis zum Weg, der eine kilometerlange Gerade war, sie bogen dann Richtung Bremervörde ein. Dabei schaute Claus wehmütig auf sein Elternhaus, erhob noch einmal die Hand, um seiner Mutter und seinen Geschwistern zuzuwinken. Dann schob er sie sehr rasch wieder unter die Decke, die über den Knien lag, der bitteren Kälte wegen.

An diesem Morgen ging die Sonne, wie immer in der letzten Zeit, wenn die Eiseskälte des morgens auf dem Land lag, blutrot auf, als habe sich die Hölle aufgetan. Die Schönheit eines solchen Sonnenaufgangs war längst der Not, sowie der Angst gewichen.

Während der Fahrt sprachen die beiden Männer kein Wort, dass die Kälte, der dunkle Himmel und der trockene Fahrtwind nicht an ihnen fraßen.

Der Zwanzigjährige dachte an seine Zukunft bei seiner Tante, an das erbärmliche Leben einiger im Dorf, die noch in Moorhütten lebten, weil sie noch keine festen Häuser gebaut hatten. Einige davon hatten die Häute ihrer verstorbenen Tiere gekocht und das Leder vor Hunger gekaut, andere aßen Rinde vom Baum. Das war nichts Ungewöhnliches für die Menschen hier im Moor. Die ganz Alten berichteten davon, dass den kleinen Leuten in ganz schlechten Zeiten nichts anderes übrig blieb, wollten sie überleben. Viele sind im letzten Winter einfach verhungert, oder hatten sich selbst das Leben genommen, indem sie sich einfach in die Kälte begaben. Besonders die Alten auf zwei Stellen in einem der Nachbardörfer taten es, von denen man wusste. Man berichtete, sie wollten den jungen Leuten nicht

mehr zur Last fallen und ihnen nicht das wenige Essen auch noch wegessen.
Sie opferten sich, damit die Jungen leben konnten. Er hatte, nach einem Gottesdienst, von vor der Kirche stehenden Menschen reden hören, dass deren alter Knecht im letzten Herbst durch den grauen Staub jämmerlich erstickt sei, nachdem er wochenlang an Husten gelitten hatte. Er lief im Gesicht blau an, röchelte und erstickte, als würde ihn jemanden würgen, wusste der Erzähler damals lebhaft zu berichten.
Dann wechselte er in Gedanken das Thema auf seine Zukunft. Er war schon häufiger für Wochen bei seiner Tante und ihrem Mann gewesen, meist im Winter, wo er in der Wirtsstube ausgeholfen hatte. Dafür gab es keinen Lohn, aber das Essen war gut und Bier gab es auch, wenn für ihn auch rationiert. Die wachsamen Augen des Onkels lagen stets auf ihm in seinem Tun. Sie waren gut zu ihm und er fühlte sich bei ihnen wohl, anders als auf dem Hof der Eltern. Das „Bürgerleben" war ganz anders, als das der Bauern und Landleute. Seine Tante hatte er bei der Beisetzung seines Onkels in Bremervörde zuletzt gesehen. „Wie würde es wohl werden?", war die ständig ihn begleitende Frage.

Claus bekam gar nicht mit, wie der Vater den Wagen durch Bremervörde über die Brücke lenkte, um dann den Weg nach Oldendorf hinter Zeven einzuschlagen. So sehr war er in seinen Gedanken gefesselt und beobachtete nur das trist anzuschauende Land rings umher.
Dabei ließ Jochen das Pferd, welches er mit einer Decke über den Rücken schützend angeschirrt hatte, seine eigene Geschwindigkeit gehen. Für einen Trab war es viel zu kalt.

Als das Wirtshaus seiner Schwester in Sicht kam, stupste Jochen seinen Sohn sanft an, der wie aus dem Schlaf erwachte reagierte.

„Da, sieh, wir sind gleich da", sagte der vollkommen durchgefrorene alte Mann mit Zuversicht in der Stimme.
„Vater, ich kümmere mich um das Pferd, du gehst schon einmal ins Haus, dich aufzuwärmen."
Der angesprochene nickte nur zustimmend. Als er den Wagen auf dem Hof unter den freien Schauer gefahren und angehalten hatte, gab er dem Sohn die Zügel in die Hand. Dann quälte er sich, steifgefroren und mit schmerzenden Knien, die Decke unter dem Arm, vom Bock des Wagens.
Ohne weitere Worte ging er ins Haus.
Claus stieg selbst vom Bock. Auch seine wesentlich jüngeren Knochen schmerzten bei jeder Bewegung, trotz der wollenen Decke.
Er spannte das Pferd aus, führte es in den Stall zu den anderen Pferden die dort standen. Dann gab er ihm zwei von den im Stall liegenden Möhren und strich dem treuen Begleiter über die Blesse. Er nahm die steif gefrorene Decke, die der Vater mit eingeschirrt hatte vom Pferderücken und begann es zu bürsten, um Wärme in den Körper zu bringen. Dann hing er ihm den Sack mit Hafer über die Ohren. Das Eis auf einem der Wassereimer schlug er ein und entfernte es. Dann legte er dem Gaul die Decke, die bis dato seine Knie schützten, über dessen trockenen Rücken.
Danach schloss er den kleinen, von hüfthohen, hölzernen Wänden abgetrennten Pferch im Stall.
Noch einmal schaute er prüfend über das Pferd, sann nach, ob er nichts vergessen hatte und folgte dann dem Vater ins Haus.
Dort angekommen kam ihm eine wohlige Wärme entgegen. Zumindest fühlte es sich so an. Zwischen den draußen herrschenden -25° umarmten ihn in der Wirtsstube 15° warme Luft, die durch ein kleines, offenes Feuer gehalten wurde. Die Gastwirtsstube war zu dieser Stunde leer. Der Vater saß, einen blechernen Becher in Händen, der dampfte, während seine Schwester geschäftig im Hintergrund mit ihm, unter Klappern beim Umgang mit Blechtöpfen, laut

redete. Eine kleine Öllampe leuchtete, zum knisternden Feuer hin, sehr spärlich den Raum aus.

Niemand hatte seinen Eintritt in die Gaststube bemerkt. Es gab einen kleinen Flur zwischen der Haustür und der Tür zur Gaststube, um die Kälte aus dem Haus heraus zu halten. Er blieb eine Weile im Raum stehen und ließ alles auf sich wirken.

„Mein neues Zuhause", sagte er leise zu sich.

„Ich werde Gastwirt und Neubauer, Vadder", dachte er noch, holte tief Luft und ging zum Tisch mit dem Vater, der dicht beim Feuer stand. Als er sich zum Vater setzen wollte, der seine im Becher befindliche Brühe hörbar schlürfte, um sich nicht die gefrorenen Lippen zu schädigen, trat seine Tante in den Raum, weil sie Schritte gehörte hatte.

Vor Freude breitete sie ihre Arme aus und ging auf den Ziehsohn zu, ihn herzlich und mit vielen, lieben Worten zu begrüßen.

Nachdem sich der alte Jochen aufgewärmt, zusammen mit seiner Schwester und Claus gegessen hatte, war für ihn die Zeit zum Aufbruch gekommen. Der Weg nach Hause war weit und, es war eben Winter. Es waren gut 40 km, die er vor sich und für die er fünf Stunden eingeplant hatte.

Sie wollten ihn zwar überreden über Nacht zu bleiben, dem Pferd Ruhe zu gönnen, sich verwöhnen zu lassen, und erst am folgenden Morgen zurück zu fahren. Jochen aber entschied, noch am selben Tag auf zu brechen.

Claus schirrte das gut versorgte und ein wenig von den Strapazen erholte Pferd an, legte ihm eine frische Decke dabei über den Rücken und dem Vater eine dicke und neue Decke auf den Bock, für seine Knie. Die Decken aus Ostendorf waren noch immer steifgefroren und für den Rückweg nicht nützlich.

Jochens Schwester ließ es sich nicht nehmen, dem Bruder dies und das an Verpflegung für die Familie mit auf den Weg zu geben. Die Geschäfte gingen selbst hier nicht sehr gut, aber die Bürger kamen regelmäßig, wenn gleich der

Verzehr stark zurückgegangen war. Die Mittel waren nach der Katastrophe weniger geworden, was den Umsatz merklich gemindert hatte. Die Konservendose war noch nicht erfunden, aber gesalzene Speisen und Trockenfisch waren in der Stadt erhältlich, wenn zur Zeit auch nur für wenige erschwinglich. Dennoch wurde auch in den Flecken und Städten, wie auf den Dörfern gehungert.

Nachdem Jochen die beschwerliche Rückfahrt lange nach Einbruch der Dämmerung bewältigt hatte, versorgte er sein Pferd wie zuvor sein Sohn mit Hingabe und Sorgfalt. Anschließend ging er zum Haus und hinein. Am Flett saßen nur sein Ältester und sein Eheweib an der wärmenden Glut der offenen Feuerstelle, auf den mit Flachs bespannten alten Holzstühlen.
Das erleichterte Lächeln seiner Lieben hieß in willkommen. Das Mitbringsel legte er auf den Tisch ab und setzte sich noch eine Weile zu ihnen, um über den Tag zu berichten, bevor die ganze Familie in ein einziges Bett, sich gegenseitig wärmend verschwand, nur mit einem Stein aus der Glut für ein wenig Anfangswärme am Fußende versehen.

***
1788

Hofübergabe, die eigene Scholle im Blick

In den letzten Jahren seit der Katastrophe ging es langsam, aber stetig wieder aufwärts. Die Ernten wurden langsam ertragreicher, das Vieh gab wieder die gewohnte Menge Milch und Fleisch. Auch die Fische schmeckten wieder.
Nun war für Jochen die Zeit gekommen, seinen Hof an einen Nachfolger zu übergeben, denn seine körperlichen Kräfte schwanden.
Als Johann seinen Eltern mitgeteilt hatte, dass er den Moorhof seiner Eltern nicht übernehmen wolle, waren sie zuerst sehr schwer enttäuscht.
Er begründete es ihnen knapp: „Das Leben im Moor ist nicht das, was ich mir vom Leben vorstelle. Ich verzichte gerne zugunsten meines jüngeren Bruders Joachim, und seht es mir bitte nach. Joachim hat eine Braut und wird dieses Jahr heiraten. Also gebt ihm den Hof und ich nehme dafür seinen Erbteil. Damit bin ich zufrieden, Joachim sicherlich auch und ihr könnt bereits dieses Jahr auf euer Altenteil gehen."
Die Eltern sahen sich an und sagten zu, mit dem zweiten Sohn zu sprechen. Das Ergebnis war für alle erfreulich, denn Joachim sagte „Ja, gerne."

Dieses „Ja" führte dazu, dass Jochen, der gleichnamige Sohn Joachims, als Joachim Junior, oder auch Joachim II auf der Parzelle Nummer 25 folgte. Damit wurde eine Reihe von Nachfolgern begründet, die noch über 250 Jahre, in direkter Linie im Mannesstamm, mit Joachim dem IX. als Bauer aufwarten konnte, und damit eine sehr lange Tradition einläutete.

Am 28sten Oktober 1788 war es dann soweit. Joachim II würde an diesem Dienstag mit seiner vier Jahre jüngeren Verlobten, Margaretha Meyer aus Otterndorf, in der Bremervörder Kirche den Bund der Ehe eingehen. Im Übergabe- und Altenteilervertrag war geregelt und niedergeschrieben, dass er mit der Eheschließung zugleich den väterlichen Hof übernehmen würde, den sein älterer Bruder Johann ausgeschlagen hatte.

Johann nahm an der Hochzeit seines Bruders teil und war dazu aus Kranenburg angereist, wo er seit längerem, beim Bauern Peter Kühlken, als Knecht in Stellung war. Seither lebte er auch nicht mehr in Ostendorf bei seinen Eltern auf dem Hof. Seinen Erbteil ließ er bei ihnen in Verwahrung, bis er ihn benötigen würde.

Einer der Gäste, auf die Joachim besonderen Wert legte, war die inzwischen 41-jährige Rieke, die nach ihrer Dienstzeit als Magd mit einem Rademacher aus Bremervörde verheiratet war, und selbst bereits sechs Kinder auf die Welt gebracht hatte. Als Bademutter war sie viel in den Dörfern unterwegs, hatte dennoch nie den Kontakt zum Hoopshof in Ostendorf verloren. Nach jeder Geburt in der Nachbarschaft, war sie stets auf dem Hof eingekehrt. Bei Besorgungsfahrten oder nach Gottesdiensten trafen sich die beiden Familien häufiger, Rieke erhielt auf diesem Weg immer preiswerte und gute Lebensmittel.

Die Trauung fand in der Kirche mit den geladenen Gästen statt. Es war eine sehr kurze Zeremonie, und der junge Joachim war mit seiner Margaretha nicht das einzige Brautpaar an diesem Tag, welches getraut wurde. Auf der Fahrt zur Kirche hatte sich der Bräutigam auf dem Bock, neben seinem Vater sitzend, noch einmal umgesehen, nachdem der Vater ihm gesagt hatte: „Junge, du sitzt nun noch als Hagestolz neben mir und kehrst heute Mittag als Bauer auf deinen Hof zurück." Dabei klopfte er ihm anerkennend auf die Schulter und schaute selbst ein wenig reumütig auf seinen Hof zurück, den er als Altenteiler wieder betreten würde. Er selbst war ein wenig niedergeschlagen und sprach bis zum Eintreffen vor dem Pfarrhaus kein Wort mehr. Ihm ging aber vieles durch das inzwischen sichtbar ergraute Haupt.

Als die kleine Gesellschaft, nach der Trauung, mit dem festlich geschmückten Wagen auf den Hof einbog, kam ihnen bereits ein köstlicher Duft von Essen entgegen. Die Nachbarsfrauen hatten mit ihren Mägden beim Kochen kräftig mitgeholfen und die Vorbereitungen bereits abgeschlossen.

Als die übersichtliche Hochzeitsgesellschaft an den Tischen saß, ließen es sich alle gut gehen, einige besonders merklich, als hätten sie seit Tagen nichts gegessen und, beim Trinken schlugen nicht nur die Männer zu. Die schlechten Jahre mit großem Mangel hatten sicherlich einen Anteil an dem unbeabsichtigten Verhalten des Schlingens.

Rieke beugte sich einmal zu Ann Cathrin hinüber, neben der sie saß: „Dann werde ich demnächst wohl häufiger auf deinen Hof kommen, wenn deine Schwiegertochter genauso fruchtbar und gesund ist, wie ihre ältere Schwester, bei der ich bereits zwei Kinder geholt habe", sagte sie mit einem süffisanten Unterton.

Die Angesprochene nickte ein wenig verschämt und antwortete: „Das will ich doch hoffen, min Deern", wie sie Rieke noch immer nannte.

„Schließlich will ich eine Menge Enkelkinder erleben. Das Leben auf dem Hof sichern nur die nächsten Generationen. Wir haben hier nur einen Grundstock gelegt, sowie mein Jochen mit seinen ersten zwei Immenstöcken. Heute hat er elf davon. Du hast ja selbst erlebt, wie viele Frauen hier an der Geburt, oder im Wochenbett verstorben sind, oder wie viele Kinder jung verstarben, wie viele Höfe aufgegeben wurden und mit einem neuen Wirt besetzt werden mussten.

Das Leben hier ist hart, manches Mal zu hart. Es gab Winter, in denen war das Überleben schwierig. Ohne viel Disziplin und uneigennütziger Nachbarschaftshilfe, harter Arbeit und guter Vorratslage, aber vor allem mit dem richtigen und festen Glauben, war es uns bisher immer gelungen zu überleben und im Frühjahr eine neue Aussaat in die Erde zu bringen."

Dann legte sie eine Hand auf die von Rieke und drückte sie, während sie einmal tief durchschnaufte, als fiel ihr eine Last vom Herzen.

Die Hochzeitsfeier währte noch sehr viele Stunden, in denen die Anwesenden die dunklen Monate für eine geraume Zeit vergessen konnten.

***
1789

Joachim II saß mit seinen Eltern nervös um das wärmende Flettfeuer versammelt.
„Mutter, Rieke ist nun schon seit Stunden mit unserer Jungmagd Hanne in der Kammer. Wie lange dauert es denn noch, bis das Kind kommt?", wollte der werdende Vater vor lauter Ungeduld, auf seinem Stuhl hin und her rutschend, wissen.
Ann Cathrin hustete stark und konnte deswegen nicht gleich antworten. Sie hatte sich in diesem Winter eine schwere Erkältung zugezogen, nachdem sie vor wenigen Tagen, trotz einer Regenplane, vom Regen durchnässt auf dem Wagen mitgefahren war, als es einmal wieder nach Bremervörde ging.
„Es dauert solange es eben dauert", war ihre schwach klingende Stimme. Sie war wegen der Krankheit ihrer ehemaligen Magd nicht zur Hand gegangen, und hatte dafür der 15-jährigen Jungmagd Hanne, die seit einem guten halben Jahr auf dem Hof in Lohn und Brot bei ihrem Sohn Joachim stand, den Vortritt gelassen. Hanne war mit Jochens Frau um drei Ecken verwandt. Weil ihre Eltern vor wenigen Monaten in Otterndorf an der Seuche starben, nahm sich Margarethe der jungen Deern an.
„Ich gehe in unsere Kammer und lege mich wieder hin", sagte die Altenteilerin zu ihrem Mann, stand auf, ging in die kalte Kammer und legte sich in das dicke Daunenbett.
Jochen schaute ihr besorgt nach.
„Wenn sich das man nicht festsetzt, mein Junge", sprach der Alte, besorgt nach vorn gebeugt, ins Feuer schauend.

Es dauerte noch eine gute halbe Stunde, dann erlöste der Schrei eines Neugeborenen die Wartenden.

Die Kammertür öffnete sich und Rieke trat mit einem Strahlen im Gesicht in den Rahmen. Dann kam sie ans Feuer und schaute dem frisch gebackenen Vater ins Gesicht: „Du hast einen gesunden Knaben und kannst nun zu deinem Weib in die Kammer gehen."

Zu Jochen gewandt scherzte sie: „Genau nachgerechnet endete die Hochzeitsnacht der Beiden mit einem folgenreichen Ergebnis, das nun in den Armen der Mutter liegt, denn neun Monate später wurde nun der nächste Erbe hier auf dem Hof in Ostendorf geboren."

Man schrieb heute den 10ten Juli 1789.

„Bauer, die Mutter hat mir noch gesagt, dass der Junge auf den Namen Joachim, wie sein Vater und Großvater getauft werden soll."

„Damit sind es dann drei Joachims hintereinander auf dieser Stelle. Wahrscheinlich kommen wir alle drei auf einmal, wenn jemand laut Jochen ruft. Mein Großvater hieß auch Joachim", antwortete der alte Jochen schmunzelnd, drehte sich zur Seite und ging in die Kammer, seiner Frau die gute Nachricht zu überbringen.

Sie lag in ihrem Bett, hustete und prustete, ihre Stirn glänzte und es roch schweißig. Die ungewöhnlich feuchten Julitage machten ihr sichtlich zu schaffen, waren für die Gesundung nicht förderlich. Das Haus war ausgekühlt und klamm, mehr nass als feucht.

„Ich freue mich sehr über den Jungen für unsere Kinder. Die nächste Generation ist auf dem Hof geboren, Jochen. Wir sind nun die Ältesten, die Altenteiler. Mir geht es keinesfalls gut. Haltet den Kleinen von mir fern, bis ich wieder auf den Beinen bin", ordnete sie mehr an, als dass sie ihren Mann darum bat.

„Wir werden den Knaben übermorgen nach dem Gottesdienst taufen lassen. Er wird genauso wie sein Vater heißen", versuchte Jochen seine Frau aufzumuntern.

„Das ist sehr, sehr schön. Ich bleibe aber auf dem Krankenlager und lass Hanne hier, damit sie sich um unsere Schwiegertochter kümmern kann", bat sie ihn mit erschöpfter Stimme.

Er nickte nur, stand auf und ließ sie auf dem Krankenlager zurück, damit sie Ruhe finden konnte. Seine Sorge war nicht unbegründet, denn den kräftezehrenden Husten wurde sie zeitlebens nicht mehr los.

***
1790

Langsam hatten sich die Lebensverhältnisse in dem Amt wieder ein wenig gebessert. Für die hier lebenden Moorbauern ging es nur um das nackte Überleben, genug über das Jahr zu erwirtschaften, um mit der Familie und den Tieren über den Winter zu kommen. Da interessierte es die Wenigsten von ihnen, was in Bremen, Stade oder Frankreich passierte, außer sie konnten in Bremen den Torf nicht mehr zu einem guten Preis auf dem Markt verkaufen.

Auch auf dem Hoopshof in Ostendorf war der tägliche Kampf um eine gute Ernte, die Ergebnisse der Mühen des Torfabbaus, für die immer größer gewordene Familie das Wichtigste.

Jochen und Ann Cathrin waren inzwischen alt geworden, dazu kränklich, die Haare gräulich, die Augen wässrig und ein wenig gebrechlich dazu. Die harte Arbeit auf der Moorstelle hatte ihren Tribut gefordert. Sie waren aber auch glücklich so weit gekommen zu sein, nicht aufgegeben und sieben ihrer neun Kinder in den 32 Ehejahren groß gezogen zu haben.

So saßen die Altenteiler, an einem der ersten angenehmen Frühlingstage, abends auf der hölzernen, schon recht abgenutzten Bank, die eigentlich ein mannslanger, fachmännisch behauener Baumstamm war. Sie schauten zusammen über den Ostedeich in die Ferne, über ihre Hofstelle hinweg, bis nach Iselersheim.

„Frau, wir haben die Hofstelle nunmehr vor zwei Jahren an Joachim abgegeben, ich finde, dass er es gut macht. Margaretha passt sehr gut zu ihm. Sie ist eine fleißige Frau und Mutter", brach Jochen die angenehme Stille.

Seine Frau atmete einmal tief durch, legte ihre Hand auf die seine und antwortete, ohne den Blick vom Deich abzuwenden: „Ja, da hast du Recht. Mir geht es heute ganz gut, aber ich merke, wie mir meine Kräfte immer mehr schwinden. Ich kann mit den Händen kaum noch die Spindel halten, und in den Fingern steckt die Gicht. Die Feuchtigkeit und Kälte sind daran schuld."

Ohne darauf mit Worten einzugehen, drückte der alte Jochen die knochige Hand seines Eheweibes, aber nicht zu sehr, denn es würde sie sonst schmerzen.

„Johann ist ja nun als Dienstknecht in einer guten Stellung. Weißt du, Cord hat mich gestern angesprochen, dass er in Bremervörde eine Stelle bei einem der Händler in Aussicht hat. Er hat mich gefragt, was ich davon halte", sprach Jochen, den Kopf seiner Frau zugewandt.

„Es ist die Zeit gekommen, dass die Kinder aus dem Haus gehen, ihre eigenen Familien gründen, und wir hier als Altenteiler auf dem Hof bleiben, wie es unsere Eltern einst erging", antwortete sie mit leiser, ein wenig wehmütig klingenden Stimme.

„Naja, er wird dort sein Auskommen haben, und auf dem Hof ist es im Winter ein Esser, aber im Sommer auch eine Arbeitskraft weniger", entgegnete Jochen nur trocken dazu.

„Wann wird er denn anfangen, Jochen?"

„Morgen schon. Lass uns hineingehen, es fröstelt mich, trotz der wollenen Decke über meinen Knien."

Im Haus saß bereits die ganze Familie um das wärmende Flettfeuer zusammen und unterhielten sich lauthals. Niemand hatte die Alten hereinkommen hören. Sie setzten sich auf ihre freigehaltenen Stühle, die mit weichen Kissen gepolstert waren und hörten den Gesprächen zunächst nur aufmerksam zu.

Cord sah seinen Vater erwartungsvoll an, während dieser sich seine Pfeife stopfte. Er sah auch das Lächeln und das kaum wahrnehmbare Nicken.

„Vadder hat es Modder also gesteckt", dachte er. Ihm fiel dabei ein großer Stein der Erleichterung vom Herzen. Dann sah er seine Mutter an, die zustimmend ihre Augen schloss. Sie konnte die stille Frage in den Augen ihres Sohnes sehen.

Diese kleine, spontane Abschiedsfeier, zu der sich die Alten gesellten, dauerte noch an, nachdem sie bereits in ihren Betten lagen und schliefen.

Am nächsten Morgen verabschiedete sich Cord von seiner Familie. Zuletzt umarmte er seine Eltern, drückte sie noch einmal fest und sagte dann zu allen: „Bremervörde ist ja nicht weit weg. Zudem sehen wir uns jeden Sonntag zum Kirchgang dort", versuchte er der Traurigkeit die Macht zu nehmen. Dann schulterte er sein kleines Bündel, drehte sich um und ging den Weg vom Hof runter auf den Weg nach Bremervörde, den alle Moorsiedler anfangs gemeinsam angelegt hatten.

Cord winkte noch häufig, solange er sie noch sehen konnte. Dann ging er die lange Reihe von 24 Moorkaten entlang, deren Bewohner er alle gut kannte, mit denen er gespielt hatte, um deren Schicksale er wusste. Als er an der letzten vorbei war, glaubte er schon den Kirchturm von Bremervörde zu sehen, die im großen Krieg von den Dänen zerstört und im Jahr 1651 wieder in der Stadtmitte aufgebaut, und 1653 eingeweiht wurde. Das berichteten die Beamten ab und an im Krug bei ihren Gesprächen.

Während er so nach dem Kirchturm Ausschau hielt, dachte er daran, dass die Kirche in den letzten Jahren extra für die vielen Familien der Moorsiedler umgebaut wurde. Sie würde er nunmehr jeden Tag vor Augen haben. Der Gedanke daran, ließ ihn seine Schritte schneller werden.

Gegen Mittag erwartete ihn der Händler, sein neuer Arbeitgeber. Er schaute sich noch einmal um, als wollte er von seinem Dorf Abschied nehmen.

Dann ging er frohen Mutes seinen eingeschlagenen Weg weiter, den er schon so häufig gefahren und gegangen war.

Dass er der Stammvater einer Händlerfamilie im Ort werden würde, die noch im Jahr 1932 eine Kohlehandlung besaßen, konnte er nicht im Entferntesten ahnen.

***
1792

Nur gut drei Jahre später war es wieder soweit, dass auf dem Hof Familienzuwachs um Einlass drängte.
Die Geburt der Tochter kam Joachim Junior nicht so lange vor, denn sie vollzog sich unerwartet rasch.
„Das war ja wie bei den Lämmern zu Ostern", sagte der alte Jochen scherzend zu seinem Sohn Joachim, während er ihn mit seinem Ellenbogen leicht anstupste und anschließend die Maisonne bei einem Rundgang um das Wohnhaus genoss, bei dem ihn die frischgebackene Großmutter begleitete. Die dunklen Wolken waren wieder einem helleren Himmel gewichen, wenn auch die Folgen des geringen Sonneneinfalls, wie die der vielen schmierigen Asche und die ätzende, staubige Luft überall ihre Spuren hinterlassen hatten.
„Ich glaube, es wird nun Zeit, ein kleines Altenteilerhaus zu bauen, denn unsere Kammer braucht die immer größer werdende Familie unseres Sohnes", meinte Jochen beiläufig, während er die grünen Baumkronen seiner nunmehr vor über 30 Jahren von ihm selbst gepflanzten Eichen bewunderte.
Seine Frau begleitete ihn dabei wortlos. Sie hatte Mühe bei diesem Rundgang Schritt zu halten. Man merkte, auch wenn sie erst morgen, am Tag nach der Geburt ihrer jüngsten Enkelin, Geburtstag hatte, ihren 57sten, dass die Kräfte sichtbar aufgebraucht waren.

Zur Taufe erschienen, wie bereits drei Jahre zuvor, alle Geschwister von Joachim. Johann diente noch immer in Kranenburg, Cord Hinrich in Bremervörde, Claus bei der Tante in Oldendorf, Harm in Hechthausen, Ann Cathrin bei der Familie Buck in Ostendorf und Friedrich bei Riekes Bruder in Gräpel. Sie waren alle gut untergekommen.

Die Alten freuten sich, ihre gesamte Familie wieder ums Flettfeuer versammelt zu sehen, sie in die Arme zu nehmen und mit ihnen reden zu können. Ihre zwei jung gestorbenen Töchter kamen ihnen während der Tauffeier ihrer ersten Enkelin Lucia in Erinnerung. Dass Jochens Stiefbruder, Daniel, im letzten Jahr durch einen Unfall ums Leben kam führte dazu, dass der Kontakt nach Hesedorf nach und nach einschlief, was den Alten besonders weh tat.
Zur Beisetzung war er ohne seine kränkelnde Frau gefahren, aber ohne zu Übernachten. Vieles war und viele waren ihm hier fremd geworden, wenn auch überall noch die Erinnerungen an seinen Vater vorhanden waren.

Wenige Tage nach der Taufe sprachen die Altenteiler mit dem jungen Ehepaar über die Wohnsituation.
„Joachim, wir denken, dass es Zeit wird an ein größeres Haus, einen Anbau oder einen Umbau der Scheune zu denken, in der wir schon einmal eine Zeitlang gelebt haben, wenn auch nur in der warmen Jahreszeit."
„Vadder, auch wir haben uns überlegt, wie wir es zukünftig mit den Kammern händeln wollen. Momentan schlafen die Kinder bei uns, ihr in eurer kleinen Kammer. Friedrich hat mir vor drei Tagen erzählt, dass in Gräpel ein Hof abgebrannt ist. Das Häuslingshaus hat auch Schaden genommen, das Ständerwerk hingegen ist in einem guten Zustand."
Die Alten unterbrachen ihren Sohn nicht, doch Jochen runzelte ein wenig skeptisch die bereits von Falten durchzogene Stirn.
„Also", fuhr der Sohn fort. „Der Hof soll auf die Situation angepasst werden, und das Holz vom Häuslingshaus stand zum Verkauf. Es ist nur ein Einfachhaus. Ihr wisst ja, dass ich gestern bei Friedrich über die Oste gefahren bin."
Jochen ahnte, was nun kommen würde, ließ seinen Sohn aber weiterreden, ohne ihn zu unterbrechen.

„Modder, Vadder, ich habe gestern das Ständerwerk gekauft. Friedrich hat bereits mit Johann und Cord Hinrich gesprochen. Wir bauen es in der nächsten Woche ab, bringen es über die Oste auf unseren Hof, und bauen es mit der Hilfe vom Sohn des Zimmermannsmeisters, der unser Haus errichtet hat, hier wieder auf und decken es ein."
„Ja, die Wände werden mit Flechtzäunen und Lehm verschmiert, der Fußboden und das Flett werden wie im Wohnhaus sein", ergänzte Margaretha ihren Mann.
Es kehrte eine sehr merkwürdige Stille zwischen den Anwesenden ein, die dann von Joachim beendet wurde.
„Vadder, wir brauchen deine Hilfe, um das Haus auf zu bauen und ein zu richten. Wir möchten für euch ein Altenteilerhaus bauen und mit allem notwendigen einrichten, da wir es später selber nutzen möchten."

Nun wartete der Sohn auf eine Reaktion seines Gegenübers.
„Junge, das kostet viel Geld und Zeit, und die schlimmen letzten Jahre haben schon viel Geld, Kraft und Mühe gekostet. Wir stehen mitten in der Ernte, und dann kommt der Winter. Dein Plan gefällt mir und sei gewiss, ich werde nach besten Kräften mithelfen. Deine Mutter und ich finden auch, dass ihr die Kammer neben eurer für die Kinder benötigt. Aber sage, wo willst du es aufbauen?", wollte der Alte wissen, zunehmend neugierig geworden.
„Du hast doch im letzten Jahr beim Torfstechen, 200 Schritt von hier aus, den Geestboden mit der Sandbank im Moor gefunden. Dort möchte ich für uns oder meinem Nachfolger das nächste Wohnhaus neu bauen, mit allen Stallungen. Unser Wohnhaus hier hält noch mehrere Generationen, aber der hinten gelegene Grund ist für eine Hausstelle besser geeignet, wie du selbst gesagt hast", köderte er seinen Vater.
Der Alte nickte nur stumm, aber nicht unzufrieden gelobt worden zu sein.

„Vadder, dort soll irgendwann einmal ein neues, großes Vierfachständerhaus mit vielen Kühen, eine große Scheune mit einem ebenso großen Schauer, einem Back- und einem Altenteilerhaus stehen. Das Altenteilerhaus, das wir nun dort bauen wollen, wird irgendwann einmal unseres sein. Hier ist kein Bauplatz mehr vorhanden. Was meinst du nun dazu?"
Jochen spitzte die Lippen und zog sie im Wechsel zu einem Strich zusammen, während er scheinbar über seine Antwort nachdachte. Er schaute seine Ann Cathrin kurz an und nahm ein zustimmendes Lächeln in den Augen seiner Frau wahr.
Bevor er aber antworten konnte, ergriff die kranke Altenteilerin, Mutter und Großmutter das Wort.
„Junge, das ist ein guter Plan. Dass es 200 Schritte von eurem entfernt stehen wird, ist momentan nicht erfreulich, aber wenn ihr es später auch als Altenteilerhaus nutzt, dann steht bestimmt auch bald das neue große Bauernhaus, und alles ist wieder zusammen auf einem Hofplatz", war die Antwort, der Jochen nichts mehr entgegnen wollte.
„Du hast deine Mutter gehört", war das Einzige, was der Alte noch hinzufügte.
„Wann plant ihr es zu bauen?", wollte die Mutter noch wissen.
„Wir bauen es im Winter auf, decken es dann im Frühjahr ein und haben es für euch zum nächsten Herbst fertig gestellt. Das Holz haben wir in wenigen Tagen hier", sagte Joachim abschließend.
Seine Planung mit den jetzigen Gebäuden kam nicht mehr zur Sprache. Joachim und Margaretha hatten beschlossen, sollte ein neues Wohnhaus und die Nebengebäude einstmals errichtet sein, würden sie das Wohnhaus als Häuslingshaus nutzen. Die Nebengebäude hingegen schätzten sie, könnten dann eher baufällig sein, weswegen sie sich darüber keine Gedanken machten. Das von ihren Eltern errichtete erste Haus war solide gebaut und würde

sicherlich noch Generationen lang stehen bleiben. Darüber waren sich die jungen Eheleute einig, selbst wenn erst ihre Kinder diesen Plan umsetzten würden.

Die Monate Juni und Juli waren sehr trocken und heiß, gingen aber wie im Flug vorbei.
Lucia geriet in der Zeit prächtig und war gerade 10 Wochen alt, da schlug die Nachricht vom Tod des allseits geachteten Moorkommissars Findorff wie ein Blitzschlag in die Moordörfer ein. Die Kunde ging wie ein Lauffeuer durch das Land, denn sehr viele Familien hatten ihm vieles, ja alles zu verdanken, so dachten sie wenigstens. Er gab ihnen mit seiner Arbeit eine echte Chance, die zu nutzen jedem selbst überlassen blieb, wobei viele Hilfen und mannigfaltige Unterstützung erhielten, auch von Findorff persönlich.
Sein Rat war vielerorts sehr gefragt, seine Pläne wurden bewundert, weil sie nicht nur Erfolg versprachen, sondern auch in der Realität Erfolg bewiesen. Er selbst bewirtschaftete in Iselersheim eine eigene Kate, wo er auch lebte. Damit war er einer von ihnen und nicht einer der hohen Herren.
Iselersheim lag parallel zum Verbindungsweg in Ostendorf, und seine Kate stand unweit, nur zwei Meilen vom Hoopshof entfernt.
„Junge, Junge, das ist ja eine schreckliche Nachricht", schoss es aus dem alten Jochen heraus, als der Amtsbote die Nachricht auf den Höfen verbreitete.
„Er war ein sehr stattlicher Herr, und ihm haben wir es zu verdanken, dass wir heute hier dieses Stück Land, unseren Hof bewirtschaften", fuhr er fort.
Die ganze Familie, außer Jochens Frau und der Magd, nahmen alle an der Trauerfeier und Beisetzung im Nachbarort Iselersheim am 3ten August teil, auch wenn nicht alle in der Kirche einen Platz fanden, wie auch während der Beisetzung.

„Er war einer von uns, hatte selbst eine eigene Moorkate und wusste zu helfen", flüsterte Jochen seinem Ältesten ins Ohr, der nur zustimmend nickte.

Nach dem Erntedank begannen die Gebrüder Hoops an trockenen Tagen mit den Arbeiten am Bauplatz für das Altenteilerhaus ihrer Eltern. Sie begradigten die Fläche, legten das Streifenfundament aus Felssteinen, die sie hier auf dem Grund in den Jahren gefunden und angesammelt hatten, damit das Ständerwerk nicht auf dem Boden, sondern auf dem einen Fuß hohen Fundament stehen würde. Geld für Steine hatten sie nicht, aber so viele Steine, dass es noch für den Neubau eines großen Haupthauses reichen würde. Die schweren Steine waren, neben der Arbeit auf den Äckern und Wiesen, eine zusätzliche Herausforderung für die Männer.
„Machen wir es richtig und gut, hält das Haus noch zehn Generationen", meinte der Älteste der Brüder. Jochen half seinen Söhnen so gut er eben konnte. Ihn hatte diese neue Aufgabe mit neuem Lebensmut erfüllt, während seine Frau immer mehr abbaute und die Brustkrankheit sich in ihr immer schmerzhafter ausbreitete.
Die Nächte hustete sie immer wieder heftig. Jochen lag häufig wach neben ihr, sorgte sich um seine Eheliebste.

Vor dem 3ten Advent stand das Ständerwerk des Altenteilerhauses, wie geplant, am neuen Hofplatz. Es hatte noch kein Dach und keine Wände in dem Fachwerk, was aber der Planung entsprach. Einige der Balken waren nicht zu gebrauchen, weswegen sie das Haus ein wenig kürzer gebaut hatten, was aber noch immer für ein kleines Haus für die auf Altenteil befindlichen Menschen reichte.
„Ein sehr schönes Weihnachtsgeschenk", sagte Jochen zu seinem Erben.

So ragte der zukunftsweisende Neubau mit altem, aber gutem Ständerholz über den Jahreswechsel in den unterschiedlichsten Ansichten auf dem ansonsten freien, neuen Haushofplatz.

Ein Nachbar merkte scherzend an, dass es wie eine Kapelle ausschauen würde, was den Rest wie einen Friedhof erscheinen ließ, wenn der Nebel um das Gebälk und hindurch seine Schwaden zog. Mal glänzte das Holz im Nass des Regens in der gleißenden Sonne, oder es war mit Reif und Eis überzogen, wobei sich die unterschiedlich langen Eiszapfen in der Sonne wie blanke Husarenspieße spiegelten, oder der Schnee sich wie Puderzucker über das Gerippe legte und damit die Fantasien der Menschen zu den verschiedensten Tageszeiten unterschiedlich anregte. Des Nachts brach sich das Mondlicht, wenn es einmal die Erde mit Helligkeit erfreute, in bizarrer Weise für Menschen, die an Geister, Hexen, Trolle und Zauberei glaubten.
Manch einem Betrachter gruselte es arg, in den beiden Alten aber kam ein wohliges Gefühl auf, denn es sollte ja ihre Wohnstatt, ihr Altenteil werden.
Der Winter 1793 machte den alten Jochen hingegen nachdenklich, weil das Wetter wieder einmal hart zuschlug und das, bis in den April hinein. Es waren ungewöhnlich kalte und lang anhaltende Nachtfröste, dass der Alte um seine Immen, während Joachim Junior um die Vorräte an Lebensmitteln, Futter und Brennholz bangte. Dieser Winter brachte außer einer großen Kälte von über 30° minus sehr viel Schnee, was in vielen Dörfern nicht nur die Getreidevorräte schädigte. Die Weser und die Elbe froren zu, lange nachdem der vor dem Hof liegende Fluss Oste an vielen Stellen bis auf den Grund zufror. Selbst die Brunnen auf den Höfen waren nutzlos geworden. Sie mussten Eiszapfen und Schnee auftauen und als Wasser nutzen, was häufig zu Durchfällen führte.

Viel schlimmer war für die Menschen aber, nicht aus dem Haus zu können, die vielen dunklen Tage und Nächte, die Enge im Raum mit den Bewohnern und Tieren des Hofs. An Nächten mit besonders starken Frösten stieg die Temperatur im ganzen Haus, trotz des Flettfeuers, selten auch über -20° an.

Alle saßen dicht am Feuer, welches aber nur die Vorderseite ein wenig wärmte, weswegen sie sich auch einmal anderes herum hinsetzten.

„Pass auf, dass du dir nicht das Hinterteil verbrennst", scherzte der alte Jochen.

Wie sehr die Familie, besonders die Kinder, aber auch seine Eheliebste unter der Kälte trotz dreifacher Kleider litt, schmerzte ihn besonders. Sie mussten sehr aufpassen, dass keinem die Füße, oder die Nasen abfroren, denn sie hatten zwar Fußlappen und das Gesicht mit wollenen Tüchern abgedeckt, die vom Atem feucht waren, aber das reichte häufig nicht aus.

Der Gedanke an das Gerippe, das einmal das neue, wohlige Heim für ihn und seine geliebte Frau sein würde, ließen ihn gute Laune verbreiten, die für alle bitter nötig war.

***
1793

Die Menschen, die in solch harten Wintern starben, wurden im Haus auf dem Heuboden in ihren Särgen behalten, denn niemand wurde bei solchen Verhältnissen beigesetzt. Kein Spaten, auch keine Spitzhake konnte in diesen tief gefrorenen Boden erfolgreich in die Erde getrieben werden.

Die Mitglieder der Familie Hoops blieben, bis auf einige wenige oberflächliche und nicht wirklich erwähnenswerte Blessuren, von Erfrierungen und Todesfällen verschont. Die einzigen Verluste waren: eine Kuh, ein Schaf und zwei der 12 Immenvölker. Aber Jochens Frau hatte die Eiseskälte sehr zugesetzt, ihr Husten war heftiger und schmerzvoller geworden.
Es war nun bereits Anfang April, und der Winter hatte noch immer keine Anstalten gemacht, sich zurück zu ziehen. Die breite Elbe war noch immer mit dickem Eis zugefroren. Die Elbe nach Norden zu Fuß zu überqueren war gefährlich. Auch die Oste, wie die Gräben in Ostendorf waren fest im Griff von Frau Holle gefangen.
Für den 24sten des Monats war geplant, dass Claus die Gastwirtschaft seiner Tante, Jochens Schwester Anna in Oldendorf offiziell übernehmen sollte, an dem er auch seine zukünftige Verlobte heiratete.

Eine Woche zuvor beschloss die Familie, sollte das Wetter sich nicht ändern, dass sie nicht nach Zeven fahren konnten. Bei dieser Witterung war der Weg viel zu lang für jede Reisegruppe, selbst mit Pferd und Wagen.
„Vadder, wir wissen gar nicht, wie die Wege beschaffen sind, können die Schäden des Winters unter dem Schnee nicht einmal erahnen. Wenn das Rad bricht, eines der Pferde sich ein Bein bricht, kann es uns passieren, dass wir da draußen jämmerlich erfrieren, anstatt in einer wohlig

warmen Stube Speis und Trank genießen", sagte Joachim zu seinem Vater besorgt.

Insgeheim aber war Jochen froh, noch nicht im neuen Haus mit seiner kranken Frau zu wohnen, denn der Winter zeigte sich von seiner grausamen Seite, und er fürchtete nichts mehr als die Vorstellung, dass er eines morgens neben seinem Weib aufwachen würde, welche Gevatter Hein des nachts mitgenommen hatte.

200 Meter waren eine geringe Entfernung, nicht aber, wenn man alt, kränklich und wie abgeschnitten ist. Zudem wurde mehr Brennholz benötigt, und das war in diesen Zeiten kostbar und rar, auch wenn meist der selbst geerntete Torf verbrannt wurde.

Die alte Bäuerin wusste um ihren Zustand und machte daraus auch kein Geheimnis. Die liebevolle Pflege ihrer Schwiegertochter und der Jungmagd tat ihr gut, wie die offenen Gespräche über den Tod, die sie mit ihrem Mann führte.

„Jochen, nur noch wenige Wochen und wir werden erneut Zeuge, wie ein weiterer Enkel auf die Welt kommt, die ich bald verlassen werde", sagte sie mit einer Traurigkeit in ihrer Stimme.

„Du wirst nicht nur diese Geburt erleben, sondern auch bei der Hochzeit unseres Claus am Tisch sitzen. Bis April geht es dir wieder besser, dann ist es ja auch wärmer", versuchte Jochen seine Frau aufzumuntern.

„Claus lebt ja bereits seit dem Tod meines Schwagers bei meiner Schwester und hilft. Er hat ja seine Braut gefunden, und die erste Proklamation wird alsbald von der Kanzel verkündet werden. Damit hat ein weiteres unserer Kinder seine Zukunft gesichert."

„Ja, wir zwei sind zusammen sehr weit gekommen, aber ich spüre, dass meine Zeit bald da ist zu gehen", sagte sie mit schwacher Stimme, dass Jochen zeitnah das Schlimmste befürchtete.

Der Wille dem Enkel noch in die Augen sehen zu können, das Dach des neuen Hauses zu bewundern, gaben ihr die Kraft, Gevatter Hein noch ein wenig zu vertrösten.
Mitte März begann der Winter sein tödliches Treiben aufzugeben. Der Schnee schmolz sehr langsam, aber der Boden blieb noch einige Wochen gefroren, sodass an ein Pflügen nicht zu denken war.
„Das wird eine späte Ansaat, wenn sich das Wetter nicht bald zum Besseren wendet", sagte sich der junge Bauer. Besonders der moorige, sumpfige Boden hielt der Frost sehr lang gefangen, was für die arg gebeutelten Familien eine Verlängerung der kargen Zeit bedeutete. Nahrung, wie Löwenzahn und anderes frisches Grün blieb Mensch und Tier weiterhin auf unbestimmte Zeit verwehrt.
Der einzige Lichtblick auf Hoops war die bevorstehende Geburt des nächsten Kindes, der nur durch die schwindende Lebenskraft der alten Ann Cathrin getrübt wurde.
Das Zeitfenster, bis mit dem Pflug Furchen durch die Äcker getrieben werden konnten, nutzten die Männer auf dem Hof, das kleine Haus einzudecken, die geflochtenen Zwischenräume für das Verschmieren mit Lehm vor zu bereiten.

Die frohe Kunde von den Wehen bei der jungen Bäuerin ließen den schwindenden Lebensmut der Altenteilerin noch einmal aufleben. Ann Cathrins Wunsch, das gedeckte Haus und den neuen Enkel, der auf den Namen Harm getauft wurde, noch zu erleben, erfüllte sich.
Inzwischen war der Knabe drei Wochen alt und hielt das Haus ganz schön auf Trab, da er sich immer wieder lautstark Gehör verschaffte, wenn ihn der Hunger trieb, oder die volle Windel störte.
Jochens schlimmste Befürchtung wurde zur Realität. Das Husten seiner Frau verschlimmerte sich rasant, das Atmen

fiel ihr in den letzten Tagen deutlich hörbar und zunehmend schwerer.

Am Donnerstagabend sprach sie mit Jochen noch über die am Mittwoch geplante Hochzeit ihres Sohnes Claus und, dass sie traurig wäre, weil nicht die ganze Familie daran teilnehmen könne.

„Du hast ja Recht, Jochen. Es ist schon traurig, wenn wir nicht zu Claus` Hochzeit fahren können", sagte die sterbende Ann Cathrin zu ihrem Jochen.

Zwischen einem der Hustenanfälle von Jochens Frau, sagte sie leise, als wollte sie den vorigen Satz noch einmal wiederholen: „Ich bin sehr traurig, dass Claus ohne uns diesen Ehrentag begehen muss. Ich hätte diese sehr beschwerliche Reise auch bei gutem Wetter nicht machen können und ..." Ein erneuter Hustenanfall unterbrach ihren Satz. Der Husten ließ das Tuch in ihrer Hand erneut blutig werden. Jochen schaute sorgenvoll auf seine Eheliebste, die seit einigen Tagen nicht mehr aufstehen wollte. So blieb sie im Bett. Heute hatte sie sich zusammengerafft und konnte kurz ans wärmende Feuer geholt worden.

Dass sie die folgende Nacht nicht überleben würde, ahnte zu diesem Zeitpunkt noch niemand im Raum.

„Es war gut den lütten Schietbüddel noch mit eigenen Augen gesehen zu haben", waren ihre letzten Worte, bevor sie einschlief. Mit dem schweren Atem seiner schlafenden Frau im Ohr schlief auch Jochen nach einem sanften „Sloop good" ein.

Als er am folgenden Morgen, noch vor dem ersten Hahnenschrei, neben seiner Frau erwachte, vermisste er den gewohnten Husten, das schwere Atmen. Er drehte sich, Schlimmes ahnend, zu ihr und fasste sie zärtlich an einer Hand an. Sie war kalt, tot!

Ihm liefen die Tränen über seine alten, faltigen Wangen.

Er legte die Hand behutsam zurück. Er blieb noch eine ganze Weile auf der Bettkante sitzen, als würde er hoffen, dass der Atem wieder in den alten Körper zurückkehren würde und blickte in das schlafend wirkende Gesicht seiner toten Frau. Dann stand der frische Witwer wie in Zeitlupe doch auf, schüttelte sich ein wenig vor Kälte, ging dann ins Flett, wo schon einige seiner Familie emsig herumliefen.
Er blieb vor der Tür zu seiner Kammer stehen und schaute still auf das Treiben, bis sie auf ihn aufmerksam geworden waren. Plötzlich war es still, selbst der Knabe lärmte nicht mehr.
„Gevatter Hein woi düsse Nacht by us. Modder ist dod bleven", sagte er, laut genug für alle hörbar in den Raum. Die Tränen auf seinen Wangen glänzten im Schein des Feuers.

Wie von einem Schlag getroffen hielten die Erwachsenen inne. Nur die kleinen Kinder hatten die Worte des Großvaters nicht verstanden, wie denn auch. Der Tod auf dem Hof war zwischenzeitlich lange ausgeblieben.
„Sie ist endlich von ihren Schmerzen erlöst", dachten einige von den Anwesenden. Die Stille wurde vom Schnauben des Viehs unterbrochen.

Die Ehefrau, Mutter und Großmutter konnte noch nicht beerdigt werden. So gingen Jochen und Joachim daran, einen Sarg aus eichenen Brettern, die eigens dafür im Hause eingelagert wurden, zu zimmern. Es dauerte den ganzen Tag bis sie fertig und mit dem Sarg zufrieden waren. Die Bretter waren durch den Frost sehr schwer zu bearbeiten gewesen. Während dessen wurde die Tote durch die Frauen gewaschen und für den Sarg vorbereitet. Während die Männer nach getaner Arbeit am Feuer saßen, schmückten die Frauen den Sarg aus.
Anschließend trugen die Männer den Sarg in die kleine Schlafkammer, legten die Leiche in den noch offenen Sarg

und trugen ihn ins Flett, wo über Nacht reihum Totenwache gehalten wurde. Jochen blieb die ganze Nacht am Sarg sitzen, hielt ihn mit der Hand fest, als wollte er nicht loslassen.

Am Morgen darauf wurden die letzten zwei Bretter als Deckel aufgelegt und der Sarg endgültig mit vier eisernen Nägeln verschlossen.

„In vier Tagen übernimmt Claus die Gastwirtschaft meiner Schwester und heiratet seine Marie. Eure Mutter hätte das gerne noch erlebt und wäre auch gerne dabei gewesen", sprach der alte Jochen, der hernach seit Stunden, stumm ins Feuer blickend, am Flettfeuer saß. Er traute sich nicht in die Kammer, in das Ehebett, indem seine Ann Cathrin des Nachts gestorben war.

Die Trauer und Bedrücktheit im Hause währten noch einige Tage an. Erst als der Mai den Frost verscheuchte, die Sonne anlockte, um das Eis zu brechen, den Schnee schmelzen zu lassen, gingen die Menschen wieder nach draußen, wurde die Groot Dör wieder geöffnet.

Die bedrückende Situation, in den Häusern gefangen zu sein, hatte endlich ein Ende.

„Wir sind spät dran, die Felder zu bestellen, zudem sind sie noch zu nass. Wir müssen wieder tief pflügen, damit sich die Asche noch mehr mit der Erde mischt, als im letzten Jahr. Vadder, Friedrich wird zu Claus und zu Cord reiten, um ihnen die schlechte Nachricht zu überbringen", sagte Joachim in die Runde der Bewohner dieses Hofes.

So ritt der 14-jährige Friedrich, gut gewappnet, zu seinen älteren Brüdern.

***
1793 / 1794

Vom 4ten Advent bis Mitte März brach erneut ein sehr strenger Winter über das ganze Land herein, der den Menschen erneut alles abverlangte, denn es gab kaum einen Tag, an dem die Menschen sich vor die Tür trauten. Kaum hatten sie sich im Jahr davor mit nur einer einzigen Ernte ein wenig berappelt und Hoffnung geschöpft, wenn gleich sie auch über das Jahr alles stark reduzierten, dass nur wenige im Dorf verhungerten. Selbst die sonst opulent gestalteten Hochzeitsfeiern über drei Tage fielen spärlich, oder sogar in Gänze aus.
„Ihr müsst den Gürtel noch enger schnallen", hatte der Gottesmann von der Kanzel mahnend gepredigt.
„Als hätte mein Gürtel überhaupt noch Löcher, um ihn noch enger schnallen zu können", meinte einer in den Kirchenbänken sitzender Mann leise, aber dennoch gut hörbar.
„Und was sollen die Frauen machen?", empörte sich eine Frau, laut und verärgert aus den hinteren Kirchenbänken. Der Pastor konnte sie trotz Drohungen nicht ausfindig machen, so sehr er sich auch mühte und mit allerlei schmähenden Worten bedachte, weil sie ja nur ein Weib war.
Nach dem Gottesdienst war es das Thema im Krug, in dem nicht nur Männer regelmäßig nach dem Donnerwetter von der Kanzel einkehrten. Einige gerieten untereinander in Streit, redeten sich in Rage, aber für eine Prügelei waren sie zu schwach, und mehr als ein Bier oder Schnaps konnten die Meisten, ausgemergelt wie sie waren, gar nicht vertragen, geschweige denn bezahlen.

Über den Winter hatte Joachim, wie im Winter zuvor, selbst die Hühner ins Haus geholt. Die Schafe ließ er anfangs noch im angestammten Stall, weil der Geruch nicht nur streng, sondern für ihn unerträglich war. Wer mit der Feuerung und den Vorräten nicht ausreichend vorbereitet war, hatte es im zweiten Winter nacheinander verdammt schwer, seine Familie durch diese Zeit zu bringen. Viele hatten ihre Knechte, Dienstboten und Mägde aus Not aus dem Dienst entlassen müssen. Das war für die Betroffenen besonders hart, weil der Wechsel traditionell zur Lichtmess, am 2ten Februar, am Zahltag für das vergangene Jahr erfolgte. Lichtmess war zugleich der Tag zum Stellenwechsel für die ziemlich rechtlosen Mägde und Knechte. Jeder von ihnen hatte an diesem Tag die Chance auf dem Hof zu bleiben, oder einen Hof zu finden, auf dem es ihnen besser gefallen würde. Doch in diesem Winter war alles anders. Die Menschen, die aus den Diensten ohne eine Anstellung auf einem anderen Hof entlassen wurden, hatten nur zwei Möglichkeiten: Erstens, zu ihrer Familie zurückzukehren und zu hoffen, dort unter zu kommen, oder als obdachlose Bettler oder Bettlerinnen durchs Land zu ziehen. Wäre da nicht dieser erneut langanhaltende und harte Winter, der dem, welcher im Freien übernachten musste, unweigerlich den Tod brachte.

In Ostendorf war im Januar eine Frau erfroren, ein Knecht beim Wasserholen in den zugefrorenen Graben gefallen, wobei er sich das Bein brach und jämmerlich und sehr rasch erfror. Der Hauswirt fand ihn erst am folgenden Morgen, steif wie ein Brett mit einem schmerzverzerrten und erstarrten Gesicht, welches bis zum Frühling, als er dann bestattet werden konnte, so eingefroren blieb.

Die Verluste an Vieh wurden nicht gezählt. Eine Vielzahl musste notgeschlachtet werden, weil die Vorräte nicht mehr für die Tiere ausreichten, zugleich aber gab es für die Bewohner frisches Fleisch von den teilweise ausgezehrten Viechern. Aber das Vieh fehlt zur Ernährung auf lange Sicht und konnte nicht wirklich ersetzt werden. Einige rissen Teile ihrer Scheune oder Schauer ab, um Heizmaterial zu erhalten, oder durch den Verkauf Essbares kaufen zu können.

Mit dem neuen Knecht Carsten zog ein 37-jähriger, gestandener und erfahrener Knecht auf den Hof ein, der trotz des strengen Winters eingestellt wurde. Joachim plante für dieses Jahr mehr Vieh auf den Hof zu holen, den Torfstich zu intensivieren, aber auch das kleine Haus zu bauen. Dafür brauchte er einen Mann, keinen Jungknecht, den er mühevoll anlernen musste. Carsten erhielt zwar mehr Lohn und aß mehr als ein Jungknecht, dafür leistete er aber auch die Arbeit eines Mannes.

„Vadder, ich weiß, wir haben nicht viele Vorräte. Aber wenn wir erneut durch diese schwere Zeit kommen wollen, so müssen wir eine gute Ernte einfahren. Du bist auch nicht mehr der Jüngste, aber jeder Handschlag, jeder Rat hilft mir und deinen Enkelkindern", begründete er seinem Vater den Entschluss.

„Junge, du bist der Bauer und du entscheidest. Auf die Hälfte der Taler aus dem Altenteilervertrag werde ich auch für das kommende Jahr verzichten. Meine Kleider halten noch so lange, bis Gevatter Hein mich holen kommt und ich zu deiner Mutter gehe, ihr Gesellschaft zu leisten. Aber auf den wenigen Tabak verzichte ich nicht, wie auf die Pflege meiner Immen", antwortete ihm sein Vater.

Der alte Jochen hatte seinem Sohn bei der winterlichen Arbeit geholfen, die Gerätschaften für das Frühjahr vor zu bereiten und notwendige Reparaturen durchgeführt.
Dabei bemerkte der handwerklich begabte und geschickte Alte, dass seine Finger und Hände nicht mehr so recht wollten, was dem Sohn nicht verborgen blieb.
Aus der Jungmagd Hanne war inzwischen eine 19-jährige, junge Frau geworden, die bereits ihr viertes Jahr auf dem Hof verlebte und in Stellung verblieb, was besonders der Pflege der seligen Altmutter zu Gute kam. In diesem Winter wechselten auf Hoopshof weder der Jungknecht, noch die Magd. Entgegen vieler Moorbauern stellte Joachim sogar noch einen ein, den er bereits im Herbst angeworben hatte.

***
1793

Die Hochzeit von Claus sollte eigentlich in der Kirche in Zeven stattfinden. Wegen des Wetters wurde der Pastor unter viel Mühen aus Zeven geholt, um eine Haustrauung durch zu führen. Das kam dem Schwattkittel ganz recht, denn so nahm er gleich an der Feier teil und konnte gesättigt ins Pfarrhaus zurückkehren.
Die Feier fand, wie die Zeremonie selbst, im eigenen Gasthaus in Oldendorf statt, das Claus bereits als lediger Neubauer und Gastwirt unter der Führung seiner Tante Anna bewirtschaftete. [4]
Marie Könken, die Braut von Claus, kam gebürtig aus einem kleinen Ort namens Winkeldorf, das sich im Kirchspiel Sottrum befand, der alten Heimat der Familie Hoops. Er lernte sie über seine Tante kennen. Naja, sie wurden eigentlich verkuppelt. Sie und Anna, die Tante von Claus, kannten sich, so wurde den jungen Leuten der Weg durch die beiden Witwen geebnet.
Tagsüber ging Claus seiner Tätigkeit als Neubauer mit der Bewirtschaftung seiner Ackerflächen nach, abends bewirtete er Gäste in seiner Gaststube mit dem Ausschank von Bier und Schnaps. Das Brauen und Brennen hingegen waren ihm nicht erlaubt. Deswegen musste er seinen Ausschank immer kaufen.
Die Feierlichkeiten fanden an diesem Tag in einem sehr kleinen Kreis statt.
Am Vortag sagte Claus Tante zu den Verlobten: „Dass eure Familien morgen nicht zur Hochzeit kommen können, könnt ihr euch ja an fünf Fingern abzählen. Die Hochzeit zu verschieben, hilft euch auch nicht weiter. Erstens wächst dein Bauch bald sichtbar, zweitens wird niemand wirklich Zeit zum Feiern haben, sobald das Wetter nachgibt. Dann

---
[4] Es handelt sich dabei um Dittmers Gasthaus mit der alten Hausnummer 13

geht es auf die Felder und auch darum, die Schäden zu beheben."

Marie war die Schamesröte bei den Worten ins Gesicht geschossen. Sie schliefen eigentlich in getrennten Kammern, aber ab und an hatten sie sich nicht daran gehalten.

„Du weißt, dass ich schwanger bin?", kam es Marie unbedacht aus dem Mund.

„Haltet ihr mich für blind, nur, weil ich alt bin? Wenn ihr mit der Hochzeit weiter wartet, sieht jeder vor der Hochzeit, dass du einen Braten im Ofen hast. Die Kirchenbuße erspart euch. Ich werde es schon mit der Bademutter regeln, dass es eine Frühgeburt sein wird", fügte sie mit sanfter Stimme und einem Grinsen an.

„Claus, sieh nur zu, dass der Pastor geholt wird, und du Marie, bereitest seine Kammer zur Übernachtung vor und unterlasst in dieser Nacht euer Liebesspiel", ordnete sie noch mit fester Stimme an.

Die Vorbereitungen für den nächsten Tag wurde auf die zu erwarte Personenzahl reduziert, da viele der Geladenen nicht kommen würden.

Die wenigen Gäste rekrutierten sich aus der unmittelbaren Nachbarschaft, die sich aus den Häusern trauten, dem Pastor und den Bewohnern des Gasthauses.

Die Nachricht vom Tod der Mutter hatte in Oldendorf sehr rasch unter den wenigen Stammgästen die Runde gemacht, die trotz des Wetters nicht auf den Alkohol verzichten wollten.

Die Umsätze waren in den beiden Wintern, wegen des Wetters, sehr stark eingebrochen. Seine Gäste vermieden es, ihn wegen seinen Verlusten zum „Ausgeben", hinsichtlich der Heirat zu animieren.

Claus ließ es sich aber nicht nehmen, seinen Stammgästen einen auf die Hochzeit aus zu geben.

Dass ihn seine Tante an Kindesstatt annahm, machte ihn seinerzeit zum Erben. Anna war sehr glücklich, dass mit ihrem Neffen ein Familienmitglied ihr Altenteil sicherte. Zudem verstanden sie sich seit sie ihn kannte immer gut.

Von den elf Kindern aus dieser Ehe heirateten sechs, eins blieb ledig, vier hingegen wurden tot geboren, was Anna sehr an ihre eigene Situation mit ihren sieben toten Kindern erinnerte.

Die Ostendorfer Verwandtschaft kam erst im Sommer nach Oldendorf, blieben über Nacht und fuhren gemeinsam am darauffolgenden Tag zurück zu ihren Wohnorten.

Jochen hatte nach dem Tod seiner Ehefrau seinen Sohn Joachim gebeten, ihm die Arbeiten des Lehmverputzens zu überlassen, denn er fühlte sich mit seinen 66 Jahren nicht zu alt dazu, außerdem brauchte er eine Aufgabe, eine wirkliche Ablenkung die ihn körperlich forderte und ihn abends auf das Lager in den Schlaf fallen ließ.

Außerdem kümmerte er sich weiterhin um seine Bienenkörbe, worüber Joachim sehr froh war, denn der alternde Vater war noch immer eine volle Arbeitskraft.

Mit Carsten zusammen setzte Joachim seine Vorhaben vehement und mit aller Kraft um, den Torfabbau merklich zu intensivieren, aber auch das Urbar machen von bislang ungenutzten Flächen gehörte dazu. Sein Ziel war es, die Ausbeute der bisher genutzten Äcker und Wiesen zu vergrößern.

Dass er dafür auch mehr Fläche zum Einlagern benötigte, war ihm bewusst. Deswegen brauchte er den Spitzboden des neuen, kleinen Hauses. Er hatte mit dem Vater nach dem Tod der Mutter abgesprochen, dass er plane, den Knecht Carsten beim Vater in der zweiten kleinen Kammer wohnen zu lassen, solange er lebte. Damit war der Vater abends und nachts nicht alleine im Haus, und Joachim konnte dort weitere Kühe im Winter unterstellen, welche Carsten mit zu versorgen hatte. Damit war allen gleichermaßen gedient.

Hanne blieb in ihrer Butze. Die andere Butze im Wohnhaus blieb derweil leer und wurde als Stauraum genutzt, oder diente zur Übernachtung, wenn einer der Brüder mehr als einen Tag beim Hausbau als Helfer vorbeikam.

Erst als der eiserne Kessel über das Feuer gehängt wurde, dann das Flettfeuer erstmals im Kreise der Familie im neuen Haus angezündet wurde, war es ein großes Erlebnis für alle. Feuer und der Kreis darum herum bedeuteten Sicherheit, Wärme und Zusammenhalt.
„Es erinnert mich an den Tag, an dem ich damals im alten Haus erstmals das Holz zum Brennen brachte", berichtete der alte Jochen mit Wehmut in der Stimme.
„Damals saß eure selige Mutter mit am Feuer, das eigentlich sie angezündet hatte", fügte er noch an.
Es dauerte nur wenige Stunden und Jochen war mit Carsten ins kleine Haus umgezogen, die ältesten Kinder von Joachim in die ehemalige Altenteilerkammer.
Der Abend war für alle anders, weil zwei Flettfeuer nur 200 Schritte voneinander entfernt entzündet wurden, was ab jetzt auch die doppelte Menge an Feuerung für den Hof verbrauchte, somit auch für den Winter eingelagert werden musste. Diese Erkenntnisse führten bereits am Tag darauf dazu, dass die alten Gewohnheiten beibehalten wurden. Solange der Altenteiler noch mobil genug war, trafen sie sich wieder allabendlich zum Essen im Haupthaus, wo sie auch abends zusammensaßen. Zum Schlafen hingegen schlenderten die beiden Männer stets in das neue, kleine Haus.
„Carsten, wir werden den Weg ein wenig von den Stolperfallen befreien müssen, damit wir uns mit den Holzklotschen nicht irgendwann den Hals brechen, wenn wieder einmal ein guter Schluck meines Sohnes Claus die Runde gemacht hat", sagte Jochen seinem Mitbewohner auf dem Weg zum kleinen Haus, während einer sehr dunklen, ja fast schwarzen Nacht. Für einen Beobachter boten die

beiden dabei ein sehr lustiges Bild, doch verwehrte die Nacht auch das Gesehen werden.

Die nächsten drei Jahre schaffte der Bauer mit Hilfe von Carsten vieles, den Hof auszubauen. Er wollte aus der schlichten Moorkate einen richtigen, ansehnlichen Hof machen.
Hanne hatte die Anstellung in diesem Jahr vorzeitig verlassen um einen Häusling in Stade zu heiraten. Die Bademutter Rieke kam ab und an zu Besuch, denn es gab keine Geburten auf dem Hoopshof in Ostendorf, während Claus` Frau bereits eine Tochter geboren war. Damit war Joachim Onkel, seine Tante Anna sozusagen Großmutter und der alte Jochen nunmehr Großonkel geworden.
Das führte zu Pflichten, aber machte die Älteren unter ihnen nachdenklich.
„Gevatter Hein wird bald ums Haus schleichen", meinte Carsten hin und wieder bemerken zu müssen.
Die Familie wuchs langsam, aber stetig, was Jochen in seinen einsamen Nächten im halbleeren Ehebett der einzige Trost war. Es würde noch einiges Ungemach auf die Familie zukommen.

Obwohl es für viele, besonders der Landbevölkerung eine schwere Zeit war, konnte sie weder den Willen zum Überleben, noch die Liebe zwischen zwei Menschen besiegen.

Für die Familie auf dem Hoopshof trafen Amors Pfeile gleich zwei von den inzwischen erwachsenen Kindern, was für den ältesten Sohn und ehemaligen Hoferben, wie für die einzig überlebende Tochter in Hochzeiten mündete.
Anna ehelichte im November einen jungen Mann und Neubauern aus Ostendorf, Johann Wintjen, sozusagen einen Nachbarssohn. Die Hochzeit wurde traditionell von den Eltern der Braut ausgerichtet. Sie wirkte für den

Außenstehenden sehr bescheiden, was für die Zeit nicht unüblich war. Der überall das Leben erschwerende Staub wurde mit reichlich schwarz gebranntem Schnaps runtergespült, was der Stimmung eher förderlich war. Noch immer gab es Flächen, auf denen die Asche seit Jahren lag und zu einer harten Schicht geworden war. Der Wind trug die Kruste langsam ab und verteilte den feinen Staub in die Luft und in die Lungen. Auch beim Pflügen wurde immer wieder das staubige Grau nach oben gewühlt.

Einige der Nachbarn aus dem Dorf waren erschienen, dem Brautpaar die Ehre zu erweisen, aber auch die Nachbarschaft zu pflegen und zu vertiefen. Der Bräutigam, Johann Hinrich Wintjen, übernahm mit der Heirat zugleich die Mooranbauernstelle seines gleichnamigen seligen Vaters.

Annas Bruder, Johann Christian, war zu der Zeit in Kranenburg als Knecht bei dem Kötner Kühlken in Stellung. Er wollte das Führen und bewirtschaften eines Hofes erlernen, damit er eines Tages selbst eine eigene Stelle führen konnte. Das war sein Ziel. Sein Vater, der alte Jochen staunte über die Erfahrungen, die sein Sohn in Kranenburg gesammelt und von denen er immer wieder mal berichtet hatte.

Kapitel 3

1797

Der Kartoffelhof

Johann Christian, der nur Johann, wie sein väterlicher Großvater gerufen wurde, wurde vom Ehepaar Kühlken sehr geschätzt.
Die Kate der Beiden stand nicht auf Moorland, sondern auf Geestboden, das nicht erst dem Moor abgerungen werden musste. Die Ernten waren nach der Katastrophe nicht weniger schlecht, aber die Mühen waren weniger. Zudem hatte die Kate längst ein festes Haus und verfügte über gutes Land. Der viele Regen hatte die Asche fast überall so weggewaschen, dass die Gräben voll mit grauem Modder waren. Dadurch wurden alle gezwungen den schweren Schlamm aus den Gräben zu holen, damit die Entwässerung in die Zuflüsse der Elbe wieder frei waren. Damit lag der schlammige Schmutz auf den Wiesen und reduzierte deren Flächen. Neuer Regen spülte ihn wieder in die Gräben zurück, und die Mühen mit den Gräben wurde häufiger als sonst wiederholt.

Der Jahreswechsel wurde begangen wie immer. Für die meisten Menschen war es ein Tag, wie jeder andere.
Am Feuer im kleinen Flett saß Peter Kühlken mit seiner jungen Frau Becke, der Jungmagd Minna und Johann Hoops beisammen.
"Peter, die Arbeit auf deiner Stelle gefällt mir sehr", sagte Johann zu seinem Bauern. "Für die eigene Scholle zu arbeiten ist ein gutes Ziel, und ich lerne viel bei dir", ergänzte er.
"Du bist ja auch ein kräftiger Kerl, der anzupacken weiß. Besonders beeindruckt hast du mich beim Freigraben der Gräben. Gerne würde ich dich ein weiteres Jahr bei mir in

Stellung wissen", bot ihm Peter an, den der feine Staub kränklich gemacht hatte. Sein Husten war nicht nur tagsüber zu hören.
"Nun ja, ich bin nun bald 40 Jahre alt, habe aber noch immer keine passende Braut gefunden, damit ich auf einer Stelle einheiraten kann. Den Hof im Moor hat ja mein jüngerer Bruder Joachim vor Jahren übernommen. Seit Modder von uns gegangen ist, ist es für Vadder schwerer geworden. Bis meine Schwester Anna geheiratet hat, hat sie noch im Haushalt geholfen, aber nun ist es eine reine Männerwirtschaft für die Joachims Frau alleine sorgen muss. Würde Anna nicht in der Nachbarschaft leben und ab und an unterstützen, wäre es wohl weniger gut. Das schlechte Wetter der letzten Jahre hat es den Meinen nicht einfacher gemacht. Dennoch erging es ihnen besser als vielen anderen. Ich nehme dein Angebot an, aber nur weil du mich vieles gelehrt hast."
Peter kam zwischen den immer heftiger werdenden Hustenanfällen ein gequältes Lächeln über die Lippen.

"Peter, ich stelle aber zwei Bedingungen. Erstens gehe ich, sobald es dir besser geht, oder ich eine Braut gefunden habe. Das bedeutet, dass ich Euch möglicherweise nach dem Einholen der nächsten Ernte im Herbst verlassen könnte", warf Johann in die Runde.
Peter und Becke schauten sich kurz an. Dann streckte der kränkliche Hauswirt seinem Knecht die Hand mit einem knappen "Einverstanden" entgegen.
Drei Wochen später wachte Johann mitten in der Nacht durch einen markerschütternden Schrei der Bäuerin auf.
Er kroch rasch aus dem strohgefüllten Alkoven und traf die Jungmagd ebenso verstört und verschlafen vor der Tür zur Schlafkammer des Ehepaares, aus der lautes Wimmern und Weinen drang.

"Der Bur is dod", rutschte es Minna heraus, während dem jungen Ding Tränen die Augen nässte und die Wangen herunterkullerten.
"Geh, gebe der Nacharin Martha Bescheid, dann hole den Pastor", sagte Johann mit sanfter Stimme zur Jungmagd, die froh war aus dem Haus zu kommen. Sie schnappte sich den Umhang und verließ die Kate mit schnellen Schritten.

Johann legte zwei Scheite Holz ins Flettfeuer, damit sich die junge Witwe daran wärmen konnte, bis der Pastor kam. Dann ging er in die Scheune, wo die eichenen Bohlen und Bretter lagerten, einzig für die Särge des Ehepaares bereits bei der Hochzeit beiseite gelegt, wie es so üblich war.
Die Bretter waren durch die Lagerung in der Scheune im Winter eiskalt und sehr hart. Johann hatte seine Mühe damit, den Sarg für seinen Bauern zu fertigen. In den letzten Jahren seit der Katastrophe waren mehr Menschen als zuvor verstorben und damit auch mehr Holz für die Särge verbraucht worden, wodurch die Einnahmen des Totengräbers und des Pastoren gestiegen waren. Nach dem Ende des Frostes in den letzten beiden Wintern stellte der Totengräber noch Tagelöhner ein, die vielen Gräber auszuheben, in die die auf den Höfen gelagerten Leichen über Winter nunmehr ihre letzte Ruhe finden sollten. In der Gastwirtschaft war das eine ganze Weile das Gespräch an den Biertischen.

Die alte Martha kam mit noch einer Nachbarin auf den Hof, ging zuerst in die Scheune den sägenden und hämmernden Geräuschen nach.
Sie unterhielt sich nur sehr kurz mit Johann, bevor sie zur Witwe und dem Toten in die Kammer gingen.
Martha nahm erst einmal die junge Witwe in den Arm und drückte sie gegen ihre mächtige Brust, die schon elf Kinder gesäugt hatte, jetzt wie ein weiches Kissen der weinenden Nachbarin Trost und Wärme spendete.

Sie nahm sie mit hinaus zur wärmenden Feuerstelle, während sich die mitgekommene Nachbarin um den Toten kümmerte, dass er ein wenig schicklicher aussah, bevor der Herr Pastor ihn sah.

Der Pastor ließ nicht lange auf sich warten. Er war mit seiner kleinen Kutsche, einem Einspänner, für alle hörbar auf die Hofstelle gefahren. Die Jungmagd saß noch immer weinend neben ihm wie ein Häuflein Elend. Das Wehklagen der Bäuerin war ihr durch Mark und Bein gegangen. Selbst die tröstenden Worte des Pastoren konnten sie nicht wirklich beruhigen.

Als der Pastor durch die kleine Tür ins verrauchte Flett trat, standen die beiden Frauen auf.

Er ergriff die Hände der weinenden Witwe und versuchte Trost zu spenden: "Er war schon sehr lange sehr krank. Nun hat ihn der Herrgott von seinem Leid erlöst und ihn zu sich genommen."

Dann ließ er die Hände der Witwe los und ging in die Kammer, in dem der Tote schon ein wenig anschaulich hergerichtet worden war.

Die andere Nachbarin senkte den Kopf, deutete einen Knicks oder Verbeugung an, blieb aber wortlos stehen.

Der Pastor öffnete seine kleine lederne Tasche, die er stets bei sogenannten Hausbesuchen mitnahm, holte heraus was er benötigte, um dem Verstorbenen die letzten Dienste zukommen zu lassen.

"Nun lasst uns gemeinsam das Vater Unser beten", sprach er zu den anwesenden vier Frauen, während das Hämmern und Sägen am Sarg wie Begleitmusik in den Raum drang.

Nachdem der Pastor den Hof verlassen hatte, trugen die vier Frauen den Leichnam ins Flett und legten ihn auf den geräumten Tisch. Nun wuschen sie ihn und zogen ihm sein Totenhemd an. Das alles dauerte seine Zeit. Inzwischen hatte Johann den unteren Teil des Sarges fertig gestellt und ins Flett gebracht.

Unterdessen waren die Männer der beiden Nachbarinnen vom Feld zurück gekommen und auf den Hof des toten Nachbarn anmarschiert.

Die Frauen schmückten den Sarg und legten ihn sorgsam aus. Nun hoben die Männer den toten Bauern in seinen Sarg und trugen ihn an die Stelle, auf der er nun bis zur Beisetzung stehen würde. Die Totenwache hielten alle abwechselnd zu zweit. Währenddessen halfen die Männer Johann noch den Deckel fertig zu stellen, damit der Sarg am Morgen geschlossen werden konnte.

Während der Totenwache wurden viele Geschichten, die sie zusammen mit dem toten Bauern erlebt hatten, wieder gegeben und dabei Selbstgebrannten getrunken.

Nach der Beisetzung, zwei Tage später, nahm ihn die junge, kinderlose Bäuerin Becke zur Seite. Sie war 9 Jahre jünger als Johann.

"Johann, jetzt brauche ich Dich mehr als zuvor, um die Stelle zu halten. Du bist ein guter Kerl. Ich weiß, ich muss bald einen Mann suchen, damit die Felder bestellt werden. Ich mache dir einen Vorschlag. Wenn du auf dem Hof bleibst, heirate ich dich nach dem Trauerjahr und du hast dann deine eigene Scholle, und unsere Kinder erben diese."

Johann war sprachlos. Peter war kaum unter der Erde, aber für Pietät war keine Zeit. Es ging in diesen Zeiten nur ums reine überleben!

"Du wirst aber erst nach der Heirat zu mir in die Kammer ziehen, wie es in solchen Fällen üblich ist", sagte sie mit ruhiger Stimme zu ihm.

Sie fuhr fort: "Peter hat es so gewünscht, konnte es dir aber nicht mehr selbst sagen. Ich hatte es ihm auf dem Totenbett versprochen, denn diese Kate war sein Traum, dich hat er sehr gemocht, und wir hatten keine Kinder. Er hatte es schon geplant, als er dich vor drei Wochen fragte, ob du noch weiterhin als Knecht bleiben würdest. Seinen nahen Tod hatte er geahnt."

Einige Tage später machte sich Johann auf den Weg nach Ostendorf zu seinem Vater.

Auf dem Hof angekommen, fand er seinen alten, fast 70-jährigen Vater auf der hölzernen Bank vor dem großen Haus sitzen. Er ging auf ihn zu, umarmte ihn und drückte ihn einen Moment lang fest an sich.

"Vadder, ich muss mit dir und meinen Brüdern reden."

"Dann lass uns man hinein gehen. Sie sind alle im Flett", sagte der Alte und klopfte seinem Ältesten liebevoll auf die Schulter.

Die Wiedersehensfreude aller war sehr groß. Johann berichtete vom Tod seines Bauern und dem Vorschlag, den ihm die Witwe gemacht hatte.

"Ihr wisst, dass es mein sehnlichster Wunsch ist, selbst einmal eigener Herr auf einem Bauernhof zu sein. Ich hätte es hier in Ostendorf werden können, aber nun auch in Kranenburg. Wie lange ich schon eine Braut gesucht habe, wisst ihr zur Genüge. Nun habe ich eine Frau gefunden, die mich heiraten will und dazu eine eigene Kate hat", versuchte Johann seine Familie zu überzeugen.

"Vadder, ich bitte um deinen Segen, wenn ich Becke heirate."

Der Alte sprang auf und umarmte seinen Sohn, als wäre er dreißig Jahre jünger und kein Reißen würde ihn quälen.

"Mein Junge, wenn das deine Modder noch erlebt hätte", sprudelte es glücklich aus ihm heraus.

Währenddessen hatte einer der Brüder schon den Schnaps aus der Ecke geholt und es wurde ein feuchtfröhlicher Abend, der Johann zwang auf dem Heuboden zu übernachten.

Als er am Tag darauf nach Kranenburg zurückgekehrt war, teilte er seiner Zukünftigen sein Einverständnis und den Segen seines Herrn Vaters mit.

Beide sprachen nach drei Monaten beim hiesigen Pastoren in Himmelpforten vor. Es war für den Kirchenmann keine unübliche, oder gar ungewöhnliche Bitte. Er mahnte das zukünftige Braupaar zur Enthaltsamkeit und verkürzte das Trauerjahr für die Witwe auf sechs Monate, wenn er keinen Kinderbauch sah, was dem seligen Peter zuzuschreiben gewesen wäre. Als Termin für die Hochzeit gab er den 17ten September 1797 vor.

Dass er nach der Hochzeit sieben Monate später schon ein Kind des jungen Paares taufen würde, hatte er nicht geahnt. Für den rechnerisch, nachweislich doch vorehelichen Verkehr belegte er beide mit einer saftigen Kirchenbuße.

Johann heiratete wie vorgesehen am 17ten September, einem Sonntag, die Erbwitwe der Kate in Kranenburg, die unter Johanns Wirtschaft schnell emporkam, der Familie zu Wohlstand verhalf, und aus der Kate in wenigen Jahren einen Halbhof machte. Er hatte sich auf den Anbau von Kartoffeln spezialisiert, die erst seit wenigen Jahren angeboten wurden. Deswegen erhielt der Hof seinen Hofnamen "Kartoffelhof". Der alte Hofname war rasch vergessen. Die Kartüffel, wie sie im Ostland genannt wurden, war eine recht ertragreiche Erdfrucht, welche die Preußen eingeführt hatten. Es passte dem rührsamen und sehr freiheitsliebenden Bauern überhaupt nicht, dass er auf seiner eigenen Stelle nicht völlig frei war. Er war nämlich mit seinem Hof vermeiert an das von Marschalksche Gut Geest bei Hechthausen. Immer wieder trug er seinem Herrn seinen Ablösewunsch vor. Dieses glückte ihm erst im Jahr 1812, also mitten in der Franzosenzeit und ein Jahr nach seines Vaters Tod, dem 15ten Jahr als Bauer.

Als es endlich soweit war, dass er vor dem Notar in Himmelpforten stand, dachte er an seinen seligen Vater, aber auch an seine Becke, die der Herrgott nach zwei Geburten vor etlichen Jahren zu sich gerufen hatte.

Durch ihren frühen Tod wurde er zum Hoferben, weil ihn das Gesetz "Längst Leib, längst Gut" dazu gemacht hatte.
Johann war ohne seine zweite Frau Anna, und ohne seine fünf Kinder zum Notartermin erschienen. Schließlich war es Männersache, wie er immer wieder betonte.
Sein einziger Sohn Peter, den er nach seinem Gönner taufen ließ, war inzwischen zu einem kräftigen Jungen von elf Jahren herangereift.
Die Aufforderung des Notars riss ihn aus seinen Gedanken.
Er hatte gar nicht bemerkt, dass inzwischen auch der Vertreter der Witwe und Präsidentin Caroline von Marschalk in die Schreibstube getreten war, dem er nun Respekt und die Begrüßung zollte, doch kündigte das Eintreten des Rechtsbeistandes der Witwe nur die Hochwohlgeborene an.
Alle Augenpaare waren gespannt auf die schwere Tür aus Schwarzeiche gerichtet. Dann wurde die Tür von einem Bediensteten geöffnet und eine in schwarz gekleidete alte Dame trat in den Türrahmen, verharrte kurz, um die anwesenden Männer zu mustern und alle Aufmerksamkeit auf sich zu lenken. Sie wartete deren brave Verbeugungen ab, die sie mit einem Lächeln ihres von Falten gezeichneten Gesichts quittierte. Dann ging sie ruhig, mit wenigen Schritten, auf den für sie bereitgestellten, gepolsterten, ledernen Lehnstuhl zu und setzte sich, während ihr Diener ihn, hinter ihr stehend, zu ihr schob bis sie saß. Den schwarzen Hut behielt sie auf dem Kopf, der die streng nach hinten gekämmten und zu einem Dutt gedrehten, schlohweißen Haare umrahmte. Alles schien wie bei einer eingeübten Zeremonie abzulaufen, wenn hoch gestellte Persönlichkeiten einen Raum mit niederem Volk betraten.

Nach einem angedeuteten Kopfnicken von ihr begann der Notar Anneken den Kaufvertrag für die Stelle zu verlesen: "Im Jahre 1812 am 10ten April war vor dem Notar Anneken der Ackermann Johann Christian Hoops erschienen."

Er las das vier Seiten lange Protokoll mit einer sorgfältig auf jeden Buchstaben achtenden Art und Weise in einer offensichtlich geschulten Aussprache vor, ohne die Augen vom Papier zu lassen.

"............*dem gegenwärtigen und annehmenden, wurden Johann Christian Hoops verkauft und für Geld überlassen hatten alle und jede Dienste jährliche und sonstige Geld und Naturalien, auch Personal Präsentation, welches derselbe als Meier des Gutes Geest, ... für die runde Summe von eintausend dreihundertdrei und fünfzig Franken, sechzig Centimen, oder dreihundert zwanzig Taler Cassen Müntze, und sei dieser Loskaufungs Contract außerdem unter folgenden Bedingungen geschlossen:*
Gleich bei Vollziehung dieser Urkunde verspricht der Käufer die gedachte Kaufsumme bar auszubezahlen.
Die bis Ostern diesen Jahres fällig gewesenen Meiergefälle und Pflichten verspricht Johann Christian Hoops außer dieser Kaufsumme auszuzahlen.
Beide Teile versprechen sich endlich, diese Urkunde in allem zu vollziehen, die darin enthaltenen Erklärungen annehmend. Nach durch den Notar in Gegenwart der Zeugen geschehener Verlesung haben alle Teile diese Urkunde genehmigt"

Für die amtliche Beglaubigung musste Johann sogleich 20 Taler auf den Tisch legen, wofür er vom Notar sogleich eine vorgefertigte und nach Erhalt unterschriebene Quittung erhielt.[5]
Die hohe Frau von Marschalk erhob sich von ihrem Stuhl und verließ wortlos, aber mit einem zufriedenen Lächeln die Amtsstube des Notars. Die weiteren Formalitäten hatte sie ihrem Begleiter überlassen, der ihr nach Erledigung derselben mit raschen Schritten nacheilte.

---

[5] Auszugsweise aus: "Wie ein Bauer frei wurde" von Fritz Husmann, Wesermünde-Speckenbüttel, veröffentlicht im "Wochenblatt der Landesbauernschaft Nds" Hannover, 95 Jg Nr. 38, 19.9.42

Dass es auch den adeligen Herrschaften und alt eingesessenen Geschlechtern in diesen Zeiten nicht weniger gut als ihren Pächtern ging, lag auf der Hand. Die Pächter konnten nach der Katastrophe durch die jahrelangen Wetterkapriolen, sowie der Kriegssteuern und wegen der Einquartierungen der Franzosen und anderer Soldaten nicht die vollen Pachten zahlen. Einige gaben ihre Stellen auf, die Höfe fielen wüst und die Pacht fiel vollkommen aus. Zudem waren die Preise für Lebensmittel aber auch Saatgut gestiegen, und die hohen Abgaben an die Franzosen, die Plünderungen und Übergriffe, trugen ihr Übriges dazu bei.
Selbst sich untereinander Gelder zu leihen, dafür den einen oder anderen Hof als Pfand zu überschreiben, war dem inzwischen hoch verschuldeten, niederen Adel kaum noch möglich. So sahen sich einige gezwungen, den einen oder anderen Hof aus dem Besitz zu verkaufen oder gar selbst zu bewirtschaften, der ihnen vor Generationen als Lehen gegeben wurde.
Johann hatte das Geld aus seiner Abfindung von seinem Bruder, zusammen mit den Talern, die seine Frauen als Mitgift in die Ehe mitbrachten, für den Hof beisammen. Dieses aber wäre ihm verwehrt geblieben, hätte er nicht sehr gut gewirtschaftet und wäre dabei sparsam geblieben.
Erst nachdem die Präsidentin und ihr Begleiter den Raum verlassen hatten, der Notar ihm die Kaufurkunde und seine Quittung übergab, spürte er Erleichterung und wie die Anspannung von ihm abfiel.

Dass dieser Kartoffelhof zu Kranenburg fast 200 Jahre im Besitz der Familie blieb, bis er 1996 verkauft wurde, konnte Johann damals nicht ahnen. Wie jeder Vater wünschte er sich sicherlich nichts sehnlicher, als dass seinen Söhnen und deren Nachfahren die eigene Scholle viele Generationen ernähren würde. In späteren Schriften und Beschreibungen stand zu lesen: *"Der Bauer Johann Christian Hoops in*

Kranenburg muss ein tüchtiger, strebsamer Hauswirt gewesen sein."

Bevor er aber die Heimreise antrat, ging er zum hiesigen Friedhof zu den Gräbern mit den Aufschriften auf dem hellen Sandstein:

Peter Kühlken
1765 - 1797
Rebecka Hoops geb. Meyer
verw. Kühlken
1767 - 1802

Dort hielt er eine Weile inne, indem er an den seligen Bauern und seine selige erste Frau Becke dachte. Ohne diese beiden hätte er niemals diese Chance auf eine eigene Scholle gehabt. "Das Schicksal meinte es gut mir dir", dachte er dabei, bevor er sich auf den Heimweg machte.

Daheim angekommen wurde er schon von seiner 2ten Ehefrau und allen 5 Kindern sehnsüchtig erwartet. Auch seine Brüder und seine Schwester waren gekommen, diesen besonderen Tag mit ihm zu feiern.
Als Johann den ersten Fuß auf seinen Grund und Boden setzte, blieb er stehen, beugte seine Knie, um eine handvoll der Erde, die nun ihm gehörte, in Händen zu halten. Die wartende Familie sah aus der Entfernung zu, was er tat. Bei ihnen angekommen streckte er ihnen seine geöffnete Hand mit der Erde, seiner Erde entgegen: "Seht, das gehört nun mir und meinen Erben", sagte er stolz.

Die Anwesenden gratulierten ihm stürmisch, umarmten ihn herzlich, sprachen Lob und Anerkennung aus, was ihn in seiner Glückseligkeit so sehr überwältigte, dass ihm Tränen über seine leicht geröteten Wangen kullerten.

"Johann, du hast es geschafft und als erster deine eigene Scholle", klopfte ihm sein Bruder Joachim anerkennend auf die Schulter und sprach: "Ich hätte das als zweiter Sohn nicht geschafft. Dass ich Vaters Hof übernehmen konnte habe ich dem Umstand zu verdanken, dass ich bereits verheiratet war und du auf dein Recht verzichtet hast. Danke, Bruder", fügte Joachim mit leiser Stimme an.
"Ja, das stimmt", war die knappe, aber dem Bruder liebevoll zugewandte Antwort.

Er wandte sich zu seinem Sohn: "Peter, öffne deine Hände", was der Junge tat. Dann ließ er die Erde aus seiner Hand in die kleinen Hände seines 12-jährigen rieseln.
"Das gehört nun uns, und wenn du den Hof übernommen hast, dir, deinen Kindern und Kindeskindern. Gehe gut mit der guten alten Erde um, wirtschafte immer für das Wohl deiner Familie und deinen Mägden und Knechten. Pflege eine gute Nachbarschaft, und halte stets zu den Familien, wie ich es mit meinen Geschwistern und Vettern tue", gab der stolze Vater seinem Jungen mit auf den Lebensweg.

Der Tisch für die Feier im Kreise der Familie war reichlicher gedeckt, als bei mancher Hochzeitsgesellschaft. Das Land, die Äcker, die Wiesen und Wälder, wie die Flüsse hatten sich weitgehend wieder erholt.
Während sie so zusammen saßen, fragte ihn sein jüngster Bruder Friedrich, der seit drei Jahren verheitatet war, und seit Anfang des Jahres als Häusling bei seinem Bruder auf dem Kartoffelhof diente.
"Johann, wie ist das eigentlich mit dem Anbau dieser neuen Erdfrüchte genau", wollte Friedrich wissen, da er neu auf dem Hof war.

Das war wie ein Stichwort für den jungen Bauern, aus dem es nun heraussprudelte und zum spannenden Vortrag für alle anderen wurde.

„Bruder, um durch den Anbau der Kartoffeln einen gewinnbringenden Ertrag zu erhalten ist Sorgfalt, Planung und Pflege von Nöten. Dazu habe ich bereits im letzten Herbst den Acker vorbereitet. Ich musste den Boden so tief wie möglich umpflügen, denn, desto lockerer die Erde unter der Krume ist, desto besser gedeihen die Pflanzen. Ich habe dazu reichlich Kuh- und Schweinemist mit untergepflügt. Das war sehr aufwendig, denn nach jeder langen Furche musste ich diese erst mit dem stinkenden Gold füllen, bevor ich die Furche wieder mit dem Pflug, beim Ziehen der nächsten Furche, zugedeckt habe. Der Winter und die Zeit arbeiten dabei für mich, den Mist zu zersetzen, wie ihr alle wisst. Der Mist hat geholfen, die leidige Asche mit unter zu pflügen, die immer wieder auftaucht. Wenn ich dann im Frühjahr die Knollen in die Erde setze, muss ich auf einen gleichmäßigen Abstand achten, damit die Pflanzen später auch genügend Platz haben. Vorteilhaft ist es, wenn die Kartoffeln vorgekeimt in die Erde gelegt werden, weswegen das Pflanzen Zeit braucht und mühevoll ist. Das Vorkeimen ist nicht zwingend notwendig, falls die Temperaturen es im Flett nicht ermöglichen. Dort hinten findest du in den Stiegen die Kartoffeln, die ich zum Vorkeimen ins Flett gestellt habe. Sie sind über Winter mit Jutesäcken abgedeckt, damit sie keinen Frost bekommen. Die Knollen kannst du auch so in den Acker bringen, was den Ertrag geringer ausfallen lässt. Ich habe es erst glauben können, nachdem ich es selbst erlebt hatte. Die Erdäpfel sind dann größer und zahlreicher. Ein weiterer Vorteil ist zudem, dass du früher die Ernte einfahren kannst."
Friedrich und die anderen Zuhörer kamen gar nicht dazu Fragen zu stellen.
„Das Vorkeimen ist aber nicht leicht, denn es muss der richtige Zeitpunkt abgewartet werden. Ansonsten ist die Ernte gefährdet. Es gibt aber auch einen kleinen Trick. Sie sind empfindlich gegen Frost und sollten erst im April, also

ab morgen eingepflanzt werden. Ich erkläre und zeige es dir gerne morgen auf dem Feld. Heute lass uns feiern."
Die Zuhörer waren wie erschlagen und froh, nun endlich zum vortragsfreien Feiern übergehen zu können.
Gesättigt und angetrunken machte sich die Gesellschaft später auf den Heimweg zu ihren Höfen.
Gegen Mitternacht waren die Nacharbeiten in Kranenburg abgeschlossen und die Erwachsenen konnten sich nun endlich schlafen legen.
Die Arbeiten auf den Feldern nahmen keine Rücksicht auf Hochzeitsnächte oder Saufgelage.
Am nächsten Morgen waren Johann und sein Bruder schon recht früh auf dem Acker, der für die Pflanzung mit den Kartoffeln im Herbst vorbereitet wurde.

„Friedrich, es hat einige Jahre gedauert, die geeigneten Äcker für die jeweiligen Früchte zu finden, sowie die richtigen Fruchtfolgen", begann Johann die Einführung seines Häuslings und Bruders, der ja auch ein kleines Stück Land für sich selbst bewirtschaften durfte.

„Erkläre es mir bitte Bruder, damit ich an deinem Erfolg teilhaben und auch selbst meine Familie ernähren kann", bat er Johann.
Johann nahm aus der Stiege mit den Knollen eine heraus und zeigte sie seinem Bruder.
„Friedrich, diese Erdfrüchte sind sehr empfindlich. Zuerst lassen wir sie vorkeimen. Dabei ist es wichtig, dass die weißen Triebe mit Vorsicht bedacht werden müssen, denn sie brechen leicht ab. Der Acker muss ebenso sorgfältig vorbereitet werden. Ich könnte dir da von einigen fehlgeschlagenen Versuchen berichten. Du hast ja im letzten Jahr einen kurzen Blick auf meine Felder gehabt. Wir pflanzen sie in langen Reihen an und setzen die Knollen in die Erde. Die Abstände zwischen den Reihen habe ich mit einer Fußlänge von mir als am besten erfahren. Die

Kartoffeln brauchen Platz, damit ihre Früchte nicht nur zahlreich, sondern auch groß werden, wie diese hier. Deswegen lasse zwischen jeder Frucht zwei Fußlängen Platz. Dazu habe ich mir im Winter einen Pflanzstock gebaut."

Er zeigte auf das zwei Meter lange, schmale Brett mit vielen ca. 20 cm langen, spitzen Zapfen, handbreit voneinander angebracht und einem, nach oben hinzulaufendem Dreibein, mit einem Rundholz als Griff.

Johann nahm das Gerät, richtete es in der Linie aus, auf der die erste Reihe Kartoffeln gepflanzt werden sollte. Drückte die Zapfen in die Erde, bis sie nicht mehr zu sehen waren, dann hebelte er das Gerät hin und her. Dadurch wurden die Löcher durch die Zapfen größer.

Anschließend hob er das Gerät an, ging auf der Pflanzlinie weiter, setzte das Teil erneut an und wiederholte den Vorgang, und das Ganze, bis er die erste Pflanzreihe auf dem Acker fertig gestellt hatte.

„Friedrich, nun legen wir die Knollen in die Löcher, harken sie zu und häufeln die Reihe ein wenig mit Erde an. Ist die erste Reihe fertig, machen wir eine zweite, eine dritte und so weiter, bis wir am Ende den ganzen Acker bepflanzt haben."

Johann zeigte ihm nun einige der vorgekeimten Knollen, die in mit Stroh ausgelegten Stiegen lagen, fuhr dann mit seinen Erklärungen fort.

„Wenn einige der Keime bereits grün werden, häufle ich sie einfach beim Einbringen in die Erde an, lasse die Spitze dann aber leicht herausschauen. Was uns nach dem Pflanzen hilft ist leichter Regen. Sollte es zu trocken bleiben, wässern wir sie einmal mit Wasser aus dem kleinen Bach. Alles ist sehr aufwendig und anstrengend."

„Das klingt aber doch einfach", erwiderte Friedrich.

„Naja, nicht wirklich, denn beim Anhäufeln musst du dafür sorgen, dass kein Unkraut auf dem Feld wächst, was dem

Boden die Kraft und das Wasser rauben würde. Im Juni bringe ich noch einmal Gülle aus und hoffe, dass es einen höheren Ernteertrag bringt."

„In Ordnung. Das habe ich alles verstanden. Wann weiß ich denn, dass die Zeit der Ernte gekommen ist?", wollte Friedrich wissen.

Johann nickte erfreut über das tiefgehende Interesse seines jüngeren Bruders.

„Du musst auf das Welken des Grüns warten. Das werden wir ab August sehen. Was uns die ganze Ernte verhageln könnte ist eine Fäule, die das Kraut, wie die Früchte schmierig verfaulen lässt."

Friedrich verzog kritisch sein Gesicht. Das machte ihm Angst.

„Friedrich, bei der Ernte holen wir erst einmal alle Knollen aus der Erde und das möglichst an trockenen Tagen, weil uns die Ernte sonst vergammelt, zudem nehmen wir dem Boden die fruchtbare Erde. Das Kraut verbrennen wir später auf dem Acker. Es qualmt sehr stark und stink fürchterlich, ist zudem für nichts zu gebrauchen", fuhr der Ältere fort.

„Die Frauen fegen die Erde von den Knollen, bevor ich die nächste Pflanzung aussuche und über den Winter einlagere. Dazu nutze ich auch Stroh, damit die Feuchtigkeit im Raum nicht auf die Knollen übergeht. Damit sie dunkel gelagert werden, decke ich die Stiegen mit den leeren Säcken ab, in die ich die Ernte später nach Bremervörde transportiere. Sonst keimen sie zu früh, aber nicht, wann ich es will."

Friedrich war schwer beeindruckt, was ihm sein Bruder alles über diese für ihn unbekannte Frucht berichten konnte. Zwar hatte er sie schon einmal beim Bruder gebraten in Speck gegessen, aber noch nie gepflanzt, wie geerntet.

„Am Ende fülle ich die Kartoffeln in Jutesäcke ein, um sie darin zu verkaufen, oder zum Eigenbedarf zu lagern. Aber immer dunkel halten. Dem Nachbarn ist einmal ein Teil seiner Saaternte in einem warmen und sonnigen Winter aufgekeimt, weil er anfangs vergessen hatte sie richtig abzudecken."

„Und welche Temperatur ist für die Lagerung die Beste?", wollte Friedrich noch wissen.

„Optimal sind Erdbunker, wie ich sie auf dem Hof geschaffen habe. Weder Frost, Feuchtigkeit, noch Licht oder Wärme dürfen an die Knollen kommen. Und jede Woche prüfe ich alle Stiegen durch, ob nicht doch eine faule Frucht dazwischen ist. Du musst aber schon nach der Pflanzung auf das Grün achten. Solange nur die Blätter braune Flecken an den Rändern bekommen, passiert nichts. Diese müssen großzügig entfernt und später verbrannt werden. Wenn aber die Triebe einer Pflanze abknicken, muss die ganze Pflanze ausgegraben und entfernt werden, damit die anderen keinen Schaden nehmen."

Dass Friedrich als lediger Knecht und Häusling bei seinem Bruder Johann auf dem Hof arbeiten konnte, brachte beiden einen Vorteil, und das nicht nur wirtschaftlich. Keiner konnte 1761 ahnen, als der alte Jochen Hoops die Grundlagen mit seiner Bewerbung für die Familie in Ostendorf gelegt hatte, was daraus für die Familie werden würde.

Die Ernten dieses Jahres vielen fast ein Jahrzehnt nach der großen Katastrophe sowohl in Ostendorf, wie in Kranenburg recht zufriedenstellend aus. Der Kontakt zur alten Heimat in Höperhöfen war vollkommen versiegt und die Herkunft vergessen, weil auch der alte Jochen davon nichts erzählte, weil er es nicht für wichtig erachtete, denn es war zu viel geschehen, was wichtiger als alte Geschichten war. Es zählte nur das hier und jetzt, sowie das Schaffen, um das Morgen, den nächsten Winter und das nächste Jahr zu überleben. Die Lebensverhältnisse wurden mit jedem Jahr immer besser.

Aber die Franzosen brachten Unruhe in die Köpfe der Menschen und Krieg drohte.

Margarethe wurde Mitte August 1798 durch einen Boten informiert, dass es ihren Eltern sehr schlecht ginge und beide am Faulfieber stark erkrankt waren.
Joachim fuhr seine Frau nach Ottendorf, unweit vom eigenen Dorf. Da das Faulfieber sehr ansteckend war und mit Hautausschlägen einherging, wusste Margarethe, dass sie sehr vorsichtig sein musste, um die Krankheit, die wie die Pest verschrien war, nicht mit nach Hause zu bringen. Es könnte ihrer ganzen Familie auf dem Hof den Tod bringen.
Sie durfte das Haus ihrer Eltern nicht betreten und musste unverrichteter Dinge, vollkommen aufgelöst, zurückfahren.
Am Tag darauf starb ihr Vater und drei Tage später ihre Mutter. Wegen der hohen Ansteckungsgefahr dieser Seuche, wurden die Leichen noch am selben Tag begraben, ohne große Zeremonie.

Um die Geschichte der Familie und den Weg zur eigenen Scholle zu erzählen, bedarf es ab und an einen Schritt zurück in der Zeit.

***
1799

Johann und Friedrich wurden im Oktober 1799 als Trauzeugen ihres Bruders nach Oldendorf gebeten.
"Harm, sag mal, dass du mit deinen 32 Lenzen noch ein Weib gefunden hast, freut uns schon", frotzelten die Brüder.
"Friedrich, du bist noch immer unbeweibt, auch für dich wird es Zeit", retournierte der Angesprochene.
"Ich habe bei unserem Bruder Claus nur ab und an ausgeholfen, so aber meine Lucia kennengelernt. Naja, es war eher ihr Vater, der in der Schänke ab und an sein Bier trank. Dass er eine Tochter hatte, die seine Kate erben sollte, war mir nicht bekannt, aber ich ließ mich darauf ein, auf seiner Kate als Knecht zu arbeiten. So kam eben eins zum anderen. Und nun werde ich Kötner", berichtete Harm stolz.
"Söhne", fuhr der alte Jochen dazwischen, "Ihr habt alle etwas aus Euch gemacht, oder werdet es noch tun. Dass ich damit schon sechs Hochzeiten meiner Kinder erleben durfte, ist ein Segen, für den ich dem Herrn dankbar bin. Nun bleibt nur noch Friedrich als Hagestolz übrig. Johann, dein Entschluss nach Kranenburg zu ziehen war goldrichtig, auch wenn es mir zunächst in der Seele sehr weh getan hat, wie du weißt. Du kannst stolz auf deinen eigenen Hof und deine kleine Familie sein. Zudem gibst du Friedrich Lohn und Brot. Er wird auch noch seine Frau finden. Harm, auch du hast mit deiner Lucia eine gute Frau und eine Scholle gefunden, die dir irgendwann so gehören wird, wie Johann die seine. Mit Erstaunen habe ich von Harms Schwiegermutter Lucia erfahren, dass sie eine geborene Hoops aus Heinbokel ist, deren Großväter seit über 250 Jahren einen großen Hof in Hagenah besitzen. Dass Claus das Erbe meiner lieben Schwester Anna angetreten hat, hat mich damals wie heute glücklich gemacht, wie ihr wisst."

Er fuhr nach einer kurzen Verschnaufpause fort:
"Cord Hinrich macht in Bremervörde seinen Weg, und Anna lebt mit ihrem Johann Hinrich einen Steinwurf von mir entfernt, dass ich die Enkelkinder häufig sehen kann. Einzig fehlt mir eure liebe Mutter, die der Herr viel zu früh zu sich gerufen hat. Ich bin sehr stolz auf euch alle", endete der Alte, mit Tränen in den glänzenden Augen und mit zitternder Unterlippe.

Die Hochzeit in Oldendorf wurde selbstverständlich in der Gaststätte von Claus Hoops gefeiert, wie in alten Zeiten. Die ganze Familie wie Freunde waren zugegen, Speis und Trank wurden reichlich gereicht. Endlich konnte man wieder, fast wie in alten Zeiten, feiern und wirtschaften.
Eines aber fiel allen Anwesenden auf, denn der sechste Schwangerschaftsmonat der Braut war keinem verborgen geblieben, woran sich aber niemand der Anwesenden störte.
Das Ehepaar hatte am Ende vier Kinder, von denen nur eines früh verstarb, wie Harms Tochter Lucia.
Johann Christian und seiner Becke würde es später ja ähnlich ergehen. Viele Frauen starben leider jung, meist an der Geburt, oder ihren Folgen.

***
1804

„Vadder, hast du schon gehört, die Franzosen haben nun einen Kaiser, hat der Pastor heute während der Predigt kundgetan", sprudelte es aus Joachim heraus, als er nach dem Kirchgang wieder ins Haus trat.

„So, haben sie", war die knappe Antwort des Alten, der daheim geblieben war.

„Könige und Kaiser bringen nichts als Kriege, und uns Bauern Armut und Leid, erheben hohe Steuern, dass es ihnen selbst an nichts fehlt. Ach, geh mir los, mit diesem prunksüchtigen Pack", schoss es garstig aus ihm heraus, was Joachim verwunderte.

„Erst pressen sie uns Bauern aus, dann wollen sie noch, dass wir für ihre Prunksucht als Soldaten sterben", zischte er hinterher.

Er tat es aber mit einer Handbewegung ab und schob den Ausbruch auf die Zipperlein, die seinen Erzeuger täglich plagten, weswegen er heuer nicht mit zur Kirche gefahren war.

„Die Franzosen haben doch ihr eigenes Volk abgeschlachtet, so war es zu hören. Sie haben ein Fallbeil erfunden, mit denen sie den Menschen wie einem Huhn den Kopf der Reihe nach abhacken konnten, und das in unvorstellbaren Massen. Nicht einmal ihren König verschonten sie dabei. Also lass mich damit in Ruh", grummelte der Alte weiter.

Seine Umgebung wagte nicht, dem Grollenden zu widersprechen oder das Thema gar zu vertiefen.

Kapitel 4

1806-1815

Die Franzosenzeit

Im November 1806 ritt ein Bote aus Bremervörde durch die Dörfer und verbreitete die Nachricht, dass der Franzose Bremen besetzt hatte.
Der Pastor klagte sonntags darauf von der Kanzel, dass damit der Erzbischof von Hamburg und Bremen in der Hand der Franzosen war.
Der Alte Jochen konnte sich nicht zurückhalten und wetterte lauthals in den Kirchenbänken: "Habe ich es nicht schon damals gesagt, ob Kaiser oder König, es wird uns nur Krieg, Tod und Leid bringen."
Die eigentliche Predigt ging an diesem Tag unter, weil niemand so richtig zuhörte, denn allen klang nur das Wort „Krieg" und „Franzosen" in den Ohren und schürte die Ängste vor dem Ungewissen, was als nächstes passieren würde.
Einer berichtete, er hätte von den Soldaten gehört, dass der Franzose die Festung Stade und Hamburg angreifen würde, und dass die Truppen dann selbstverständlich auch durch Bremervörde ziehen würden. Ein anderer meinte, der Franzose sei längst in Hannover und stünde nun kurz vor Hamburg. Auf dem Weg hätten sie viele Dörfer in Schutt und Asche gelegt.
Mit dieser Gerüchteküche und den damit verbundenen Ängsten stoben die Kirchgänger hastig auseinander.

Der alte Jochen wetterte den ganzen Tag bis hin zum Abend, dass er Recht gehabt habe. Jeder der ihm über den Weg zu laufen drohte, versuchte ein Zusammentreffen mit allen Mitteln zu vermeiden.

Plötzlich war es ungewohnt still auf dem Hof. Nur die Geräusche der Haus- und Hoftiere waren zu hören, denn diese scherten sich nicht um das Gemecker des Bauern.

Er saß nachdenklich, nach vorne gebeugt und das Kinn auf die Hände abgestützt, vor der Glut des Flettfeuers.

So sah Jochen seinen Vater durch die offen stehende, kleine Tür.

„Vadder, geht es dir ein wenig besser?", fragte er vorsichtig in den Raum hinein.

Ohne sich zu bewegen antwortete der Alte: „Sind alle weg?"

„Ja, sie haben den Hof verlassen, als stünde der Belzebub höchstpersönlich im Haus.

„Gut, gut. Sehr gut", wetterte der Alte mit einem Grinsen im Gesicht. Er stand auf, nahm den Schlüssel für die alte Truhe, sah zu seinem Sohn und ging zu dem wertvollen Möbel, das seine Hochzeitstruhe gewesen war.

„Komm her und hilf mir", flüsterte er, falls doch noch jemand im Haus war.

„Was soll ich dir helfen?"

„Er steckte den rostigen Schlüssel ins Schloss, drehte den Schlüssel hörbar und hob dann den schweren Deckel an, bis er an der Wand Halt fand.

Dann sah er seinen Sohn an und sprach: „Wir werden jetzt unsere wertvollen Urkunden und das ganze Geld von der hohen Kante nehmen, lassen zwei Taler liegen, verschließen alles wieder, und bringen diese in die Scheune in ein altes Versteck, das schon mein Vater genutzt hatte. Es muss aber unbedingt unter uns bleiben. Wenn die Franzlüüt oder andere Soldaten kommen, werden sie uns plündern, und wenn wir großes Pech haben auch brandschatzen. Ich kenne es aus Erzählungen vom Vater und Großvater. Wenn wir das getan haben, werden wir Vorräte in die Notflucht im Moor verstecken, denn sie werden uns nichts lassen, nichts", endete er mit Angst in den Augen und zitternder Stimme.

Jochen nahm dem Vater die Urkunden, das Bargeld und die wenigen Schmuckstücke ab. Dann schlichen sich beide, wie Eierdiebe auf der eigenen Scholle, ungesehen vom Haus in die Scheune.

Der Vater ging in die Ecke, in der, seit Jochen denken kann, mehrere alte Grundsteine, die man zum Bau eines Hauses benötigte, gelagert waren. Sie waren leicht bemoost.

Jochen wollte seinem Vater helfen, doch der winkte ab. Er hob einen der schweren Steine vorsichtig an und legte ihn beiseite, ohne das Moos zu beschädigen. Es waren noch immer vier sehr viel größere und schwerere Steine. Er entfernte weitere zwei von Ihnen mit einer Vorsicht, die Jochen erstaunte.

Der Alte sah das verwunderte Gesicht seines Sohnes.

„Junge, niemand darf frische Spuren auf den Steinen sehen, damit das Versteck nicht verraten wird."

Es liefen Asseln und anderes Getier überall herum, die unter den Steinen gelebt hatten.

Dann schob der alte Mann mit seinen Händen ein wenig Erde beiseite, und etwas Eckiges, Längliches, eingewickelt in eine eingefettete Plane kam zum Vorschein. Der alte entfaltete die Plane und packte so eine längliche Schatulle aus Metall aus. Er nahm sie nicht aus der Erde, sondern klappte nur den Deckel hoch. Zum Erstaunen von Jochen war sie keineswegs leer. Es lagen darin zwei kleine lederne Beutel und ein kleines, weißes Leinensäckchen.

„Das ist die Notreserve, die wir seit Generationen hier verstecken. Du bist mein Erbe. Nun weißt du es auch, Sohn. Deine Mutter kennt das Versteck erst seit wenigen Jahren. Erzähle es deiner Frau erst, wenn Eure Kinder den Hof erben. Wer nichts weiß, kann nichts verraten. Nun legen wir das Geld und die Urkunden in dem Ledereinband dazu. Wir holen es erst zurück, nachdem die Welt wieder in Ordnung ist. Selbst wenn es brennt, schützen die Steine diese metallene Schatulle, und das Salz in dem weißen

Säckchen hält den Schimmel vom Pergament und Papier fern."

Sie schlossen sorgsam das Behältnis, schlugen es wieder in die Plane ein, schoben Erde drüber. Dann holte der Alte eine tote Maus aus seiner Hosentasche, legt sie oben auf, bevor sie die Steine wieder wie zuvor platziert hinlegten, als seien sie seit Jahren nicht bewegt worden.

„Warum hast du die Maus da reingelegt?", frage der Sohn seinen Erzeuger.

„Nun ja, es dauert nicht lange und alle Würmer und Asseln machen sich über das tote Tier her und es schaut auch dort wieder alt aus, als läge die Maus seit Jahren dort.

Der Sohn war mächtig erstaunt über die Schlitzohrigkeit seines alten Herrn, wagte aber nicht zu fragen, woher der Alte die tote Maus gezaubert hatte.

„Gut, nun hole drei Bündel Stroh vom Dachboden und lasse es dabei mächtig im Raum stauben", sagte der Alte, legte dem Jungen nachdenklich und dankbar zugleich die Hand auf die Schulter. Dann verließ er die Scheune und ließ dabei das Tor offen stehen. Alle die das sahen nahmen zu Recht an, dass es um das Stroh ging, das Jochen gerade vom Boden holte und in die Nähe der Ecke legte, in der die beiden noch vor kurzem eifrig und heimlich, wie zwei Verschwörer beschäftigt waren.

Es würden viele Tage kommen, an dem sie sich an den heutigen mit Dankbarkeit zurückerinnerten.

Abends am Flettfeuer saßen alle, wie jeden Abend, zusammen. Jeder äugte vorsichtig beim Betreten, ob der Alte sich inzwischen beruhigt hatte und wieder genießbar war.

Dass sein Ausbruch nur eine Finte war, damit alle das Haus und den Hof verließen, hatte im Nachhinein nur sein Sohn Jochen durchschaut.

„Hört zu", begann der Alte die abendliche Unterhaltung am offenen Feuer.
„Wenn der Krieg durch unser Land zieht, werden uns alle Soldaten, die eigenen, wie die feindlichen die Haare vom Kopf fressen. Wir werden sie im Dorf, wie in allen anderen Dörfern auch, und selbst auf unserem Hof einquartieren müssen."
Dabei blickte er mit ernster Miene in die schweigenden Gesichter der Anwesenden.
„Wir sollten uns darauf vorbereiten. Der Knecht und die Magd werden in ihren Alkoven schlafen, wie bisher auch.
Wir Alten werden uns darauf einstellen, in der Kammer meines Sohnes und seiner Familie zu leben. Die Altenteilerkammer, wie die Scheune, das kleine Haus und die anderen Räumlichkeiten werden die Soldaten in Beschlag nehmen. Sie werden die Erdbunker plündern. Legt ihnen etwas hinein, aber nicht all zu viel. Nun schickt die Kinder zu Bett, dann reden wir vor der Tür auf der Bank weiter!", ordnete der Alte, wie ein General an, und alle folgten wortlos seinen klaren Anweisungen.
Nachdem die Kinder im Bett waren, saßen die Erwachsenen draußen im Licht des Mondes.

Dieses Mal ergriff Jochen als Bauer das Wort.
„Wir werden einen Teil unserer Vorräte in die alte Moorhütte bringen, diese aber keinesfalls reparieren. Sie soll eingefallen und unbenutzbar aussehen, um Neugierige ab zu halten genauer nach zu sehen. Es wird nicht lange dauern und sie werden junge Männer zur Miliz einberufen. Mein jüngerer Bruder Harm wird die Vorräte in der Moorhütte bewachen und aufpassen, dass kein Viehzeug sie auffressen wird. Bei allen anderen verabschiedest du dich, weil du eine Stellung als Knecht in Dithmarschen gefunden hast. Wenn wir alle zusammenhalten, niemand den anderen verrät, dann kommen wir sicherlich heil und gesund durch die gefährliche Zeit, die nun auf uns zukommt."

Der Alte ergriff noch einmal das Wort: „Selbst, wenn man uns alle Vorräte, alles Vieh und Geld genommen hat, müssen wir über den Winter kommen. Dazu dienen die Vorräte im Moor. Sogar mit denen werden wir bei einem langen Winter Hunger leiden müssen. Verrät einer dieses Versteck, sterben wir alle den Hungertod. Wir müssen alle zusammenhalten."
Alle nickten zustimmend, denn sie kannten die alten Geschichten, die von den Folgen der Einquartierungen und dem rauen, skrupellosen Benehmen vieler Soldaten und deren Tross.

Wenige Tage später, wurden neue Milizrollen erstellt, um die wehrfähigen Männer zu erfassen und mit der vorhergehenden Liste abzugleichen.
1806:
Der alte Joachim Hoops, 79 Jahre, Altenteiler
Jochen Hoops, 46 Jahre mit zwei Söhnen
Joachim, 17 Jahre, Harm 12 Jahre, dient in Dithmarschen, Claus 9 Jahre.
Knecht Peter, 30 Jahre

Selbstverständlich fiel auf, dass Jochens Bruder Harm nicht mehr in der Liste als auf dem Hof lebend, sondern in Dithmarschen in Stellung befindlich gelistet wurde, was nicht ungewöhnlich war.
Harm war zwar erst 12 Jahre alt, aber er ließ es sich im Moor gut gehen, denn er musste nicht arbeiten, nur aufpassen. Dort kannte er sich bestens aus, durfte aber kein Feuer machen und seine Rationen waren vorgegeben. An die Vorräte für den Winter ging er nicht. Ab und an holte er sich eine Ergänzung vom väterlichen Hof. Jochen hatte ein Versteck mit ihm abgesprochen, wo er sich das „Fresspaket" abholen konnte. Meist war es frisches Brot, Butter und Wurst.

Bremervörde stellte inzwischen eine weitere Kompanie auf, rüstete sie auf und bildete sie aus. Dazu mussten die Aufgerufenen an bestimmten Tagen nach Bremervörde kommen, weil dort die Ausbildung als Musketier an der Muskete geübt wurde.
Jochens Knecht, Peter, gehörte zu den Einberufenen. Joachim war zwar erst 46 Jahre alt, wurde aber als Bauer auf dem Hof belassen. Sein Sohn Joachim war mit seinen 17 Jahre noch zu jung, um Soldat sein zu müssen. Er würde aber im nächsten Jahr einberufen werden.
Jochen sicherte ihm zu, seine Ersparnisse für ihn aufzuheben, bis er wieder aus dem Militärdienst entlassen war.

Peter erzählte abends am Flettfeuer auf dem Hoopshof was er so in Bremervörde gehört und aufgeschnappt hatte.
„Ihr habt ja vom Scherenschleifer von der großen Schlacht bei Jena gehört, wo die Preußen eine schwere Niederlage einstecken mussten. Es soll tausende Tote gegeben haben. Unser Feldscherer war dabei und hat uns gruselige Geschichten erzählt. Die Verwundeten leiden, sind fürs Leben gekennzeichnet, zu Krüppeln geschossen und mit dem Säbel abgeschlachtet worden. Ich will lieber gleich tot sein. Ab Morgen kann ich nicht mehr kommen, denn meine Kompanie rückt ab. Wohin weiß ich nicht", seine Stimme klang etwas ängstlich.
Die Bäuerin stand auf und holte zwei Würste und ein Stück Schinken von der Decke. Sie schlug alles in Leinen ein und reichte das Päckchen dem ehemaligen Knecht, der es dankbar annahm.
„Beschreibe mir doch bitte deine Uniform", bat ihn die kleine Lucia, Jochens jüngste Tochter.

Peter lächelte, stand auf und ging zum Balken, an den er seinen Waffenrock und seine Mütze gehängt hatte. Er zog den blau eingefärbten, halblangen Rock aus Filz an, knöpfte ihn zu und setzte die blaue Schirmmütze auf, die mit einer Kokarde und einem Kreuz vorne über dem Mützenschirm besetzt war.
„Nun fehlt mir nur noch meine Schlafdecke, mein Brotbeutel, die Magazintasche und das Gewehr, wie die Gamaschen über die Schuhe."
Er drehte sich einmal um seine eigene Achse, so, dass alle ihn ansehen konnten.
„Ist das auch warm genug, mein Junge", fragte ihn die Bäuerin und Peter nickte mit einem Lächeln in die Runde.

Sie würde ihn niemals wiedersehen, was heute niemand wusste. Das Geld brachte die Bäuerin wie versprochen seiner Familie, da er nicht mehr zurückkam.

Er fiel im Herbst 1812, auf dem Weg nach Moskau, im Kampf und Kugelhagel gegen die Russen bei Smolensk, wie einer der wenigen Heimkehrer des hiesigen Bremervörder Regiments auf Nachfragen berichtete, ohne jedoch Details kund zu tun.
Viele junge und ältere Männer aus den Departements der Elbmündungen kehrten nicht mehr in ihre Heimat zu ihren Familien zurück.

***
1808

Ende Mai 1808 erlitt die inzwischen 77-jährige Gastwirtin, Anna Dormann, geborene Hoops, in Oldendorf einen Schwächeanfall, der sie bis an ihr Ende ans Bett fesseln sollte.
Ihr Neffe, der Sohn ihres Bruders in Ostendorf, Claus Hoops, führte das Gasthaus bereits seit seiner Hochzeit vor 15 Jahren mit seiner Marie. Sie hatten inzwischen acht Kinder, von denen allerdings drei bereits auf dem Friedhof lagen.
Marie hatte das Frühstück, wie jeden Morgen, für die Familie zubereitet und ging nun, die alte Anna aus der Altenteilerkammer zu holen und an den Tisch zu helfen, da diese seit längerem nicht mehr so gut zu Fuß war.
Als sie in die Kammer kam, erschrak sie fürchterlich. Die alte Anna lag aschgrau und schweißgebadet in ihrem Federbett. Der Atem war kaum hörbar und ihre Augen waren geschlossen.
„Anna, hörst du mich", fragte Marie die alte Anna vorsichtig leise, die für sie wie eine Schwiegermutter war.
Ohne die Augen zu öffnen, antwortete Anna ihr mit schwacher Stimme: „Mir geht es nicht gut. Es ist als weiche die Kraft aus meinem Körper. Ich habe geträumt, dass Gevatter Hein schon um mein Bett schleicht und er mir mit jeder Runde ein wenig mehr meiner Lebenskraft nimmt."
Dabei drücke sie Marie die Hand, als wollte sie sich noch einmal am Leben festhalten.
„Anna, ich hole jetzt erst einmal warmes Wasser. Dann werde ich dich waschen und dir ein frisches Leinen anziehen, dann dein nasses Bett zum Trocknen aufhängen. Ich bringe dir ein anders Kissen und eine dicke, wollene Decke, dann eine Suppe, die dich wieder aufpäppelt. Schau aus dem Fenster wie der Lorenz den Tag wärmt."

Anna atmete nur einmal tief durch, sagte nichts und hielt die Augen geschlossen.
Marie ging zur am Tisch sitzenden Familie. Claus bemerkte sofort, dass etwas nicht stimmt.
„Ist etwas mit Tante Anna", fragte er leise mit geneigtem Kopf, seine Frau anschauend.
„Tine, bringe einen Eimer warmes Wasser in die Kammer von Anna, nehme Leinen mit und hole aus dem Schrank in meiner Kammer zwei dicke Decken. Kinder, der Tante geht es heute nicht so gut. Esst schon einmal und seid ein wenig leise. Tine und ich helfen der Tante Anna ein wenig."
Damit drehte sie sich um und ging zurück in das Krankenzimmer.
Sie wuschen die Alte, zogen ihr frische Leinen an, tauschten das feuchte Bettzeug gegen trockene Decken, kämmten das Haar und fütterten sie mit Gemüsesuppe.
So ging es ganze zwei Wochen, in denen sie von Tag zu Tag schwächer wurde. Anna redete kaum noch ein Wort. Am Tag vor ihrem Tod, wollte sie Claus noch etwas sagen. Er beugte sich ganz zu seiner sterbenden Tante hinunter, die einst eine fesche, fleißige und tatkräftige Gastwirtin war, die auch nicht auf den Mund gefallen war, aber er konnte sie nicht verstehen.
Dennoch tat er, als habe er sie verstanden und nickte ihr zu, drückte sanft ihre knöcherne, schwitzige Hand.
Marie hatte die Jungmagd Tine zum Pastor geschickt, damit er der Tante den letzten Segen erteilen konnte.
Als Marie am nächsten Morgen nach Anna schaute, hatte Gevatter Hein sie bereit geholt.
Bei der Beisetzung stand die Familie am offenen Grab, einzig der alte Jochen, Bruder der Verstorbenen saß auf einem Stuhl.
Er hörte nicht viel von den Worten des Kirchenmannes, denn er dachte daran, dass er ihr sicherlich bald folgen würde. Auch an die Zeit, als sie im Kindesalter in Hesedorf

spielten und ab und an noch Verwandte aus Höperhöfen die Eltern besuchten, dachte er mit Freude zurück.

Dabei schaute er sich erstmal richtig die Grube an, in die sie den Sarg seiner Schwester legen würden. Auf dem Grund stand das Wasser eine Handbreit, und die Wände waren in unterschiedlichen Farben schichtweise gestaltet. Es schüttelte ihn innerlich, da er sich vorstellte, dieses sei seine eigene Beerdigung.

„Die Verstorbene war eine gute Christin, eine regelmäßige Kirchgängerin, eine gute Ehefrau und Mutter von 12 Kindern, von denen sie fünf tot gebar und alle anderen jung starben. Dennoch war sie eine immer freundliche Frau, eine Wirtin, die dem rauen Umgang in der Wirtschaft trotzte, die nun ihrem geliebten Ehemann, nach 23 Jahren im Witwenstand, folgte", sprach der Pastor, bevor er zum Gebet aufrief.

Beim Leichenschmaus trafen sich alle noch einmal in den Räumen der Gastwirtschaft, in denen Anna über 50 Jahre lang gelebt und gewirkt hatte.

Der alte Jochen kam aus seiner Lethargie heraus, nachdem sie am Tisch zusammensaßen, auch wenn ihm das Bild der Grube nicht mehr aus seinem Kopf ging. Er erzählte dabei noch einmal aus den Kindertagen, die er und seine selige Schwester gemeinsam in Hesedorf auf Cordeshof erlebten, und wie seine Schwester ihren Johann Friedrich kennen und lieben gelernt hatte. Er erzählte auch seine Erlebnisse mit den Kindern seiner seligen Schwester, an die er sich noch erinnern konnte. Ein Sohn hieß Harm und eine Tochter Rebecca, wie die Mutter von Anna.

Alle hörten ihm sehr aufmerksam zu, denn viele erfuhren hier sehr viel Neues. Der alte Jochen war kein großer Erzähler und sprach in der Regel nur das Notwendigste. Heute aber ließ er sein Leben und das seiner Familie auch die anderen wissen.

***
1811

Der Jahreswechsel auf 1811 verlief in Ostendorf, wie jedes Jahr, vollkommen unspektakulär. Es gab für die hiesigen Moorkolonisten, die sie ja waren, keinen Grund zum Feiern. Die Franzosen im Land, es roch nach noch mehr Krieg, das Land hatte sich gerade etwas erholt und brachte inzwischen annehmbare Ernten ein. Was der Jahreswechsel bringt ist allerdings eine jährlich wiederkehrende Aussicht, dass der richtige Winter noch bevorsteht und in wenigen Wochen die Äcker bearbeitet und bestellt werden wollten.
Das bedeutete, alle Werkzeuge und Gerätschaften, wie Fuhrwerke instand zu setzen, sofern es noch nicht geschehen war, sowie die Gebäude winterfest machen.
Sorgen bereitete in diesen Tagen die meisten Bauern die Frage, ob die Vorräte bis zur nächsten Ernte reichten, die Saat auf geht und, ob alle gesund bleiben würden.

Ende Januar fuhren Joachim und seine Frau Margarethe mit dem alten Fuhrwerk seines Großvaters nach Bremervörde. Er hatte vor Weihnachten dem Schmied den Eisenpflug zur Reparatur gebracht, beim Stellmacher ein neues Wagenrad für den großen Wagen geordert, weil die Narbe gebrochen war, die er heute ab zu holen beabsichtigte. Seine Frau wollte zum Krämer, weil sie für den Haushalt dies und das kaufen wollte, was die fahrenden Händler nicht feil hielten. Joachim setzte sie beim Krämer ab und fuhr dann zuerst zum Schmied.
„Jochen, schön dich zu sehen", rief ihm der Schmied entgegen, ohne den Schmiedehammer und das Eisen aus der Hand zu legen, das er just bearbeitete.
„Ernst, lass dich nicht stören", entgegnete ihm der Ankömmling, während er schon nach seinem reparierten Pflug Ausschau hielt.

Es dauerte nicht lange und er hatte das gute Stück gefunden. Während der Schmied an seinem Werkstück schmiedete, begutachtete Joachim den Pflug von allen Seiten fuhr mit dem Finger über das neue Eisen und bekundete dem Handwerker seine Zufriedenheit mit einem zustimmenden Lächeln. Dann hob er ihn an und lud ihn auf seinen Wagen.

Danach wendete er sich dem Schmied zu, der inzwischen seinen Hammer aus der Hand gelegt hatte.

„Gute Arbeit", lobte er den Handwerker.

„Der Bruch war nicht mehr zu reparieren. Deswegen habe ich dir eine neue Pflugschar geschmiedet. Er wird sicherlich lange halten. Sieh zu, dass du die Steine vor dem Pflügen stets wegsammelst, dann bleibt er auch lange scharf", gab er seinem Kunden mit auf den Weg.

„Gib mir 2 Taler und 16 Schillinge für meine Arbeit."

Joachim griff in seinen Geldbeutel und bezahlte den Schmied, während sie sich über Neuigkeiten unterhielten, denn Joachim war, außer sonntags zum Kirchgang, selten in Bremervörde.

Er ließ den Wagen stehen und ging die wenigen Meter zum Stellmacher, der seine Werkstatt gleich neben dem Schmied hatte.

„Hallo Jakob, ist bei dir alles in Ordnung", wollte Joachim wissen.

„Ich bin zufrieden, bis auf das Reißen im Rücken. Wir werden nicht jünger", antwortete er, während er das neue Wagenrad aus der Ecke holte.

„Die Narbe ist neu, einige Speichen konnte ich wieder verwenden. Aber das Meiste musste ich neu machen, denn es soll ja lange halten, wenn du über die Wege fährst."

Joachim bezahlte ihm seine Arbeit, lud das Rad auf den Wagen und eilte sich, zurück zum Krämer zu fahren, wo seine Frau vielleicht schon auf ihn wartete.

Wie er es geahnt hatte, war sie noch immer beim Krämer im Geschäft, schaute hier, schaute da, insbesondere auch nach Kleidern, Spitzen, Frauensachen eben, wie sie sie immer bezeichnete.

Er blieb an der Tür stehen, nachdem er sie geschlossen hatte und schaute dem geschäftigen Treiben seiner Frau mit einem Lächeln geduldig zu.

Draußen war es zwar bitterkalt, aber trocken. Hier war es warm und das genoss er sehr. Zudem wusste er, dass der Krämerladen für seine Margarethe stets eine sehr willkommene Abwechslung war, auch wenn sie nichts, oder nur eine Kleinigkeit kaufte. Sie war eine sehr sparsame Bäuerin. Das Stöbern hier war nicht zu vergleichen mit Besuchen bei den Nachbarn oder Verwandten.

Sie hatte ihn erst nicht bemerkt, doch als sie ihn sah, lächelte sie ihn an, als habe sie einen Schatz gefunden, den sie ihm zeigen wollte.

„Jochen, komm doch einmal. Schaue dir diese Dosen an."
Sie hielt eine Dose aus Metall in der Hand.
„Was ist damit?", wollte er wissen.
Da meldete sich der Krämer zu Wort. „Die habe ich bei den Franzosen eingetauscht. Sie haben bei der Armee Fleisch für die Soldaten darin haltbar gemacht. Ich verkaufe sie nicht, aber sie gefällt mir. Ich bin gespannt, ob sich so etwas in Zukunft durchsetzen wird?"

Nun konzentrierten sich alle auf den Einkauf von Margarethe. Der Einkauf wurde von Joachim bezahlt, dann auf den Wagen vor der Tür verladen.

Auf dem gesamten Heimweg lernte er durch die Erzählungen seine Ehefrau den gesamten Krämerladen und dessen Neuigkeiten bis ins Detail kennen. Er kannte seine Frau und hörte ihr geduldig zu, ließ ab und an einen zustimmenden, oder erstaunten Blick oder Ton erkennen und hören, während er sich auf den Weg konzentrierte, damit nicht wieder ein Rad im tiefen, mit Wasser gefüllten Schlagloch brach.

Als sie fast daheim waren und Margarethe nichts mehr über den Krämerladen zu berichten wusste, wechselte sie das Thema.

„Jochen, hast du bemerkt, dass dein Vater seit dem Tod seiner Schwester Anna immer weniger wird, stiller und in sich einfällt?", fragte sie ihren Ehemann mit sorgenvoller Stimme.

„Ja, das habe ich bemerkt. Er ist an dem Tag der Beisetzung von Tante Anna noch einmal aufgeblüht, hat Geschichten erzählt, die ich noch nicht kannte, aber auch viele bekannte. Am Ende saß er sehr ruhig und nachdenklich in seinem Lehnstuhl. Ich fürchtete damals schon, ihn am nächsten Morgen tot in seiner Kammer vorzufinden."

„Weißt Du, dein Vater trinkt sehr wenig, isst immer weniger, und seit einigen Wochen ist es, als sei er abwesend, auch wenn er mitten unter uns ist. Selbst seine Bienen vernachlässig er ein wenig", ergänzte sie bedrückt.

„Ich mache mir auch Sorgen, Frau. Ich fürchte, dass er die Ernte nicht mehr erleben wird."

Wenige Tage später, Ende Februar, tat der 84-jährige des Nachts seinen letzten Atemzug.

Seine Schwiegertochter fand ihn früh morgens, mit einem friedlichen Lächeln, in seinem Bett liegend vor.

„Vadder ist dod bleven", rief sie aus der Kammer, laut hörbar für alle im Flett anwesenden Personen.

Plötzlich war es im Haus ungewohnt still. Nur das Gackern der Hühner, das Schnauben der Kühe und das Grunzen der Schweine waren zu hören. Sie störte das Ableben des alten Bauern recht wenig.

Die Tätigkeiten und die Unterhaltung der Menschen hingegen endeten schlagartig. Sie hatten zwar seit längerem damit gerechnet, auch die Verwandten vorgewarnt, aber dennoch fühlten sich die Älteren wie erschlagen.

Der alte Bauer, der erste Moorsiedler und Gründer dieser Stelle, dieses Hofes, Witwer, Vater von neun Kindern und Großvater von 20 Enkelkindern war tot.

Dieser Tag würde nun vollkommen anders verlaufen, als alle es geplant hatten.

Nachdem die Nachbarinnen den Toten gewaschen und neu eingekleidet hatten, legten ihn seine Söhne in den fertigen Sarg, den der alte Jochen zusammen mit dem Sarg für seine Ehefrau nach deren Tod vor gut 18 Jahren gezimmert hatte.

Die Totenwache hielten seine Kinder, eigentlich die gesamte Familie, wodurch rund 30 Personen im Flett ums Feuer saßen und sich Geschichten erzählten. Der Pastor war bereits mittags kurz auf dem Hof gewesen und hatte die Beisetzung für Freitag angesetzt. Es war Ende Februar, der Schnee lag knöchelhoch und es taute. Während im Januar die Fröste die Gräben noch hatten zufrieren lassen, lockte der März bereits die Bauern ins Freie.

Jochens sechs Söhne sprachen mit dem Pastor ab, dass sie den Sarg des seligen Vaters selbst zum Friedhof fahren und zum Grab tragen würden. Sie wollten nur eine kurze Predigt am offenen Grab und am Sonntag nach der Predigt eine Abkündigung. Das hatte sich der Vater einstmals so gewünscht. Der Leichenschmaus fand in Ostendorf auf dem Hoopshof statt.

Würde der selige in sein offenes Grab geschaut haben, sähe er ebenso wie bei seiner seligen Schwester Wasser im Grab stehen. Damals fürchtete er, ihr Sarg würde schwimmen und nicht nur im Nass stehen.

Wegen des Tauwetters waren die Wege sehr schlecht befahrbar. Deswegen nahmen viele der Nachbarn bereits am Sarg, im Haus des seligen Bauern, Abschied. Das bedeutete für die Familie, dass im Haus von mittags bis spät abends Menschen, die den Toten kannten, ein- und ausgingen. Der Schnaps floss und viele Geschichten wurden erzählt, was dem Alten sicherlich gefallen hätte. Allein der Weg von einem zum anderen Hof war schwierig, denn es gab ja keine festen, gepflasterten Straßen, sondern nur Wege, durch die Fuhrwerke eingefahren oder Pfade, die über die Jahre eingelaufen waren.

Die Brüder zäumten ihre Wagen an, luden den Sarg des Vaters auf den ersten Wagen, ließen die Familie auf die restlichen Wagen aufsitzen und fuhren gegen 10 Uhr los.
Der Weg nach Bremervörde war ein endlos langer Weg von gut 18 Kilometern, immer geradeaus bis kurz vor dem Ortsrand von Hönau. Einige Ostendorfer standen vor ihren Häusern und Hütten und zeigten damit dem seligen Nachbarn ein letztes Mal ihre Wertschätzung, der 50 Jahre als einer der Ersten hier das Brachland zum Nutzland mit umgestaltet hatte.
Wenige der Moorbauern, die dort standen, hatten 1761 mit ihm zusammen angefangen. Einige hatten sehr schnell aufgegeben, andere kamen nach, viele hatte Gevatter Hein bereits geholt, und nun war der alte Jochen an der Reihe gewesen.
Der kleine Wagenzug kam gut durch. Dennoch mussten alle sehr langsam fahren, sodass sie sich ein wenig verspäteten.
„Gottlob ist es nun trocken und hell", murmelte Joachim als er den Friedhof erreicht hatte.

Nachdem der Sarg über dem offenen Grab platziert war, erschien der Pastor mit der Bibel in der Hand. Er begrüßte die überschaubare Schar der Trauergemeinde, unter denen sich auch einige Bremervörder Bürger befanden, die den alten Bauern sehr gut gekannt hatten.
Die Zeremonie war kurz und verlief wie besprochen.
Am Ende sagten sie gemeinsam das Ewigkeitslied [6] am offenen Grab, bei bereits hernieder gelassenem Sarg, wie sie es schon so häufig getan hatten.

Nun bringen wir den Leib zur Ruh
und decken ihn mit Erde zu, den Leib,
der nach des Schöpfers Schluss
zu Staub und Erde werden muss.

---

[6] Text: Ehrenfried Liebich (1774) Melodie: Wittenberg (1544) Görlitz (1648)

Er bleibt nicht immer Asch und Staub,
nicht immer der Verwesung Raub;
er wird, wenn Christus einst erscheint,
mit seiner Seele neu vereint.

Hier, Mensch, hier lerne, was du bist,
schau hier, was unser Leben ist:
nach Sorge, Frucht und mancher Not
kommt endlich noch zuletzt der Tod.

Schnell schwindet unsre Lebenszeit,
auf Sterben folgt die Ewigkeit.
Wie wir die Zeit hier angewandt,
so folgt der Lohn aus Gottes Hand.

Es wären Reichtum, Ehr und Glück,
wie wir selbst, einen Augenblick;
so währt auch Kreuz und Traurigkeit,
wie unser Leben kurze Zeit.

O sichrer Mensch, besinne dich,
Tod, Grab und Richter nahen sich.
In allem, was du denkst und tust,
bedenke, dass du sterben musst.

Hier, wo wir bei den Gräbern stehn,
soll jeder zu dem Vater flehn:
Ich bitt, o Gott, durch Christi Blut,
machs einst mit meinem Ende gut.

Lasst alle Sünden uns bereun,
vor unserm Gott uns kindlich scheun.
Wir sind hier immer in Gefahr,
nehm jeder seiner Seele wahr.

Wann unser Lauf vollendet ist,
so sei uns nah, Herr Jesu Christ;
mach uns das Sterben zum Gewinn,
zieh unsre Seelen zu dir hin.

Und wann du einst, du Lebensfürst,
die Gräber mächtig öffnen wirst,
dann lass uns fröhlich auferstehn
und dort dein Antlitz ewig sehn.

Die Trauergemeinde verhielt noch eine Weile gerührt vom Gesang am Grab, bevor sie nach und nach aufbrachen.
Der Pastor und einige alte Freunde und Weggefährten vom alten Jochen fuhren bei Joachim mit auf dem Wagen zum Leichenschmaus nach Ostendorf zurück.
Joachim versprach ihnen, sie am Abend wieder nach Bremervörde zurück zu fahren. Der Gastwirt aus Bremervörde befand sich unter ihnen. Joachim hatte mit ihm abgesprochen, die Nacht in seinem Gasthaus zu verbringen.
Am Sonnabend wollte er noch beim Schmied, dem Stellmacher, wie dem Schuster vorbeischauen, bevor er zurück nach Hause fahren würde.

Als Joachim wieder in Ostendorf auf seinen Hof fuhr, waren alle anderen bereits abgereist und die Familie mit dem Knecht und der Magd alleine. Seine Frau und die Magd waren noch beim Aufräumen im Flett, und der Knecht im Stall beschäftigt.
Als er seinen Bauern sah, ging er auf ihn zu und half das Pferd ab zu schirren und zu versorgen. Den Wagen stellten sie unter dem Schauer ab, wo er immer stand, wenn er nicht gebraucht wurde.
„Bauer, was machen wir mit der Altenteilerstube", wollte seine Frau wissen.
Joachim schaute sie lange an bevor er darauf antwortete.
„Diese Stube wird sich unser Sohn und Anerbe Joachim für sich und seine zukünftige Ehefrau herrichten. Unsere Kammer bleibt unsere, auch wenn wir auf Altenteil gehen. Ich sehe keinen Grund für uns umzuziehen, auch wenn es einmal anders angedacht war."

Seine Frau nickte zustimmend, und der angesprochene 21-jährige Sohn antwortete: „Ja Vadder, das gefällt mir."
„Joachim, wir zwei werden morgen den Hof und die Gebäude prüfend begehen, während sich der Rest um die Tiere kümmert."
Der Bauer lag noch lange in seinem Bett wach, während seine Frau rasch einschlief. Es waren sehr anstrengende und bewegende Tage und Nächte gewesen.

Joachim plante seinem Sohn und Erben morgen in die Geheimnisse, die er bisher mit seinem Vater teilte einzuweihen, was den Notgroschen und das Versteck in der Scheune beinhaltete.

So endete wieder ein ungemütlicher Winterabend im Haus der Familie Hoops in Ostendorf mit der alten Hausnummer 25.

Die Jahre 1811 bis 1812 verliefen ohne größere Ereignisse, abgesehen von der Besetzung des ganzen Landes durch die Franzosen und deren Drangsalierungen, sowie deren für viele ruinösen Einquartierungen.

Die Feldarbeit forderte allen sehr viel mehr als früher ab, damit sie die normalen, wie die Kriegssteuern zahlen konnten und dennoch genug für den Winter für sich selbst und die Aussaat im nächsten Frühjahr hatten.

***

1812

Napoleons Russlandfeldzug

„Margarethe, die Welt geht aus den Fugen. Der Schmied berichtete mir, dass die Hannoveraner neue Einheiten aufstellen. Der Anschlag an der Tür beim Rathaus besagt, dass sie vier Kompanien zu je 120 Mann und ein Husarenregiment mit drei Schwadronen zu je 150 Mann aufstellen, weil es der Franzose so angeordnet hat."
Sie schaute ihren Mann besorgt an. „Müssen das die Bremervörder auch?", fragte sie mit ängstlicher Stimme.
Dabei dachte sie daran, dass zwei ihrer drei Söhne 21 und 17 Jahre alt waren.
„Derzeit noch nicht. Es soll ein Leichtes Bataillon Bremen - Verden aufgestellt werden, also noch einmal rund 500 Mann", antwortete Joachim.
„Ich will nicht, dass einer unsere Söhne für diese Kriegstreiber aus Paris, diesen selbsternannten Kaiser sein Leben lässt. Dafür habe ich die Kinder nicht auf die Welt gebracht!"

Am Sonntag, dem 28sten Juni 1812, saß die Familie Hoops mit vielen anderen Kirchgängern zusammen in der Bremervörder Kirche im Gottesdienst. Die Predigt vom Pastor verhallte vollends unter der Verkündigung, dass Napoleon mit der französischen Armee und seinen Verbündeten bereits am Mittwoch die russische Grenze überschritten hatte, und sich somit das Land mit den Feinden vom Kaiser im Krieg befand. Dabei wurde von über 400.000 Männern gesprochen, die der Kaiser aufgeboten hatte, das Zarenreich zu besiegen.
Nach dem Gottesdienst gab es überall nur ein Thema auf den Straßen, den Häusern und wo immer sich die Menschen begegneten: „Der Russlandfeldzug".

Auf der Rückfahrt drückte sich Margarethe an ihren Mann, drehte sich ab und zu mit sorgenvoller Miene zu den auf dem Wagen sitzenden Kindern um.

„Joachim, sie werden doch nicht noch unsere Söhne zu den Soldaten holen, damit sie in Russland für den Ruhm des Franzosen totgeschossen werden?", fragte sie leise und mit sehr ängstlicher Stimme ihren Mann, während er den Wagen fuhr.

„Ich hoffe es nicht", war seine knappe Antwort.

Abends saßen alle beim Feuer beisammen.

„Hört einmal zu", begann der Bauer seine Rede.

„Ihr wisst, dass die Franzosen seit Jahren Krieg gegen alle möglichen Länder führen, die Bremen besetzt halten, überall die Kontrolle übernommen haben und uns zu ihren Knechten machen wollen. Sie holen willkürlich unsere Söhne und Männer von überall her, machen sie zu Soldaten und lassen sie für ihren Kaiser sterben. Sie erheben seit Jahren höhere Steuern und spionieren jeden aus, der nur ein schlechtes Wort über diese Besatzung ausspricht. Dafür haben sie französische Kommissare eingesetzt, neue Gerichte geschaffen, die unsere Leute aburteilen. Sie haben die Zünfte abgeschafft und haben neue Steuern eingeführt. Wir zahlen inzwischen Steuern für das Land, für Türen und Fenster und eine andere Art von Kopfsteuer. Wir sind für sie ein Departement, das man unterjochen und ausplündern kann. Am schlimmsten ist die Geheimpolizei der Franzosen und sind die Verräter, die mit den verdammten Franzosen zusammenarbeiten, die ehrliche Menschen ans Messer liefern."

Joachim machte eine kurze Pause und schaute in die Gesichter seiner Zuhörer.

„Seid außerhalb des Hauses sehr vorsichtig mit dem, was ihr sagt. Damit meine ich auch gegenüber allen Nachbarn, auch wenn es gute Leute sind. Aber einmal in den Fängen der Geheimpolizei, pressen sie alles aus ihnen heraus, was

uns schaden könnte. Es ist eine richtige Hexenjagd. Viele von uns streuen seit Jahren Sand in das Räderwerk der Feinde. Ja, sie sind Feinde. Es kommt der Tag der Befreiung. Dann verjagen wir die Besatzer und stellen die alte Ordnung, unsere Ordnung wieder her. Wenn ihr zu den Soldaten einberufen werdet, dann nehmt die Ausbildung sehr ernst, denn wir werden uns mit diesem Wissen und Können und ihren Waffen eines Tages gegen sie wenden."
Er hatte die vollkommene Aufmerksamkeit seiner Familie, denn an diesem Tag waren die Bediensteten nicht auf dem Hof. Es war Sonntag.
„Vadder, was sollen wir denn machen, wenn wir Soldaten sind und unsere Kompanie nach Russland ziehen soll?", wollte sein ältester Sohn wissen.
„Junge, ich wurde als junger Mann selbst bei der Miliz zum Musketier ausgebildet. Ich bin jetzt zwar nur ein alter Bauer und dennoch bin ich mir sicher, dass er keine frischen Truppen nachziehen lassen wird. Der Widerstand hat nur darauf gewartet, dass er mit seinen Truppen in einen Krieg zieht, wodurch sich die französische Truppenstärke in den besetzten Ländern derart verringert, dass wir uns hier gegen sie stellen und alle verjagen können, sobald er eine herbe Niederlage erleidet. Sie werden die Russen niemals besiegen können. Mir tun nur die vielen jungen Soldaten leid, die nicht mehr lebend nach Hause kommen, niemals eine Familie gründen können, niemals ihre Kinder aufwachsen sehen."
Die Stimmung an diesem Abend blieb bedrückt. Die Erklärungen des Bauern hatte allen Mut gemacht, dass es bald wieder besser werden würde. In einem aber hatte er sich geirrt. Napoleon ließ ein Armeekorps nachziehen, das aber niemals die russische Grenze überschritten hatte.
Als die Eheleute abends im Bett lagen, lobte Margarethe ihren Ehemann für seine klaren Worte.

Dann fragte sie ihn: „Warum mussten wir eigentlich unser Pferd nicht an die Franzosen abgeben, wie viele unserer Nachbarn?"

„Das ist ganz einfach zu erklären. Unsere Stute ist so alt, dass eine Armee das Fleisch nicht einmal als Proviant mitführen wollte. Es geht noch seine Strecke nach Bremervörde und zurück, aber selbst vor dem Pflug nehme ich seit Jahren den schon altersschwach aussehenden Ochsen. Ich habe schon überlegt, ob wir es nicht notschlachten, damit wir über den Winter kommen. Aber dann habe ich den Kommissar im Haus, der herumschnüffelt und nachprüft, wo wir den Kadaver begraben, oder untern den Mist gelegt haben. Sie erhält das Gnadenbrot bei uns, solange es mir möglich ist. Sie hat als Arbeitspferd immer brav alles gezogen, was ich wollte. Sie ist nunmehr schon 15 Sommer auf dem Hof."

„Ja richtig, sie wurde im gleichen Jahr wie unser Claus geboren", warf seine Frau ein.

„Das Gnadenbrot hat sie verdient, und nun schlaf."

Damit endete das Gespräch des Ehepaares.

Russland war weit weg, und doch so nah. Die Menschen in Ostendorf hatten alle Hände voll mit dem Einbringen der Ernte und dem Anlegen von Vorräten für den nächsten Winter zu tun, als sich um die vielen Nachrichten und um Gerüchte zu kümmern.

Ende September machte die Nachricht die Runde in den Dörfern, dass der Kaiser die russische Hauptstadt erobert hätte, womit die Hoffnung auf eine Niederlage der Franzosen einen kräftigen Dämpfer erhielt. Man sprach auch davon, dass Moskau niedergebrannt wurde.

Jeden Tag kam den Menschen mit jedem Reisenden eine neue Nachricht vom Verlauf des Krieges mit den unterschiedlichsten, sich auch häufig wiedersprechenden Botschaften zu Ohren.

Ende Oktober gab es sogar das Gerücht, dass Napoleon tot sei, was noch mehr Unsicherheit schürte, denn alle fragten sich, wie es wohl weitergehen würde und wer neuer Kaiser werden könnte.

Später wurde proklamiert, dass es einen Putschversuch gegeben habe, der gescheitert war und dass Napoleon leben soll.

Vor dem 4ten Advent erfuhren auch die Menschen im Bremervörder Landstrich, dass die Grand Armee eine fürchterliche und sehr verlustreiche Niederlage erlitten hatte. Die Verluste sollen schrecklich hoch gewesen sein, wusste ein fahrender Krämer Anfang Januar zu berichten.

„Stellt euch vor, mein Schwager lebt im Mecklenburgischen. Von den gut 2000 Soldaten aus Mecklenburg sind wenige zurückgekehrt. Wer nicht im Kampf gefallen ist, nicht verhungert oder durch Krankheit gestorben ist, ist erfroren zurückgeblieben. Der Winter soll der größte Feind gleich nach den Kosaken gewesen sein, wird berichtet. Den Bayern, Preußen und Westphalen soll es nicht anders ergangen sein. Die Kosaken sollen keine Gefangenen gemacht haben."

Solche Nachrichten machte vielen Mut, sich bald vom französischen Joch zu befreien. Zugleich fürchteten viele, dass ihre Söhne, Väter und Ehemänner nicht mehr nach Hause zurückkehren würden. Sie ließen aber auch manche Zuhörer das Blut in den Adern gefrieren.

***
1813

Die Zeit nach dem verlorenen Feldzug

Die Ereignisse und Folgen dieser Niederlage waren täglich zu hören und hautnah zu spüren. Auch die Ostendorfer sahen und hörten, wie die unterschiedlichsten Truppen über die Wege der anderen Dörfer oder gar Bremervörde selbst ritten und marschierten.

Noch war das Land zwischen Weser und Elbe bei Bremervörde ein Departement Frankreichs, weswegen die Menschen sehr wachsam und vorsichtig waren.

Wer glaubte, dass die Franzosen gleich aufgeben und sich nach der Niederlage auf ihr Stammland zurückziehen würden, irrte sich gewaltig. Sie sammelten ihre verbliebenen Truppen unter der Führung des Generals Vandamme im Bremischen.

So blieb die Gefahr weiterer Aushebungen bestehen. Auch Joachim und Margarethe fürchteten, dass die Franzosen ihre Söhne nunmehr zu den Waffen rufen würden, was aber nicht geschah. Viele andere wurden auch nicht einberufen, warum wusste aber niemand zu sagen. Es beschwerte sich auch keiner von denen, die es betraf.

In Stade hatte sich inzwischen eine provisorische Regierung gegen die Franzosen im Bremischen gebildet. Diese hatte zum Schutz die Landesbewaffnung angekündigt.

Joachim war mit seinen 53 Jahren zu alt für den Landsturm, aber seine beiden ältesten Söhne Joachim und Harm folgten nun dem Stader Aufruf. Margarethe war erleichtert, dass ihr wenigsten der 15-jährige Sohn Claus blieb.

Der alte, niedere Landadel trat nun wieder auf die Bühne des Geschehens. *„Der Herr von der Decken führte die Bremen - Verdische Legion zu Fuß und der Herr von Estorff führte die Reiterei der Husaren an"*, ging es von Haus zu Haus.

Diese Truppen verblieben zunächst passiv als Schutz verfügbar. Sie übten und drillten sich für den Kampf.

Die Brüder Hoops waren in Stade stationiert und an der Muskete ausgebildet worden, wie einst ihr Vater.
Ihre Kompanie war zum Schutz von Stade eingeteilt worden, was ihre Mutter ein wenig beruhigte.
Die Ausrüstung hingegen war aus militärischer Sicht schlecht. Es fehlte an Waffen und Munition aller Art, an Uniformen, an Pferden und Wagen, Kanonen und allerlei militärischer Ausrüstung, die eine Kompanie im Feld zwingend brauchte. Selbst an Fußlappen fehlte es.
Die Engländer schmuggelten nachts über die Elbe in unregelmäßigen Abständen Ausrüstung, Munition und Waffen, was immer ihnen möglich war.

Bereits Ende März, als Joachim seine Felder und Äcker zu bewirtschaften begann, zogen die Franzosen wieder gegen Lüneburg. Dort waren Russen und Kosaken stationiert. Der Kampf währte nur kurz und Lüneburg fiel den Franzosen wieder in die Hände.
Aus Bremen hörte man, dass sich nur wenige Rekruten melden würden, weil die Furcht groß war, dass die Franzosen auch ins Bremische zurückkommen würden.

Diejenigen, die bei den Truppen, die von den Engländern bezahlt wurden und unter deren Fahne sie kämpfen sollten fürchteten, sonst wo und nicht nur zum Schutz der Heimat eingesetzt zu werden. Ihnen wurde versprochen, dass die Dienstzeit enden würde, sobald man die Franzosen endgültig besiegt hätte. Den Engländern trauten die wenigsten, ebenso wenig wie den Franzosen.
Auch wenn die Bewaffnung immer besser wurde, ließ der Ausbildungsstand zu wünschen übrig.
„Ohne ausreichend Munition lässt sich eben das Schießen nicht wirklich üben", verlautbarte einer der Unteroffiziere

aus Stade seiner Gruppe, zu denen die Brüder Hoops gehörten.

Nachdem die Franzosen Lüneburg eingenommen hatten, stießen sie bis an die Elbe vor und marschierten nun auf dem hannoverschen Land auf Hamburg zu. Preußen hatte sich bereits sehr früh offen gegen die Franzosen gestellt.

Zum Schutz von Hamburg wurde die Masse der bremischen Truppen eingesetzt. Die Kompanie, zu der die Brüder gehörten, verblieb zum Schutz von Stade und als Reserve zurück.

Dort verfolgten die Brüder den Verlauf der Kämpfe und Gefechte, während sie Wache standen oder Streife liefen.

Ihr Leutnant versorgte seine Truppe mit Informationen, denn Hamburg und Stade war mit der Kavallerie, aber auch per Schiff sehr rasch zu erreichen. Da er nur über mehr oder weniger gut ausgebildete Rekruten mit geringer, leichter Bewaffnung und wenig Munition verfügte, war er sich bewusst, die Stadt mit der Kompanie nicht wirklich verteidigen zu können.

„Männer, hört zu", begann er seine abendliche Information an seine Soldaten.

„Die Franzosen haben gestern Wilhelmsburg erreicht und sogleich angegriffen. Unsere Einheiten und die bremischen Truppen wurden anfangs vom Feind aus den ersten Stellungen zurückgedrängt. Dann haben die Hamburger ihre Reserven aus Hamburg und Bergedorf in den Kampf geworfen und die Franzosen komplett zurückgedrängt, obwohl sie in der Übermacht waren."

Er nahm einen Schluck aus der Flasche, die die Runde machte, dann fuhr er mit seinem Bericht fort.

„Ihr wisst, dass unter allen Umständen verhindert werden sollte, dass die Franzosen über die Elbe nach Norden vordringen. Sie sind noch immer in der Übermacht. Gott sei Dank, sind uns die Dänen aus Altona mit mehreren Bataillonen zu Hilfe geeilt. Sie haben sogar einen Angriff auf die Franzosen versucht. Weil sie in der Unterzahl

waren, haben sie sehr hohe Verluste erlitten, wodurch die Franzosen zumindest die Insel Wilhelmsburg erobern und vollkommen besetzen konnten. Sie haben sich dort festgesetzt und die Stellungen ausgebaut."
Die Männer hörten ihrem Offizier aufmerksam zu. Ab und an kam dem einen oder anderen eine leise Bemerkung über die Lippen.
Nachdem der junge Offizier die Trockenheit seiner Kehle mit Bier bekämpft hatte, fuhr er fort.
„Jetzt ist Zollenspieker wohl das nächste Ziel des Feindes. Ich habe erfahren, dass die Franzosen über die Napoleon Chaussee über Harburg auf die Insel Wilhelmsburg schwere Geschütze transportiert haben. Dort werden sie den unseren damit mächtig einheizen, wenn sie versuchen Wilhelmsburg zurück zu erobern. Dumm ist nur, dass die Dänen ihre Truppen unerwartet, nach den schweren Verlusten, aus der Verteidigung Hamburgs zurückgezogen haben."
Was der junge Offizier nicht wusste war, dass der Dänenkönig von einem Geheimvertrag zwischen den Schweden und den Engländern erfahren hatte. Da die Schweden, wie die ganze Hanse, seit Jahrhunderten der Feind schlechthin war, verbündete sich der Däne erneut mit den Franzosen. Die Dänen hatten bereits 100 Jahre zuvor die Schweden aus dem Gebiet zwischen Elbe und Weser vertrieben. Nun sollten die Schweden keinesfalls die Chance zur Rückkehr in das Gebiet nahe Dänemarks erhalten.
Joachim und sein Bruder Harm waren sehr beeindruckt vom Leutnant, besonders, wenn er ihnen von den Ereignissen berichtete, auch wenn sie nicht alles verstanden hatten oder zuordnen konnten.
Sie waren sehr bedrückt, als sie die Namen der Gefallen erfuhren und entsetzt, als sie die Verwundeten im Lazarett sahen. Das hatten sie sich so nicht vorgestellt. Ohne es auszusprechen, beide waren froh in Stade ihren Dienst leisten zu müssen. Zugleich brannten sie darauf, sich endlich als Verteidiger ihres Landes beweisen zu können.

Im September versahen sie noch immer ihren Dienst in Stade.
Deswegen nahm ihre Einheit auch nicht an der Schlacht an der Göhre am 16ten September und an der Völkerschlacht bei Leipzig am 16ten Oktober teil, bei denen Napoleon jedes Mal verlor und sehr vielen Menschen ihr Leben ließen.
Bald erreichte die Menschen in Stade die Nachricht, dass die französische Besatzung in Bremen bereits am 15ten Oktober kapituliert hatte. Am gleichen Tag verließen die Franzosen endgültig die alte Hansestadt an der Weser.

Damit war der Dienst für die beiden Brüder und viele andere Freiwillige in den Kompanien beendet.
Sie wurden wenige Tage später ausgekleidet, gaben ihre Waffen ab und erhielten eine Bescheinigung für ihre Dienstzeit und über den noch ausstehenden Sold, den sie später beim Amt in Bremervörde einfordern konnten. Mit der Entlassung der Masse der Truppen sparte die Regierung in Stade enorme Kosten für Kost und Logie ein. Zugleich behielt sie sich vor, die Entlassenen jederzeit erneut zu den Waffen zu rufen.
Am Tag der Entlassung verließen sie zu Fuß die alte Festung Stade, zusammen mit zwei anderen Kameraden aus dem Nachbardorf Iselersheim.
Am späten Nachmittag erreichten sie den väterlichen Hof und sahen von weitem den Schornstein rauchen. Für sie war es wie eine Begrüßung, der ihre Schritte schneller werden ließ. Die letzten Meter liefen sie um die Wette, ließen aber keinen verlieren.
Als sie die kleine Tür öffneten und die Mutter die beiden Söhne wohlbehalten eintreten sah, warf sie die Arme in die Höhe und schrie vor lauter Freude nach ihrem Mann. Auch die Geschwister waren in diesem Moment im Flett, Körbe flechten und Garn spinnen. Der Bauer erschreckte sich, als er den lauten Schrei seiner Frau „Joachim" hörte. Wie von

der Tarantel gestochen rannte er von der Scheune ins Haus, ein großes Unglück vermutend.
Als er in das Flett stürmte, sah er ein Menschenknäuel im Raum stehen und seine Frau mit Tränen in den Augen die beiden ältesten Söhne fest im Arm haltend, mit einem überglücklichen Lächeln.
Dem alten Bauern fiel ein Stein vom Herzen, als er seine Söhne gesund vor sich sah. Sie hatten Glück gehabt.
Der Abend währte sehr lange, denn die beiden hatten überaus viel zu erzählen. Sie durften während ihrer Dienstzeit nicht nach Hause. Urlaub gab es nicht, denn es war ja Krieg.
Mitte Dezember wurden alle Bauern, ob Pächter oder Eigentümer zum Amt nach Bremervörde gerufen.
Dort wurde ihnen verkündet, dass das alte Meierrecht wieder eingeführt ist, auch die alte Ordnung wieder gilt.
Es wurde aber auch mitgeteilt, dass derzeit Pläne zur Aufstellung eigener, neuer Militäreinheiten erarbeitet werden, die im nächsten Jahr ausgehoben werden sollen.
Der Franzose ist zwar besiegt, aber noch nicht endgültig geschlagen, war die Begründung von den Amtspersonen.
Sie hatten alle die Besatzung überstanden, waren kein französisches Departement mehr, die alten Steuern galten auch wieder, wie das alte Herrschaftssystem, das es vor der Besetzung durch die Franzosen gab. Auch wurde den ehemaligen Soldaten gegen Vorlage der Bescheinigung aus Stade ihr ausstehender Sold ausgezahlt.

In allen Gottesdiensten sangen sie das alte Lied „Lobet den Herrn" mit einer lang unterdrückten Inbrunst.

Lobe den Herren,
den mächtigen König der Ehren,
meine geliebte Seele,
das ist mein Begehren.
Kommet zu hauf,

Psalter und Harfe, wacht auf,
lasset den Lobgesang hören!

Lobe den Herren,
der alles so herrlich regieret,
der dich auf Adelers
Fittichen sicher geführet,
der dich erhält,
wie es dir selber gefällt;
hast du nicht dieses verspüret?

Lobe den Herren,
der künstlich und fein dich bereitet,
der dir Gesundheit verliehen,
dich freundlich geleitet.
In wieviel Not
hat nicht der gnädige Gott
über dir Flügel gebreitet!

Lobe den Herren,
der deinen Stand sichtbar gesegnet,
der aus dem Himmel
mit Strömen der Liebe geregnet.
Denke daran,
was der Allmächtige kann,
der dir mit Liebe begegnet.

Lobe den Herren,
was in mir ist, lobe den Namen.
Alles, was Odem hat,
lobe mit Abrahams Samen.
Er ist dein Licht,
Seele, vergiß es ja nicht.
Lobende, schließet mit Amen! [7]

---

[7] Text: Joachim Neander (1680)

Auch in Bremervörde sangen alle mit, wozu keiner von ihnen das Gesangbuch benötigte, da alle den Text auswendig kannten. Einige trällerten das Loblied noch auf dem Heimweg vor lauter Glücksgefühlen.

Nicht jedem passte das Ende der Franzosenzeit. Einige hatten mit den Besatzern sehr gute Geschäfte gemacht, was man ihnen nun vorhielt. Die Kollaborateure wurden verjagt und mussten die Gegend von jetzt auf gleich verlassen. Viele von ihnen wanderten über Bremen aus, oder folgten den Franzosen.

Nach dem Gottesdienst unterhielten sich in gewohnter Weise noch viele vor dem Gotteshaus, meist nach Geschlechtern getrennt. Margarethe stand mit einigen Nachbarinnen zusammen. Sie gingen mit entschlossen auseinander zu ihren Männern, die als Pulk zusammen, und viel lieber in den Krug gegangen wären, als sie den Haufen entschlossener Frauen auf sich zukommen sahen.

„Hört zu!", sprach die Nachbarin vom Hoopshof für die Bäuerinnen.

„Wir gehen jetzt zum Krämer. Auch wenn es Sonntag ist, wird er uns hereinlassen müssen. Wir wollen endlich mal wieder neue Kleider nähen, und nicht mehr in den alten Lumpen herumlaufen! Ihr könnt derweil in den Krug gehen, oder hier warten. Wenn ihr den Krämer dort trefft, schickt ihn zu seinem Laden. Es wird sicherlich kein lohnendes Geschäft ausschlagen".

Die Männer waren vollkommen sprachlos, nickten nur stumm und trollten sich. So rasch waren sie noch nie im Krug verschwunden, denn es war das erste Mal, dass ihre Frauen sie in den Krug schickten. Es dauerte nicht lange, da verließ der Krämer den Krug und eilte zu seinem Geschäft, wo die Ostendorferinnen bereits mit seiner Frau die Stoffe begutachteten.

Auf dem Weg nach Hause grinsten die Frauen sehr zufrieden und hielten stolz die Stoffe im Arm. Die Rechnungen durften ihre Männer später zahlen.

***
1814/1815

Am 12ten April unterschrieb in Paris Kaiser Napoleon eine bedingungslose Kapitulation und Abdankung, er wurde auf die Insel Elba verbannt. Die Sieger beriefen in Wien einen Kongress ein, Europa eine Neuordnung zu geben, verkündete der Amtmann nach der Predigt im Gotteshaus.

Bereits im Januar wurde die Ankündigung vom Dezember in die Tat umgesetzt.
Im Bremischen fanden neue Aushebungen für vier Kompanien zu je 160 Mann statt. Alle hatten Angst, dass Napoleon ein weiteres Mal zurückkommen könnte.
Auch das wieder aktivierte Amt Bremervörde stellte im Januar ein Landwehrbataillon auf. Die Jungs von Joachim meldeten sich dieses Mal freiwillig zu diesen Einheiten, wurden aber nicht berücksichtigt, noch nicht. Sie erhielten im Laufe des Jahres aber ihren noch ausstehenden und versprochenen Sold für ihre Dienstzeit in Stade.

Am 18ten Juni 1815 endete die Herrschaft und Gefahr durch den Franzosenkaiser nach der Schlacht bei Waterloo, einem Dorf 15 km von Brüssel entfernt, endgültig.
Man erzählte sich später an den Feuern und in den Gasthäusern, dass die Preußen, nach der gewonnenen Schlacht das Lied *„Gott donnerte, da floh der Feind"* gesungen haben sollen, und sich alle dazu niedergekniet hatten. Selbst die Reiterei, bis auf Blücher selbst, soll von ihren Pferden abgestiegen sein. So hallte das alte Lied, das die Preußen schon unter Friedrich dem Großen gesungen hatten, erneut über das Schlachtfeld, während die Feldscherer ihr blutiges Handwerk ohne Unterlass verrichteten. Anschließend sollen die Briten unter dem Duke of Wellington stehend „Rule, Britannia" gesungen haben. Für die geschlagenen, verwundeten, sterbenden und in Gefangenschaft geratenen

Franzosen und ihre geschlagenen Verbündeten muss dies wie ein Todesstoß geklungen haben, als auch noch die Rotröcke ihr Siegeslied mit ihrer Hymne anstimmten. Die Grande Armèe war endgültig geschlagen.

When Britain first, at Heav'n's command,
Arose from out the azure main,
This was the charter of the land,
And guardian angels sang this strain:
|: Rule, Britannia! Britannia rule the waves;
Britons never will be slaves. :| [8]

Als Britannien erstmals, auf Geheiß des Himmels,
aus der blauen See entstieg,
war dies die Gründung des Landes,
und Schutzengel sangen diese Melodie:
|: Herrsche, Britannia! Britannia beherrsche die Wellen;
Briten werden niemals Sklaven sein. :|

Später sickerten die Truppenstärken durch, die mit jeder Erzählung nach oben korrigiert wurden. Napoleon hatte rund 72.000 Mann aufgeboten, von denen gut 25.000 tot oder verwundet wurden. Die Briten traten mit rund 67.000 Mann an und beklagten ca. 15.000 Tote und Verwundete, während die Preußen unter General Vorwärts, wie er später genannt wurde, mit 48.000 Mann das Schlachtfeld betrat und ca. 7.000 Tote oder Verwundete zählte. Der Siegesgesang von rund 50.000 britischen und über 40.000 preußischen Kehlen muss ein mächtiger Chorgesang gewesen sein, den die Franzosen mit nach Hause nahmen. [9] Im Jahr 1817 hat der Prinzregent von Hannover im Namen seines Vaters, dem König Georg III. von Großbritannien und Hannover, als Erinnerungszeichen für die Veteranen

---

[8] Komponist Thomas Augustine Arne - Texter James Thomson u. Davis Mallet (1740)
[9] Zahlen entnommen: Haus der Bayerischen Geschichte, Kgr Bayern 1806-1918

der Schlachten am 16ten und 18ten Juni 1815 die „Waterloo-Medaille" prägen lassen. Sie wurde, ohne Ansehen ihres Standes oder Ranges, an alle hannoverschen und britischen Teilnehmer verliehen.

200 Jahre später verhinderte die französische Regierung, mit einem Veto, dass Belgien eine 2-Euro Gedenkmünze zum 18ten Juni 2015 in den Verkehr bringen durfte. Die bereits 180.000 geprägten Münzen mussten wieder eingeschmolzen werden. [10]

Die beiden ältesten Söhne von Joachim gingen nun in andere Dörfer, unweit von Ostendorf, als Knechte in Stellung. Für den jungen Joachim war es sehr wichtig auch andere Höfe und Bauern kennen zu lernen, da er als Anerbe den Hoopshof von seinem Vater übernehmen sollte. Das alte Meierrecht galt ja wieder. Auch der inzwischen 16-jährige Sohn Claus fand eine Stellung als Jungknecht in Dithmarschen, beim Sohn eines Übernachbarn, der dort Fuß gefasst hatte. Das Dorf hieß Buchholz und lag im Kirchspiel Burg, welches zum Erzbistum Bremen gehörte.

Das Königreich Hannover entstand 1814 auf dem Wiener Kongress. Am 12ten Oktober 1814 wurde der englische König Wilhelm IV. auch König von Hannover.
Das erfuhren auch die Ostendorfer. Sie hatten in den vorangehenden Generationen mal hierzu, mal dazu, dann wieder dahin gehört und immer wieder wechselnden Herren gedient.

Als Joachim erfuhr, dass er nun einen König hatte, dem er Untertan war und der in England lebte, bewertete er diese Neuigkeit gegenüber seiner Familie: „Es ist vollkommen egal, ob uns ein König, ein Kaiser oder ein Lehnsherr

---

[10] entnommen dem STERN Artikel vom 14.06.2015, Gernot Kramper

regiert, sie wollen nur eins: dass wir Steuern zahlen, brave Landeskinder sind, Söhne zeugen, damit sie in deren Armeen für deren Interessen und Geldbeutel ihr Leben geben. Napoleon hatte wenigstens Bürgerrechte eingeführt, auch wenn wir diese Rechte kaum nutzen konnten. Auch er hat uns nur ausgebeutet und benutzt, wie alle davor und nun ein König, den wir uns nicht ausgesucht haben oder haben wollten. Wir sind nicht frei und der Kampf gegen die Besatzung durch die Franzosen war umsonst gewesen. So viele Tote, Krüppel und Leid für nichts, außer zum Wohl der alten Herren. Mich wundert, dass sie nicht wieder die Leibeigenschaft eingeführt haben."

Joachims Groll, den er mit vielen anderen teilte, saß sehr tief.

Auch in anderen deutschen Staaten war die Saat der Unzufriedenheit mit dem Ergebnis des Wiener Kongresses für die Jahre 1832 und 1848 gelegt worden.

***
1816

Das Jahr ohne Sommer

Joachim hatte von seinem Vater, dem ganz alten Jochen 1788, fünf Jahre nach der kleinen Eiszeit durch den Ausbruch eines Vulkans auf Island, den Hof übernommen und mit Erfolg geführt. Er hat mit seiner Familie die Franzosenzeit unbeschadet überstanden und hat 1812 erlebt, wie sein älterer Bruder in Kranenburg einen Hof erwarb. Diesen Traum hat Joachim nie aus den Augen verloren. Nun war er fast 56 Jahre alt, verheiratet und hatte fünf gesunde und gut geratene Kinder.

Seine jüngste Tochter Lucia war bereits verlobt und sollte im Herbst ihren Peter heiraten. Die Söhne waren alle in Stellung und Joachim war sehr zufrieden.
Dass ihm eine ähnlich schwere Prüfung wie seinem Vater 1783/84 bevorstand ahnte er nicht, ahnte niemand in Europa. Bereits im April 1815 brach erneut ein Vulkan aus, der dem Jahr die Bezeichnungen *„das Elendsjahr"* und auch *„Achtzehnhuntertunderfroren"* einbringen sollte.
Dieses Mal war es der Tambora in Indonesien.

Joachim brachte die Saat wie gewohnt aus, wie alle anderen Bauern auch. Doch es wurde nicht richtig warm und die Saat ging nicht gut auf. Zudem gab es zu den niedrigen Temperaturen auch noch anhaltende Regenfälle, schwere Unwetter und auch Überschwemmungen. Das führte grenzübergreifend in Europa zu immensen Ernteausfällen.

Als Folge fiel Lucias Hochzeitsfeier mit Peter Imbusch aus Ostendorf klein und sehr bescheiden aus. Die Trauung wurde auch im Haus der Braut durchgeführt, und ihr

Bruder Claus konnte wegen des Wetters nicht über die Elbe zur Hochzeit kommen.

Das Dorf hielt in so schweren Zeiten besonders zusammen. Sie rationierten das wenige, was sie hatten, teilten es mit anderen, schlachteten manches Vieh, weil es nicht genug Futter gab, selbst die Bienen mussten mit dem Honig aus der Ernte des letzten Jahres gefüttert und am Leben erhalten werden, was nicht alle Völker überstanden.

***
1818

Die letzten zwei Jahre hatten Joachim sehr viel Lebenskraft gekostet. Die Söhne waren auf anderen Höfen, die Missernte von 1816, die Hunger, Elend und Verschuldung brachten. Mit dem 1817 gekauften Saatgut wurden die noch immer sehr nassen Äcker bestellt. Er war inzwischen 58 Jahre alt und fühlte sich verbraucht und kraftlos.

Als sein ältester Sohn Joachim zu Weihnachten 1817 seine Eltern besuchte, nahm ihn sein Vater beiseite.

„Hör zu, Junge. Ich schaffe es nicht mehr alleine den Hof zu führen. Meine Kräfte lassen nach. Ich will dir im nächsten Jahr den Hof übergeben und bitte dich, deine Stelle als Knecht bei Cord nicht zu verlängern."

Der Sohn sah seinen Vater besorgt an, weil er das Schlimmste fürchtete. „Vadder, bist du krank?"

„Nein, nicht wirklich, aber die alten Knochen machen nicht mehr so mit, ich muss viele längere Pausen machen, habe weniger Kraft in den Händen und, ohne den Knecht wäre das Pflügen in diesem Jahr vollkommen misslungen."

„Einverstanden. Ich werde meinen Vertrag nicht verlängern. Weiß Modder davon?", wollte der Junge wissen.

„Ja, ich habe mit ihr gesprochen. Sie hat ja auch bemerkt, dass ich weniger geschafft habe, als in den Jahren zuvor. Als Bauer brauchst du aber eine Ehefrau, das weißt du ja. Sonst stimmt der Grundherr unserem Plan und meinem Wunsch nicht zu."

„Ja, das weiß ich. Und ich weiß auch, welche Deern ich fragen werde. Sie ist eine Ostendorferin und du kannst dir ja denken, wen ich meine", fügte er mit einem Schmunzeln an und legte den Kopf ein wenig herausfordernd schräg.

„Junge, ich werde mit jeder Frau einverstanden sein, die du dir aussuchst. Du wirst sicherlich Gesche, die Tochter vom Übernachbarn fragen – ich kenne dich."

Der Sohn nickte mit einem breiten Grinsen. „Vadder, du kennst mich gut. Ja, Gesche Kück ist meine zukünftige Braut. Ich werde sie noch diese Tage fragen, dann zu meinem Bauern gehen und meinen Abschied ankündigen, damit er sich zeitig um einen neuen Knecht bemühen kann, und um dir auf dem Hof ab Lichtmess zur Hand zu gehen, um dich zu entlasten. Außerdem habe ich noch eine Menge von dir zu lernen."

Gesagt, getan. Der junge Joachim schlenderte am nächsten Morgen wie zufällig zwei Höfe weiter ans Ende von Ostendorf. Es war ein sonniger, kalter aber frostfreier Morgen. Unterwegs begegnete ihm kein einziger Mensch. Hier und da sah er wie der Wind die Bäume leicht neigte, während er um die Worte rang, mit denen er Gesches Vater um die Hand seiner Tochter bitten wollte. Seine Mutter hatte ihm zwar gesagt, wie er es anstellen sollte und was er sagen sollte, aber mit jedem Schritt wurde er unsicherer und nervöser.

Plötzlich stand er vor dem Abzweig, der zum Haus seiner Zukünftigen führte. Seine Holzklotschen hatten die Kälte aus dem Boden zu seinen Füßen bestens abgeschirmt. Er blieb eine Weile stehen und schaute auf das kleine, mit Stroh gedeckte Fachwerkhaus. Die Fensterläden waren noch geschlossen, aber aus dem Schornstein stieg dunkler Rauch. Ab und an hörte er ein Rindvieh, das im Haus lebte, aber sonst blieb es still. Nicht ganz still, weil er das laute Pochen seines Herzens in beiden Ohren hörte.

Was hatte die Mutter noch gesagt. „Tief durchatmen, und dann an der kleinen Tür klopfen."

So wollte er es gerade tun, als die Tür aufgemacht wurde und Gesches 14-jähriger Bruder Jacob ins Freie treten wollte. Fast hätte er an den Kopf des Jungen geklopft, anstatt an das Holz der Tür.

„Moin Jochen", rief ihm Jacob erschrocken zu.

Dann drehte er sich um und rief ins Haus: „Hoops lüt Jochen ist hier, Vadder", und machte Platz, dass der Besucher eintreten konnte.

Jacob setzte sein Vorhaben fort und schloss die Tür, nachdem er Jochen an sich vorbei ins Haus gelassen hatte.

Die ganze Familie Kück saß um das kleine Flettfeuer und war bis auf den Bauern mit irgendwas beschäftigt.

„Junge, schön dich zu sehen", sprach ihn der Hausherr an.

„Komm zu uns ans Feuer und wärme dich", forderte er ihn auf.

Im Augenwinkel sah Joachim seine Gesche, die ihm mit einem kurzen und verschämten Blick zeigte, dass sie sich freute ihn zu sehen.

Kaum saß er, fragte ihn der Alte gleich nach seinen Erfahrungen als Knecht bei Cord und, wie es seinen Eltern ginge.

Joachim war erleichtert, dass er erst einmal von seiner Arbeit und seinen Eltern erzählen konnte. Das minderte den hörbaren Herzschlag und seine Nervosität.

Der alte Jacob war ja nicht dumm. Welcher junge Mann kommt spät am Morgen, einfach nur mal so zu Besuch bei den Nachbarn. Er kannte keinen. Zudem wusste er ja, wie gut er sich mit seiner Tochter verstand und auch, dass Gesche keinen anderen ansah oder ansprach.

Es kam der Moment in der Geschichte von Joachim, als er von seinen Eltern erzählte, dass es seinem Vater nicht so gut ginge und er an Kraft verlöre.

„Das habe ich auch bemerkt", bestätigte der alte Jacob die Aussage.

„Nun, er möchte mir im nächsten Jahr den Hof übergeben. Du weißt ja, um einen Hof zu übernehmen muss der Bauer eine Frau haben. Ich bin gekommen, zu fragen, ob ich eure Gesche heiraten darf."

Damit war es raus, und vollkommen anders als es ihm die Mutter mit auf den Weg gegeben hatte.

Joachim war bis über beide Ohren rot angelaufen. Die beiden Alten blickten sich schweigend mit einem Lächeln und Glitzern in den Augen an, die anderen Anwesenden warteten, dass jemand diese plötzliche Stille brach.

„Mein Junge", begann der Bauer die peinliche Situation für Joachim auf zu lösen.

„Wir wissen schon sehr lange, dass ihr euch mögt und versteht. Gesche, es ist nun an dir, ihm zu antworten. Mein Einverständnis und Segen hast du, wie das deiner Mutter", ermutigte der Vater seine Tochter.

Gesche war nun dem Beispiel mit der Gesichtsfarbe dem Brautwerber gefolgt.

Sie atmete durch, schaute ihre Stiefmutter, dann den Vater und zuletzt Joachim in die Augen. Mit leiser Stimme hauchte sie: „Ja, ich will deine Frau werden", und strahlte nun über beide Wangen.

„Jacob, mein Junge, hole die Buddel mit dem Schnaps. Wir haben eine Verlobung zu begießen."

Die Flasche war in der Runde rasch gelehrt.

„So, nun gehen wir mit dir zu deinen Eltern und Gesche wird uns begleiten. Meine Frau bleibt mit den Kindern daheim, denn es ist ja Mittagszeit."

Alle drei zogen sich warm an und verließen gemeinsam das kleine Bauernhaus.

Der Alte ließ es zu, dass die beiden händchenhaltend den Weg mit ihm zum Hoopshof gingen.

Beim Hof angekommen öffnete der alte Bauer ohne zu Klopfen die Tür, trat ein und forderte die beiden auf, rasch einzutreten. Dann schloss er die Tür und schaute in die verwunderten, aber nicht wirklich überraschten Gesichter.

Bevor jemand etwas sagen konnte, sprudelte es aus dem alten Jacob heraus: „Lasst uns eine Verlobung feiern", womit alles gesagt war.

Dass es bereits bei Kücks eine kleine Vorfeier gegeben hatte, konnte man den Ankömmlingen ansehen und auch riechen.

Margarethe deckte den Mittagstisch ein, auch für Jacob und ihre zukünftige Schwiegertochter, Gesche. Bevor es zu dämmern anfing, machte sich Vater und Tochter auf den Heimweg, damit sie auch gesund daheim ankämen. Die Wege waren uneben, voller Löcher und ab und an auch glitschig. Im Winter kam Glätte hinzu, was rasch zu Unfällen führte. Knochenbrüche endeten häufig mit dem Tod oder Verkrüppelung.

Die Verlobung war nun beschlossen, der Hochzeitstermin abgemacht und damit der nächsten Generation den Weg geebnet. So ging es seit Generationen.

Margarethe war sehr froh, dass ihr Joachim dem Sohn den Hof in absehbarer Zeit übergeben würde, aber auch, dass der Junge nun auf den Hof zurückkam, um seinen Vater zu unterstützen.

Mit ihrer zukünftigen Schwiegertochter hatte Margarethe heute einige Worte gewechselt und würde ihr als Altenteilerin das Haus übergeben. Sie mochte sie und freute sich auf das letzte Weihnachtsfest als Bäuerin. Im nächsten Jahr, dem 30sten Jahr nach ihrer Hochzeit, war es Zeit den Jungen das Feld zu überlassen. Damit war das Jahr 1818 eigentlich schon jetzt voll ausgeplant, wenn sie wieder ausreichend Ernte einfahren könnten, um die gekaufte Saat zu bezahlen und um den Kindern den Hof lastenfrei zu übergeben.

Mit diesem Gedanken schlief sie neben ihrem laut schnarchenden Joachim ein.

Der junge Joachim übernahm, seit er ab Anfang Februar wieder auf dem elterlichen Hof lebte, die schweren und kräftezehrenden Aufgaben, wobei er vom Knecht unterstützt wurde. Sein Vater hatte sich bereits ein wenig aus der Hofführung zurückgezogen, verrichtete Arbeiten auf dem Hof und Acker, die ihm leicht fielen.

Auch die zeitraubenden Fahrten nach Bremervörde zu den Handwerkern, zum Krämer oder Amt übernahm der alte Bauer sehr gerne.

Margarethe sah diese Arbeitsteilung mit Genugtuung. Endlich sah sie ihren Ehemann stressfreier und wieder lächelnd durchs Leben gehen, ohne dass er jedes Mal klitschnass und hochrot von der Feldarbeit ins Haus kam. Dennoch hörte sein Kräfteverfall nicht auf, er verlangsamte sich nur.

Die Saat war ausgebracht und alle Bauern schauten mit Argwohn gen Himmel und hofften, dass sich das Jahr ohne Sommer nicht wiederholen würde.

Von den Bienenvölkern hatten weniger als die Hälfte im Dorf die schlimme Zeit überlebt. In diesem Frühjahr fanden sie wieder blühende Wiesen vor. Die Verluste an Völkern waren noch lange nicht wieder ausgeglichen. Das würde drei bis vier Jahre dauern, sagte der alte Joachim, der sich nun sehr intensiv um die Bienen kümmerte. Honig war schon immer ein gutes und vom Amt nicht kontrollierbarer Nebenverdienst.

Im Sommer des Jahres saß die Familie häufiger abends vor dem Haus auf der Bank und ließ den Tag ausklingen.

„Im letzten Jahr haben viele ihre Höfe aufgegeben und sind nach Amerika ausgewandert", fing der alte Bauer das Gespräch an diesem Abend an.

„Dort soll der Neubeginn auch nicht viel leichter als die Arbeit hier sein, schrieb ein Nachbarsohn seinen Eltern. Aber sie waren freie Menschen ohne einen König, dem sie dienen mussten. Er schrieb auch, dass es für Neuankömmlinge in New York recht rau zuging. Deswegen seien sie nach Indiana aufs Land gezogen, wo viele Deutsche seit langem siedelten. Wo immer das auch liegt. Ich will, dass wir es hier in Ostendorf schaffen, dass meinen Kindern oder Enkeln dieses Land wie meinem Bruder sein Hof in Kranenburg gehört, und keinem Grundherrn, für den wir

nur Erbpächter sind. Dafür hat mein seliger Vater dieses Ödland nicht kultiviert. Junge, kämpfe dafür, dass du auf deiner eigenen Scholle sitzt, und du keinen Grundherrn mehr fragen musst, ob er deinen Sohn und seine zukünftige Ehefrau als Anerben und nächsten Bauern akzeptiert."
„Vadder, das werde ich tun. Ich verspreche es", antwortete der Anerbe seinem Erzeuger.
Die alte Bäuerin legte ihrem Sohn die Hand auf die seine und sah ihm in die Augen.
„Morgen ist Sonntag. In drei Monaten findet deine Hochzeit statt. Ich habe mit Gesches Mutter besprochen, dass Gesche sonntags nach der Kirche bis zum Abend auf unserem Hof ist. Ich möchte, dass sie den Haushalt kennenlernt, den sie nach der Hochzeit und Hofübernahme führen wird."
Der angehende Bauer schaute verwundert, aber zugleich erfreut, seine Mutter dankbar an.
„Ich möchte zudem, dass sie eure Kammer im kleinen Haus einrichtet und du mein Sohn wirst ihr handwerklich zur Hand gehen. Dein Vater und ich bleiben als Altenteiler in unserer angestammten Kammer."
„Da stehen ja noch die Möbel von den seligen Großeltern drinnen. Ich werde gleich mal nachsehen, was daran repariert werden muss."
Margarethe konnte darauf nicht antworten, weil der Junge aufgesprungen und flugs verschwunden war.
„Lass ihn", besänftigte sie der alte Bauer.
„Morgen Mittag ist die Deern hier, und da will er ihr die Kammer zeigen. Also wird er ein wenig sauber machen wollen oder träumen", sagte der alte Joachim mit einem Grinsen.
„Ach du", scholt ihn seine Eheliebste, stand auf und verschwand nach dem Rechten zu sehen und mit Hand anzulegen.

***

Nach dem Kirchgang saß Gesche auf den Wagen ihrer zukünftigen Schwiegereltern auf und fuhr mit ihnen zum Hoopshof, wie es die Mütter abgesprochen hatten.
Auf der ganzen Fahrt schwieg der Bräutigam, während seine Geschwister tuschelten. Margarethe hatte Gesche mit auf den Bock sitzen lassen und nutzte die Rückfahrt zu einem ersten längeren Gespräch mit der zukünftigen Bäuerin.
Der alte Bauer lenkte das Pferd und den Wagen mit sicherer und leichter Hand, wie seit Jahrzehnten, über die holprigen Wege bis auf seinen Hof. Eigentlich kannte das Pferd den Weg und hätte die Reise auch ohne Kutscher ebenso sicher ans Ziel gebracht.
Alle stiegen vom Wagen und der junge Joachim schirrte das Pferd aus, rieb es trocken und führte es in den Stall, während seine Brüder den Wagen unterstellten.
Inzwischen war Joachim mit Gesche und seiner Frau ins Haus gegangen.
Der Knecht war im Haus geblieben, hatte das Feuer geschürt und das Vieh versorgt.
Margarethe nahm Gesche an die Hand und zeigte ihr zuerst das große Haus, dann das kleine Haus mit allen Ecken. Die ehemalige Altenteilerkammer sparte sie sich bis zum Schluss auf. Nachdem sie in der Kammer standen, schloss die alte Bäuerin die Tür und forderte die junge Frau auf, sich auf einen der zwei Stühle zu setzen, nachdem sie selbst Platz genommen hatte.
Gesche schaute sich um und sah einen hölzernen großen Kleiderschrank mit zwei Türen, ohne Verzierungen. Die Bemalung mit Blumen war verblichen und teilweise verschwunden.
Das Doppelbett sah stabil und sehr alt aus, war aber ohne Matratze. Ein kleines Fenster ließ etwas Licht in den Raum, genug, um sich ohne Kerzenlicht umsehen zu können.

Sie saßen an einem kleinen Tisch, der ein wenig wackelte. Die Stühle waren mit Binsen gebunden und knarrten bei jeder Bewegung. An der Wand stand eine alte Truhe, deren schwerer Deckel geschlossen war.

„Gesche, dieses ist die Altenteilerkammer meiner seligen Schwiegereltern. Hieraus wollen wir beide eure Kammer einrichten. Wir bleiben in der Kammer im alten Haus, in der wir jetzt leben. Mein Sohn will später einmal hier nebenan beim kleinen Haus ein neues Haupthaus bauen, weil es hier Sandboden ohne den moorigen Torfboden gibt, was stabiler ist. Ich weiß, die Möbel sind alt und manches muss noch repariert werden. In diesen Zeiten ist das Geld sehr knapp. Du hast deine Aussteuer daheim mit viel Fleiß geschaffen. Ich habe mit deiner Mutter besprochen, dass sie uns helfen wird, diese Kammer so her zu richten, dass es dir als Ehefrau und Bäuerin gefällt."

Gesche bedankte sich dafür, dass sie hier sein durfte und dass sie die Kammer mitgestalten konnte.

„Ich weiß, dass die Jahre wenig erträglich waren und kein Geld für neue Möbel oder ein neues Ehebett vorhanden ist. Mit den Möbeln bin ich sehr zufrieden. Sie müssen nur noch ein wenig hergerichtet werden, Platz für meine kleine Truhe ist ja auch noch da. Ich würde den Schrank sehr gerne wieder bemalen. Woher ich die Farbe bekomme, weiß ich auch schon."

„Kind, du hast hier freie Hand. Spanne deinen Bräutigam anständig ein, die Möbel herzurichten, und lass dir nicht sagen, wie er es haben will", munterte die alte Bäuerin Gesche auf.

So war Gesche jeden Sonntag nach der Kirche in ihrem zukünftigen Heim. Anfangs durfte der junge Joachim noch in die Kammer, bis sie mit der Reparatur der Möbel zufrieden war. Ab dem Moment durften nur noch die drei Frauen den Raum betreten. Gesche wollte ihren Liebsten mit dem Raum zur Hochzeitsnacht überraschen und ihre Mütter halfen ihr dabei.

Sie wusch und schrubbte die Bohlen am Boden, die Möbel, die Wände und sogar die Decke, um den Geruch nach Tabakpfeife aus dem Raum zu bekommen. Die Möbel hatte Joachim bearbeitet. Nichts knarrte oder wackelte mehr. Die Stühle ließ er neu mit Binsen bespannen. Gesches Vater zimmerte seiner Tochter noch ein Regal mit zwei Böden für die Wand. Sie rieb alle Möbel mehrmals mit Leinöl ein. Ihre Großmutter hatte das auch schon mit Leinöl oder Walnussöl getan. Das stank nicht und wurde nicht ranzig. Auf das Tischlein legte sie eine Häkeldecke aus ihrer Mitgift, die sie überwiegend selbst gemacht hatte. Ihr Vater hatte ihr irgendwann einmal an einem Sonntagmorgen die gesamte Aussteuer vor die Kammer gestellt, die seine Frau in die Kammer verbrachte. Auch Jacob sollte nicht vorher in den Raum schauen dürfen. Dann fuhren sie weiter nach Bremervörde zum Gottesdienst. Es war der 20ste September und die dritte und letzte Proklamation wurde bekannt gemacht. Nun wusste auch der Letzte, dass Joachim und Gesche am kommenden Freitag daheim in Ostendorf getraut wurden.

Endlich war es Freitag. Das Brautpaar hatte die Nacht über kaum ein Auge zugemacht, wie jeder auf dem Hof des Vaters.
Gestern noch war Joachim mit seinem Sohn und Jacob mit seiner Tochter zusammen in Bremervörde, beim hiesigen Notar gewesen.
Der Advokat freute sich stets über die Gebühren, die er verlangen und einstreichen konnte, wenn ein Hof übergeben wurde, wofür er einen Altenteilervertrag schreiben, dann noch für den Nachfolger einen Ehevertrag aufsetzen und beurkunden durfte.
Die vier saßen beim Notar am Tisch.
„So", begrüßte er die Anwesenden.
„Ich habe die beiden Verträge aufgesetzt, nachdem ich die dazu notwendigen Urkunden erhalten und geprüft hatte.

Der Grundherr hat sein Einverständnis zur Nachfolge und Eheschließung schriftlich gegeben. Morgen findet die Hochzeit in Ostendorf auf dem Hof des Bräutigams statt. Heute beurkunde ich hier den Altenteilervertrag, sowie den Ehevertrag, bei dem gilt: Längst Leib, längst Leben!"
Er legte taktisch eine kleine Kunstpause ein, bevor er fortfuhr.
„Ich verlese nun zuerst den Altenteilervertrag. Wenn der alte und der neue Erbpächter damit einverstanden sind, unterschreiben sie beide hier und ich bezeuge dieses als Notar. Jeder von ihnen erhält eine beurkundete Kopie, eine geht an den Grundherrn und das Original verbleibt bei mir. Gibt es Fragen zum Prozedere?", wollte der studierte Mann wissen. Die beiden angesprochenen schüttelten verneinend ihre Köpfe.
„Gut, danach verlese ich den Ehevertrag, den die Brautleute unterschreiben und ich beglaubige. Auch hier erhält jede Person eine Kopie. Gibt es dazu eine Frage?", auch die Brautleute schüttelten die Köpfe.
Dann begann der Beurkundende mit dem Verlesen beider Verträge und zwar Absatz für Absatz, falls doch jemand der Anwesenden eine Frage hatte, was nicht der Fall war.
Er verfuhr, wie er es anfangs erklärt hatte. Nachdem er auch die Kopien des Ehevertrages beurkundet und verteilt hatte, ergriff er noch einmal das Wort.
„Mit der morgigen Eheschließung werden diese Verträge rechtskräftig. Dennoch erhebe ich heuer die Gebühren für meine Mühen."
Nachdem der alte Nochbauer Joachim die Gebühren für beide Verträge über den Tisch geschoben hatte, zählte der Notar das Geld laut vor, bevor er dann die vorbereiteten Quittungen unterschrieb und über den Tisch beförderte.
Der alte Jacob sammelte alle Kopien und die Quittungen zusammen und schob sie zum Schutz in eine lederne Tasche, die wasserabweisend behandelt worden war.

Sie erhoben sich, verabschiedeten sich vom Notar und verließen sein Kontor.

Beim Wagen angekommen, stiegen die beiden Alten wieder vorne auf den Bock, das Brautpaar mit der Urkundentasche saß hinten auf der Ladefläche.

Daheim angekommen ließ Jacob die beiden Joachims absteigen und fuhr, nach einer kurzen Verabschiedung, mit seiner Tochter zu seinem Hof weiter.

Den Rest des Weges saßen beide vorne auf dem Bock. Gesche schmiegte sich eng an ihren Vater, der sich das gerne gefallen ließ.

„Morgen wirst du dich an deinen Joachim schmiegen. Er ist ein feiner und kräftiger junger Mann", waren die einzigen Worte auf den wenigen Kilometern zwischen den Beiden.

Dass sich die jungen Leute schon vor langer Zeit sehr eng aneinandergeschmiegt haben mussten, konnte man längst sehen. Dennoch durften sie erst nach der Heirat in einer Kammer zusammen nächtigen.

Nun saßen die Brauleute schon sehr früh an den Tischen, zusammen mit ihren Familien, auf ihren Höfen. Es waren noch zwei Stunden bis der Pastor auf Hoops eintreffen wollte und die Zeremonie beginnen sollte.

Die Braut herzurichten, damit die Tracht auch richtig sitzt, brauchte seine Zeit. Das Kleid, die Schürzen und Spitzen waren mit bunten Glasperlen und weiteren schönen Schleifen bestickt.

Joachim hatte es da wesentlich einfacher mit seiner Tracht, die einem schwarzen Anzug mit langem Gehrock glich. Zudem brauchte er nur noch seine mit Bienenwachs zum Glänzen gebrachten, schwarzen Sonntagsschuhe anziehen und den Hut aufsetzen.

Es war ein sonniger Septembermorgen, an dem der Lorenz noch einmal seine letzten wärmenden Strahlen zum Besten gab, was gerade richtig für diesen Anlass war. Die kleine Hochzeitsgesellschaft hatte sich draußen auf dem Hof versammelt, um den für diesen Tag besonders hergerichteten Brautwagen zu begrüßen. Sie sahen das Fuhrwerk von Jacob Kück schon von weitem. Je näher er kam, desto mehr Einzelheiten waren zu sehen. Das Pferd war mit einem Blumenschmuck und Kränzen, wie der ganze Wagen, geschmückt worden. Die Brauteltern saßen im Sonntagsstaat vorne auf dem Bock und Gesche saß auf einer festgezurrten Kiste, hinten auf dem Wagen. So fuhr der Wagen auf den Hof durch ein Spalier der jubelnden Gesellschaft.

Der Pastor, der Küster und der Bräutigam mit seinen Eltern standen vor dem Brauttisch, während die Knechte und Mägde der Nachbarn sich aufgeregt im Haus um das für diese Feier üppige Festmahl kümmerten.

Nachdem der Brautwagen zum Stehen gekommen war, half der Brautvater seiner Tochter vom Wagen herunter, wobei der Bräutigam herbeigeeilt war und sich neben seine Braut stellte. Sie sahen sich glücklich an.

Die Brauteltern gingen zum Pastor und den Eltern von Joachim. Um den Wagen und das Pferd kümmerte sich Gesches Bruder.

Inzwischen war es Mittag geworden, was der Sonnenstand ohne Blick auf eine Uhr verriet, als der Pastor mit der kirchlichen Zeremonie endete.

Danach nahmen alle an den Tischen ihren Platz ein. Dabei entstand eine Menge Lärm und Stimmengewirr, als wäre der Marktplatz gerade eröffnet worden. Dass einige Hofhühner, die tags über stets frei herumliefen dabei mit lauten Gaggern und flüchtenden Schritten das Weite suchten, löste besonders bei den kleinen Kindern Freude und den Drang aus, ihnen nach zu eilen, um mit ihnen zu spielen. Daraus wurde aber nichts, denn die Erwachsenen verhinderten dieses sehr erfolgreich. Nachdem sich das junge Brautpaar, nun verheiratete Eheleute, gesetzt hatte, taten es auch alle anderen Anwesenden diesen gleich. Jeder hatte seinen hölzernen Teller und Besteck von daheim mitgebracht. Von den Nachbarn waren viele Schüsseln und Kellen für die Hochzeitssuppe ausgeliehen worden, die zuerst aufgetischt wurde.

Danach folgte Gulasch mit Pilzen, gekochte Pellkartoffeln und Blumenkohl, obwohl sich die Preise für Lebensmittel seit den Missernten im Jahr ohne Sommer deutlich angehoben hatten.

Auch die Mägde und Knechte, die geholfen hatten, setzten sich an einen eigenen Tisch und aßen mit.

Bier und selbstgebrannter Schnaps aus Weizen brachten die Feiernden rasch in Schwung. Manch einer fühlte sich aufgerufen, oder gar ermutigt, ein paar Worte zu sagen.

Der alte Joachim beugte sich zum neben ihm sitzenden Pastoren und meinte: „So ganz ohne die Franzosen lässt es sich doch wieder ganz ordentlich feiern."

„Gott sei Dank, hat sich das Land auch wieder vom Jahr ohne Sommer rasch erholt", antwortete der Schwattkittel, der sich auch am Schnaps erfreute.

Die Hochzeitsgesellschaft dünnte sich mit zunehmender Dunkelheit immer mehr aus, bis das Brautpaar mit ihren Eltern und Geschwistern übrig waren.

„Kinder, ihr geht nun in eure Kammer, und wir räumen hier noch ein wenig auf", forderte Margarethe das frisch vermählte Ehepaar auf, den Festplatz zu verlassen und ins Ehebett zu gehen. Mit „wir" meinte sie selbstverständlich die Magd und den Knecht, die sie aber im Auge behielt. Das „Aufräumen" währte dann noch gute zwei Stunden, wurde aber eher dazu genutzt in dem kleinen Kreis noch ein wenig Schnaps zu vernichten und die Hochzeitsnacht in dem hellhörigen Haus nicht zu stören, wenngleich alle den Säuglingsbauch deutlich gesehen hatten. Sechs Wochen später kam ein gesunder Junge auf die Welt. Und wieder freute sich auch der Pastor, denn er hatte nun einen lebenden, nicht nur sichtbaren Beweis für den vorehelichen Verkehr, um gegen beide eine saftige Kirchenbuße zu verhängen, was den Kirchensäckel aufstockte.

***
1820

Der alte Joachim und seine Margarethe waren nun bereits fast zwei Jahre auf Altenteil. Der letzte Winter hatte Joachims Lunge arg zugesetzt. Sein Husten wurde nicht besser und seine Körperkraft ließ immer mehr nach. Auf dem Feld konnte er nicht mehr helfen und selbst Holz hacken war nicht mehr möglich. Er kümmerte sich sehr um seine geliebten Immenkörbe und um das Feuer im Flett.
Ab und an schaute er nach seinem Enkel, der auch auf den Vornamen Joachim getauft wurde, somit Joachim IV war.
Am Abend zur zwanzigsten Stunde des 20sten Juli brachte Gesche einen weiteren gesunden Jungen zur Welt, den sie nach ihrem Vater, Jacob, taufen ließ.
Zur Taufe am darauffolgenden Sonntag konnte der Alte nicht mitfahren. Er blieb bei Gesche zu Hause, die ja gemäß der Kirchenvorschriften als unrein galt und sechs Wochen nach der Geburt deswegen nicht mit in die Kirche durfte, was Joachim mehr als seine Gebrechen ärgerte. Er kümmerte sich um das Feuer, schaute ab und an nach seiner Schwiegertochter und suchte bei den Hühnern nach gelegten Eiern.

Nachdem die Taufgesellschaft beider Höfe aus Bremervörde zurückgekommen war, wurde es für den Altenteiler ein gemütlicher und genüsslicher Tag, den er überwiegend im Gespräch mit Jacob Kück verbrachte, um über alte Zeiten zu plaudern.
Der Druck als Bauer, für alles verantwortlich zu sein, war von ihm abgefallen, was ihn ausgeglichener auftreten ließ. Er ist nun „merklich genießbarer", hatte ihm seine Eheliebste gesagt.
„Jacob, wann wirst du deinen Hof an deinen Jungen übergeben?", wollte Joachim von seinem Übernachbarn wissen.

„Der Junge ist ja erst 16 Jahre alt und geht im nächsten Jahr als Jungknecht auf den Hof meines Vetters nach Krummendeich. Ich bin mit meinen 60 Jahren zwar vom Alter her an der Grenze, aber gesund und noch für 5 bis 10 Jahre rege genug, wenn mir der Herr die Gesundheit erhält, den Hof weiter zu führen, bis Jacob die Moorkate selbst übernehmen kann. Du weißt ja, ich habe nur eingeheiratet. Jacobs Mutter, meine erste Frau ist ja früh verstorben", schüttete er dem Nachbarn sein Herz aus, wenngleich hier im Dorf jeder von jedem alles wusste. Sie mussten ja auch zusammenhalten.
„Du kennst ja den alten Spruch: Dem ersten den Tod, dem zweiten die Not und dem dritten das Brot. Wir zwei sind die zweite Generation und haben sehr viel Not erlebt und überstanden. Unseren Kindern und Enkeln wünschen wir stets gute Ernten, keinen Krieg und nur gesunde Kinder", schwärmte der alte Jacob so vor sich hin.
Hier saßen zwei alte Freunde zusammen, wie sie es schon häufig getan hatten, wenn sie bei ihren Immenstöcken waren, die unweit voneinander entfernt standen.
„Wir werden alt, Jacob", jammerte Joachim.
„Sabbel nich son dumm Tüch, denn ik bün ja noch dre Johr öller as du Oldendeeler", konterte Gesches Vater.
Mit jedem Schluck wurde der Gesprächsbedarf geringer, die beiden Alten ruhiger.

Am nächsten Morgen wachten beide alleine und lange nach ihren Frauen in ihren Ehebetten auf, wussten aber nicht mehr, wie sie eigentlich dahin gekommen waren.

Der Herbst brachte eine annehmbare Ernte ein, dennoch waren die alten Erträge vor den Jahren ohne Sommer noch längst nicht erreicht.
Für die Städte kauften Händler aus Hamburg und Bremen Wagenweise zum dreifachen Preis bei den Bauern direkt, was sie kriegen konnten. Zuvor hatten sich das Amt und

der Grundherr ihre Abgaben gesichert, sodass die Lebensmittel, welche die Bauern direkt verkauften, aus dem Vorrat für den Winter und der Saat entnommen werden mussten. Bei einigen Bauern war die Not so groß und der Druck durch die Schuldner so hoch, dass sie keine andere Wahl hatten, als Hunger und Not für den Winter „Gott gegeben" hin zu nehmen.

Der alte Joachim hatte seinem Sohn die „Notreserve" für den Hof, die sein Vater einst angelegt hatte, unverändert überlassen.

Noch war die Schmerzgrenze auf dem Hoopshof nicht erreicht, dass der junge Bauer in die Scheune musste.

Er fragte seinen Vater bei der Übergabe, warum er 1816 und 1817 die Reserve unangetastet ließ.

Der Alte antwortete: „Hätte ich diese Reserve auch nur teilweise genutzt, wäre das Geld weg gewesen. Zudem hätte es Gerede gegeben. Nutze es, mehre es, der Tag wird kommen, dass du dir den Hof kaufen kannst, wie es mein Bruder in Kranenburg getan hat. Vielleicht ist ja auch noch Geld für ein neues Haus übrig."

Der Junge versprach seinem Vater alles zu tun, damit der Traum seines seligen Großvaters und der seines Vaters, der auch sein Traum war, wahr wird.

Am Abend des 14ten Dezember stürzte der alte Joachim gegen Mittag, als er vom Tisch zum Stuhl ans wärmende Feuer gehen wollte, durch einen sehr starken Hustenanfall über seine eigenen Beine auf den Fußboden aus Lehm und kleinen Kieselsteinen. Er schlug dabei hart und ungebremst auf. Alle eilten erschrocken zu ihm. Sie drehten ihn sachte auf den Rücken und blickten in ein aschgraues, fahles und schwitzendes Gesicht mit ausdruckslosen Augen, hustend und bei jedem Atemzug röchelte er. Es war nicht sein erster, aber bisher schwerster Schwächeanfall.

Sie trugen den Kranken in seine Kammer, zogen ihm sein durchgeschwitztes Hemd aus, rieben ihn trocken und kleideten ihn mit seinem Nachthemd an.
Dann legten sie ihn, unter den sehr besorgten Augen seiner weinenden Frau, ins eheliche Bett.
„Mutter, er sah schon beim Abendessen am Tisch nicht gut aus, wollte sich aber nicht helfen lassen und gegessen hat er auch nichts", flüsterte Gesche ihrer Schwiegermutter ins Ohr, nachdem die anderen die Kammer verlassen hatten.
„Kann ich dir etwas helfen", wollte sie noch wissen.
„Ja, bitte meinen Sohn, deinen Mann, dass er den Knecht zum Pastor schickt, denn ich glaube nicht, dass er diese Nacht übersteht. So schlimm war es noch nie und die letzten Tage hatte ich jeden Morgen Angst neben ihm aufzuwachen, ohne mich von ihm verabschiedet zu haben. Heute bleibe ich wach an seinem Sterbebett, denn ich spüre, dass es seine letzten Stunden sind. Sage es der Familie und Joachim soll die Verwandtschaft informieren. Wenn noch jemand Abschied nehmen will, bevor ihn Gevatter Hein mitnimmt, dann sollte er sich eilen", gab sie der jungen Ehefrau auf. Gesche tat, wie sie gebeten wurde.

Der Bauer schickte seinen Knecht zum Schwiegervater, dass dieser den Knecht zum Pastor nach Bremervörde schicken möge, während Joachims Knecht die Runde zur Familie übernahm. Er konnte mit dem alten Gaul nicht stramm reiten, aber er ging noch immer schneller als der Knecht zu Fuß. Es war sozusagen sein letzter Dienst für seinen alten, im Sterben liegenden Herrn, der ihm das Gnadenbrot gegeben hatte.
Niemand kam rechtzeitig am Sterbebett an. Kurz nach Mitternacht hörte der Altenteiler einfach auf zu atmen. Das Atmen wurde zuvor immer flacher, langsamer und weniger hörbar. Selbst der letzte Seufzer, das Entweichen des Atems aus den Lungen war nicht zu hören. Es war plötzlich

totenstill und seine Augen waren geschlossen, das Gesicht glänzte von Schweiß im Kerzenlicht.

Margarethe drückte ihm noch einmal die Hand, verabschiedete ihn wortlos, zog die Decke zurecht, faltete ihm seine Hände auf der Brust, und nahm zärtlich noch eine graue Strähne von der fahlen Stirn.
Dann stand sie auf. Ihre Beine waren schwer wie Blei. Sie holte noch einmal tief Luft, bevor sie die Kammertür zum Flett öffnete, um das die Wartenden mit besorgten Gesichtern saßen oder standen. Als sich die Tür öffnete, wandten alle ihre Augen erwartungsvoll auf die alte Frau in der Türöffnung. Sie trat nicht aus der Kammer heraus und sagte nach einer Weile, was die Anwesenden schon ahnten: „Gevatter Hein hat meinen lieben Mann geholt."
Dann rannten ihr die Tränen über ihre faltigen Wangen und die Zurückhaltung der Zuhörer hatte nun ein Ende.

Joachim verabschiedete sich von seinem Vater und ging danach in die Scheune. Das Sägen und Hämmern waren die ganze Nacht bis zum nächsten Mittag zu hören. Gesche brachte ihm ab und an etwas zu Essen und zu Trinken und zwang ihn lieb zu kleinen Pausen. Sie sah, dass er zwei Särge zimmerte und wusste, dass er vor Trauer für seine Eltern das letzte Stück eichene Möbel zimmerte.
Morgens kamen die Nachbarinnen und halfen der Witwe beim Waschen und Einkleiden des toten Ehemannes.

Mittags konnten sie ihn in den Sarg betten. Die erste Nachtwache hatten die herbei geeilten Familienmitglieder abgehalten, die der Knecht erreichen und informieren konnte.
Der Pastor kam erst gegen Mittag, weil er des Nachts schon zu einem Sterbenden in einem anderen Dorf gerufen wurde und im Pfarrhaus deswegen nicht anzutreffen war.

So fand er den Verstorbenen im offenen Sarg, gewaschen und gebettet mit gefalteten Händen und einem friedlichen Gesichtsausdruck vor, als schliefe er nur.
Während in der Umgangssprache „Gevatter Hein" oder auch der „Sensenmann" den alten Bauern geholt hatte, bevorzugte der Kirchenmann zu sagen, dass es „Gott gefallen hat" Joachim zu sich zu holen.
Der Ritt mit dem Knecht war für das alte Pferd zu viel. Der Knecht fand es am folgenden Morgen tot im Stall liegend.

Während der Trauerrede wollte der Pastor der Familie Trost spenden, indem er darauf verwies, dass dieses Jahr mit Jacobs Geburt ein Hoops das Licht der Welt auf dem Hof erblickt, und der Herr mit Joachim einen Hoops zu sich genommen hatte.
Nun ja, er meinte es wohl gut, aber Trost war es nicht.

Die Zeremonie war sehr kurz gehalten.
Am Ende sagten sie gemeinsam das Ewigkeitslied am offenen Grab, bei bereits hernieder gelassenem Sarg, wie sie es schon so häufig getan hatten.

Nun bringen wir den Leib zur Ruh
und decken ihn mit Erde zu,
den Leib, der nach des Schöpfers Schluss
zu Staub und Erde werden muss. [11]

Die Witwe schaute noch einen Moment auf den Sarg ihres Joachim. „Ich werde mir Zeit lassen und mich um die Kinder und Enkel kümmern, wie ich es dir versprochen habe, aber dann folge ich dir und lege mich an deine Seite", flüsterte sie, für die anderen nicht hörbar.
Sie ließ sich über 20 Jahre Zeit bis man ihren Sarg neben den seinen legte.

---

[11] Text: Ehrenfried Liebich (1774) Melodie: Wittenberg (1544) Görtlitz (1648)

Der Leichenschmaus fand sehr bescheiden im Hause der Familie Hoops in Ostendorf statt, denn der Winter hielt mit sehr strengen Frösten und schneereichen Niederschlägen das Land seit Joachims Tod in seinem Bann, so dass sich jeder überlegte, ob er wirklich vor die Tür gehen wollte.

Die Totengräber freuten sich, dass der Frost erst zwei Tage sein Unwesen trieb und sie die Grube nicht in eine tiefgefrorene Erde treiben mussten.

Kapitel 5

1820

Auf nach Dithmarschen

Joachims jüngster Bruder war seit Jahren in Dithmarschen bei mehreren Bauern als Knecht in Stellung. Es war ihm selten möglich nach Hause zu kommen, da er dabei erst einmal benachrichtigt werden musste und die Nachricht, sowie Claus, mussten über die Elbe mit einem Fährmann kommen. Zu Fuß war es je nach Jahreszeit eine Tortur.

Claus hatte sich gut in Buchholz eingelebt. Er galt als fleißiger und sehr verlässlicher Knecht. Das Kirchspiel Burg gehörte seinerzeit zur Königlichen Landdrostei Meldorf.

Er hatte sich vom Bruder bei dessen Hofübernahme vor vier Jahren seinen Erbteil in bar ausbezahlen lassen, und seit er über der Elbe in Stellung war, bescheiden und sparsam gelebt. Dadurch war sein Barvermögen für einen Dienstknecht recht ansehnlich, was man aber keinesfalls als reich oder wohlhabend bezeichnen würde.
Da er nicht nur als Dienstknecht auf mehreren Höfen arbeitete, sondern auch Teil der Gemeinschaft der Dorfjugend wurde, regelmäßig in Burg am Gottesdienst und allen üblichen Veranstaltungen im Dorf teilnahm, als ehrlich, fleißig und verlässlich galt, gehörte er dazu, als sei er hier geboren worden.
Zudem hatte er mütterlicherseits entfernte Verwandtschaft in Dithmarschen, wie in Buchholz selbst, wo er als Jungknecht seine erste Stellung antrat.

Bei einem der Erntefeste, vier Jahre nach Waterloo, war ihm ein drei Jahre jüngeres Mädchen aufgefallen. Sie war die Tochter vom Hausmann Johann Wiese im Dorf.

Claus diente ab 1813 drei Jahre bei den Verwandten, dann vier Jahre beim Hausmann Kruse, und danach bei Johann Wiese. Als er seinen Dienst zu Maria Lichtmess 1820 vor zwei Jahren auf dem Hof von Johann Wiese, mit seinem Bündel über der Schulter, antreten wollte und an der kleinen Tür klopfte, öffnete ihm unerwartet das junge Mädchen vom letzten Erntedankfest. Ihm kam kein Wort über seine Lippen, wenngleich er sonst nicht als wortkarg galt.
„Du bist der neue Knecht", begrüßte ihn die junge Frau von inzwischen 19 Jahren.
„Ich heiße Margaretha. Komm doch herein und lege dein Bündel dort ab. Meine Eltern sind derzeit beim Nachbarn und ich passe mit meiner älteren Schwester Antje auf meine jüngeren Geschwister auf.
„Wie viele Geschwister hast du denn noch", brach Claus sein Schweigen.
„Das sind Antje, Trinke, Wiebke, Claus, Christina und Marx", wobei sie jedes Mal mit dem Finger auf eines der Kinder zeigte.
„Du kennst sie sicherlich von den Erntedankfesten, auch wenn nicht beim Namen", ergänzte sie. Er gefiel ihr. Das war Antje, ihrer älteren Schwester gleich aufgefallen, weswegen sie ihr den Vortritt ließ, sich seiner anzunehmen.
„Hier ist dein Alkoven. Ich habe heute Morgen zwei neue Säcke mit Heu hineingelegt. Das ist weicher als Stroh. Eine Magd haben wir seit Jahren nicht, weil wir viele Töchter sind und der Mutter zur Hand gehen können", hörte er sie noch sagen.
Dass er ein wenig Röte ins Gesicht bekommen hatte, war keinem verborgen geblieben, doch schoben sie das auf den frostigen Februarmorgen.
Das Feuer im Flett verhinderte, dass der Frost ins Haus kam. Claus schaute sich ein wenig in seinem neuen Zuhause um. Er kannte ja viele Häuser auf dieser Seite der Elbe von

innen. Sie waren alle ein wenig anders, aber im Grunde genommen nur sehr wenig.

Viele Häuser hatten ihre Windfedern ohne Zier flach auf dem Dach als Abschluss der Dachbedeckung liegen. Einige dieser Windfedern zierten kleine Pferdeköpfe, die vom Haus wegschauend ausgerichtet waren. Einige Höfe hatten auch solche Pferdeköpfe wie er es aus Ostendorf kannte.

Die Häuser waren im Ganzen kleiner als südlich der Elbe. Bei seiner ersten Stellung im Dorf hatten ihm sein Oheim und seine Muhme dies irgendwann einmal erklärt.

„Junge, der Wind und das Wetter der Nordsee lassen die Häuser rasch auskühlen. Aus diesem Grund sind die Türen und Fenster sehr klein gehalten, wie die Häuser. Dafür ist das Dach tiefer über das Fachwerk gezogen, damit der Wind weniger Fläche hat, auf der er wüten kann."

Antje riss Claus jäh aus seinen Gedanken an seine Verwandten.

„Claus, wenn unsere Eltern zurück sind, wird dir unser Vater alles erklären, was du wissen musst. Es wäre gut, wenn du von draußen Holzscheite hereinholst und dort hinten bei den anderen ablegst. Der Vorrat im Haus ist recht klein geworden."

Er war froh nicht nur so tatenlos herum zu sitzen. Zu fragen, ob er etwas tun sollte, traute er sich nicht. Im Augenwinkel verfolgte er unbewusst die junge Margaretha.

Er zog sich nichts mehr zusätzlich an, als er nach draußen ging. Wo das geschlagene und gespaltete Holz gestapelt unter der Traufe lag, hatte er schon gesehen, als er auf dem Hof ankam.

Er lud gleich mehrere Scheite auf seinen linken Arm und wollte gerade losgehen, als er hinter sich die Stimme seines neuen Bauern hörte, den er ja bei der Bewerbung gesprochen hatte.

„Du machst dich ja gleich nützlich, das lob ich mir", freute sich der Hausherr in Begleitung seine Frau Trinke.

„Warte, ich öffne dir die Tür und dann rasch rein ins wärmende Haus", fügte er noch an.
Als alle im Flett standen. Legte Claus das Holz in die dafür bestimmte Ecke, während sich die Alten von den wärmenden Oberbekleidungen befreiten.

Antje schmunzelte innerlich. Sie hatte im kleinen Fenster gesehen, dass ihre Eltern auf dem Heimweg kurz vor dem Hof waren. Deswegen schickte sie Claus Holz holen. Vielleicht wäre er ja der richtige für ihre jüngere Schwester Margaretha, aber ohne Vaters Einverständnis hätte keiner der jungen Männer eine Chance eine von Johann Wieses Töchtern erfolgreich zu freien. Sie hatte ja gesehen, wie sich die zwei ansahen. Deswegen tat sie der Schwester einen heimlichen Gefallen. Claus sollte auf den Vater einen guten Eindruck machen.
Anscheinend hatte es funktioniert, lobte sie sich in Selbstzufriedenheit, zu Recht.
Wie Antje es dem Neuen schon angekündigt hatte, nahm ihn ihr Vater gleich bei Seite und sie gingen zum Vieh. Er hatte mehrere Kühe, zwei Sauen, acht Hühner, einen Hahn, zehn Schafe, ein Pferd und einen alten Hofhund. Die Schafe waren in einem extra Stall untergebracht, weil deren Gestank im Haus unerträglich gewesen wäre.

Claus schrieb vor Weihnachten 1820 einen Brief an seine Eltern. Die Nachricht vom Tod des Vaters hatte ihn noch nicht erreicht.

Liebste Eltern,

ich bin seit Marie Lichtmess beim Hausmann Johann Wiese in meiner dritten Stellung und es geht mir gut.
Die zwei Stellungen davor waren sehr lehrreich und ich habe sehr viel Handwerkliches gelernt.
Bei der Familie Wiese gefällt es mir sehr, auch wenn die Arbeit nicht leicht ist. Sie haben sieben Kinder und die Bäuerin ist noch einmal schwanger geworden. Im März soll das Kind kommen.
Das Geestland ist recht hügelig, teilweise bewaldet und die Marsch flach, mit wenigen Bäumen bewachsen und moorig.
Ich habe hier ein Mädchen gefunden. Sie ist drei Jahre jünger als ich und heißt Margaretha. Wir mögen uns.
Ich bin gesund und versuche euch zu besuchen, sobald es der Winter zulässt. Die Elbe ist nicht so zugefroren, dass man zu Fuß hinüber kommt.
Wenn ich weiterhin sparsam bin, werde ich in zwei Jahren das Geld für ein kleines Häuslein zusammen gespart haben.
Ich hoffe, dass Vaters Husten besser geworden ist.

in Liebe

Claus

Claus gab den Brief ein paar Tage später in Burg auf. Am Tag darauf lag ein Brief an ihn auf dem Esstisch, als er am Abend mit dem Bauern von der Arbeit ins Haus kam.
„Oh, das ist aber mal eine schnelle Antwort auf meinen Brief", freute er sich, als er den Absender las.
Er sparte es sich bis nach dem Abendbrot auf, den Brief zu öffnen und zu lesen.

Nach dem Essen setzte er sich mit einer Kerze an den Tisch, während alle anderen um die wärmende Feuerstelle saßen. Er hatte ja noch das Vieh versorgt und nun endlich Zeit für die Zeilen aus Ostendorf.

Er holte sein Taschenmesser, das ihm der Vater zur Konfirmation geschenkt hatte aus der Hosentasche, klappte es auf und öffnete das gefaltete Papier an der einzig richtigen Stelle. Dann faltete er es hastig auseinander, hielt es so an das Licht der Kerze, dass er es lesen konnte. Den Brief hatte wie immer seine Mutter geschrieben.

Mein lieber Junge,

ich habe so kurz vor Weihnachten sehr schlechte Nachrichten. Heute Nacht ist dein Vater ganz friedlich in meinen Armen eingeschlafen, nachdem Gevatter Hein wohl sehr ungeduldig mehrere Tage ums Haus geschlichen war. Sein Leiden hat nun für ihn ein Ende.
Wir können dir nur diese kurze Nachricht senden. Ich soll dir auch von deinen Geschwistern Grüße ausrichten.
Verzeih, wenn ich dir heute nur wenige Zeilen schreibe, aber der Schmerz ist sehr frisch.

Bleib gesund und komme bitte, sobald es dir möglich ist.

deine dich liebende Mutter

Margaretha hatte sich so ans Feuer gesetzt, dass sie Claus im Blick hatte. Sie sah trotz des wenigen Lichts, dass sein vor Freude strahlendes Gesicht nun ernst aussah und er wie versteinert am Tisch saß, den Brief fest in Händen haltend. Vorsichtig stupste sie ihren Pfeife rauchenden Vater mit dem Ellbogen an, neben dem sie saß. Er schaute sie fragend an, und sie deutete mit dem Kopf zum am Tisch sitzenden Claus hin.
Der Bauer sah zu seinem Knecht hinüber und bemerkte sein ernstes Gesicht.
Er stand auf, die Pfeife im Mundwinkel und setzte sich an den Tisch gegenüber seinem Dienstknecht.

Der war so vertieft, dass er das gar nicht mitbekam, bis ihn sein Bauer ansprach: „Claus, schlechte Nachrichten?"

„Ja, Vadder is dod, aber ich schaffe es jetzt nicht rechtzeitig zu seiner Beerdigung", war seine knappe Antwort.

„Das tut mir sehr leid. Hör zu, Junge, wenn das Wetter es wieder zulässt, gebe ich Dir zwei Wochen Zeit, dass Du Deine Familie besuchen kannst, bevor wir mit der Bestellung der Felder beginnen."
„Danke, Bauer", antwortete er und versuchte gegen seine Tränen anzukämpfen.
Dem Ehepaar Wiese war nicht entgangen, wie sich ihre Margaretha und ihr fleißiger Dienstknecht ansahen und wie herzlich sie miteinander umgingen. Sie hatten sich sogar abends einmal darüber unterhalten, was wohl wäre, wenn die beiden heiraten wollten.

Der Bauer legte väterlich seine tröstende Hand auf die Schulter von Claus, stand auf und ging zum Feuer zurück. Die Familie hatte das Gespräch mitgehört. Er wand sich seiner Tochter zu.
„Das hast du gut gemacht, mich darauf aufmerksam zu machen. Dein Vater ist nicht blind, meine Kleine", lächelte er sie an.
„Nun geh schon hin und tröste ihn. Er ist ein guter Junge."

Wortlos stand sie auf und ging zu Claus an den Tisch, der sein Gesicht in seinen Händen vergraben hatte.
Sie setzte sich neben ihn auf die Bank und die beiden sprachen eine ganze Weile, ohne dass jemand ihre Worte am Feuer mithören konnte.

Das Weihnachtsfest war auf Hoops und auf den Höfen der Kinder, durch den Tod des alten Bauern, ein wenig eingetrübt.

***
1821

Mitte Januar ließ es das Wetter zu, dass Claus seine Familie südlich der Elbe besuchen konnte. Aber er musste einen Umweg machen. In Brockdorf fand er einen Fischer, der ihn über die Elbe nach Freiburg übersetzte.
Von da aus, hatte er noch einen strammen Fußweg vor sich, bis er den väterlichen Hof in Ostendorf erreichte.
Dort würde er sicherlich auch seine Geschwister antreffen. Er hatte sein Kommen in einem Brief angekündigt. Da aber niemand wusste, wann er wo übersetzen würde, konnte ihn niemand abholen.

Claus fuhr zeitweise manche Strecke auf dem einen oder anderen Wagen mit. Die Menschen hier waren sehr hilfreich. So kam er über Wischhafen nach Lamstedt, dann weiter über Armstorf nach Hollnseht, von dort über die ihm bekannten Wege nach Ostendorf. Zum Glück lag der väterliche Hof von ihm aus gesehen am Anfang. Als er bei Kück vorbei war, konnte er den Hof schon sehen. Die letzten Meter rannte er, als wäre ein Rudel Wölfe oder die Franzosen hinter ihm her.

Endlich stand er vor der Groot Dör mit der Balkeninschrift.
Dann ging er zur kleinen Tür an der Seite, öffnete sie und trat ein. Endlich wieder daheim, schoss es ihm durch den Kopf.
Es war zwar reiner Zufall, aber es waren alle seine Lieben, die er seit langem nicht gesehen hatte im Haus. Seiner Mutter entwich ein lauter Freudenschrei und sie stürmte auf den jüngsten Sohn zu und umarmte ihn fest, küsste sein Gesicht vor lauter Glück ab, wie wenn ein Huhn Körner vom Boden pickt.

Claus war es sehr peinlich, womit er aber vollkommen alleine war. Die Begrüßung mit den Anwesenden war mehr als nur herzlich.

Das alte Bauernhaus war gut gefüllt. Margarethe hatte ihre fünf Kinder, zwei Schwiegerkinder und fünf Enkelkinder im Haus sitzen oder stehen. Sogar ihre Schwägerin Anna und ihr Ehemann Johann Wintjen aus Ostendorf stießen später noch zur illustren Familienrunde dazu.

Alle hatten sehr viel zu erzählen was südlich und nördlich der Elbe in der letzten Zeit so passiert war. Wer ihnen etwa von außen zugehört hätte, würde es mit dem Treiben und Gegacker in einem Hühnerstall vergleichen.
Die alte Bäuerin hatte sogar Kuchen gebacken. Alle Anwesenden genossen diese Stunden des Treffens sehr, da man sich in der letzten Zeit, wegen des strengen Winters, weniger auf anderen Höfen traf und genug mit sich zu tun hatte.

Am Sonntag besuchte Claus nach dem Gottesdienst das Grab seines Vaters und seiner Großeltern in Bremervörde.
Er stand sehr lange davor. Die alten Holzkreuze der Großeltern und die von seines Vaters Schwestern, die sehr jung gestorben waren, standen schon sehr verwittert da, aber noch immer lesbar. Steine konnte sich die Familie nicht leisten. Das Kreuz des Vaters stach mit seinem hellen, frischen Holz aus Eiche hervor und die ins Holz geschnitzte Inschrift las er mehrfach: *„Joachim Hoops 1760-1820"*
Bevor er ging strich er mit den Fingern zärtlich über die Schrift, als wollte er den Vater ein letztes Mal berühren. Ihm war bewusst, dass es eine lange Zeit dauern könnte, bis er hier wieder stehen würde. Die Nähe zur Familie fehlte ihm sehr. Zugleich dachte er an sein Liebe, die er auf der anderen Seite der Elbe gefunden hatte. Auf der Rückfahrt nach Ostendorf hatte er das Gesangbuch seiner Mutter in

Händen. Die Neugierde ließ ihn hineinsehen, wenngleich er wusste, dass es ja nur ein in schwarzes Leder gebundenes Buch war, auf dessen Seiten gedruckte Liedertexte zu sehen waren, von denen er viele auswendig kannte. Der Einband sah schon sehr abgegriffen aus. Als er den Buchdeckel aufschlug sah er, dass auf der Buchdeckelseite, wie den unbedruckten Vorblattseiten jemand mit blasser Tinte etwas hineingeschrieben hatte. Die Eintragungen waren nicht flüssig, aber von der gleichen Hand hineingeschrieben worden, soweit er es erkannte.

1.Juli 1758 Trauung in Scheeßel
Jochen Hobs und Anna Cathrin Hoops
*3.12.58 Johann Christian
*8.7.60 Gernandt Joachim
*3.9.62 Cord Hinrich
*4.3.65 Claus
*21.11.67 Harm
*13.5.70 Anna Catharina
*8.10.73 Margaretha +31.3.78
*15.10.76 Engel +4.11.76
*13.1.78 Friedrich

oo 17.9.1797 Johann – Becke Meyer
oo 28.10.1788 Joachim – Margarethe Meyer
oo (verblichen) Cord - Anna
oo 24.4.1793 Claus – Marie Könken

Er erkannte, dass dieses alte Gesangbuch bereits seinen Großeltern gehört und seine Großmutter hier penibel die Geburtsdaten ihre Kinder hineingeschrieben hatte.

Danach änderte sich die Handschrift. Er erkannte die seiner Mutter, denn er hatte ja so manche Briefe aus Ostendorf nach Buchholz erhalten. Sie hatte die Niederschrift ihrer Schwiegermutter nach deren Tod fortgesetzt.

Mutter: Anna Catharina Hoops +19.4.1793
Vater: Jochen Hoops +26.2.1811

Er las auch die weiteren Einträge seiner Mutter, während er dabei das eine oder andere Gesicht vor Augen sah, dessen Eintrag er während der schaukelnden Fahrt nach Ostendorf gelesen hatte. Da er so vertieft in die Einträge war, endete die Fahrt für ihn abrupt.
Als er später, im Haus angekommen, seiner Mutter das Buch zurückgeben wollte, sprach er sie auf die Einträge an.
„Ich habe die Daten und Namen von uns gelesen. Manches wusste ich gar nicht. Aber es ist ein wahrer Schatz, den Großmutter angefangen und du fortgesetzt hast."
„Ja, ich lese ab und an gerne in dem Buch. Zudem kann ich keinen Geburtstag vergessen, weil er ja in dem Buch steht. Es gehört zu diesem Hof wie die Urkunde auf der steht, dass dein Großvater die Stelle Nr.25 zugelost bekommen hat."

Die Zeit verflog und zwei Wochen waren nicht lange. Der Abschied auf dem Hoopshof von der Familie fiel allen mächtig schwer. Sein Bruder Joachim fuhr Claus mit dem Wagen und einem vom Schwager geliehenen Pferd nach Freiburg, damit er von dort übersetzen konnte. Unterwegs hielten sie noch mit einer Übernachtung in Kranenburg an und besuchten ihres seligen Vaters älteren Bruder Johann Christian auf seinem Hof, der vor der Groot Dör auf einer hölzernen Bank saß und der Sonne frönte.
Er hatte die unerwarteten Besucher erkannt, bevor der Wagen wenige Meter vor ihm zum Stehen kam.
„Oheim Johann, wir freuen uns Dich bei guter Gesundheit zu sehen", begrüßte Joachim ihn noch vom Bock herunter.
Während die jungen Männer vom Wagen herunterstiegen, stand der 62-jährige von der Bank auf und ging auf seine Neffen zu. Sie umarmten sich herzlich.

„Kommt doch rein, Becke und Peter werden sich freuen, euch zu sehen", sprudelte es vor Freude aus ihm heraus.

Claus erinnerte sich nicht daran, wann er zuletzt auf dem Kartoffelhof war. Joachim hatte ihn mit diesem Zwischenhalt sehr überrascht.
Als Becke die Besucher sah, rätselte sie kurz: „Hallo Joachim, und du musst Claus sein."
Beide nickten nur.
„Claus, als ich dich das letzte Mal gesehen hatte, warst du noch ein kleiner Junge und nun bist du ein stattlicher Mann", freute sich Johanns Frau.
„Das war vor sechs Jahren, als unsere Anna geheiratet hat. Wir sind inzwischen Großeltern geworden. Unser Peter kommt nach Maria Lichtmess wieder zu uns auf den Hof. Er ist derzeit in Forst in Lohn und Brot."

Sie führte beide über den Hof und dabei hatten sie sich noch sehr viel zu erzählen. Becke war besonders neugierig, wie es Claus in Dithmarschen ergangen war.

Am folgenden Tag kamen sie gegen Mittag bei Sonnenschein in Freiburg am Hafen an. Es waren nur wenige Menschen auf der Straße unterwegs. Nach einer Weile hatte Claus einen Fischer gefunden, der ihn mit seinem Boot auf die andere Seite der Elbe bringen würde. Sie mussten wegen der Gezeiten aber noch drei Stunden warten.
Joachim wartete noch bis er seinen Bruder vom anderen Ufer aus winken sah, bevor er den Rückweg antrat.
Am Abend saßen beide wieder an den wärmenden Feuern auf den Höfen in Buchholz und Ostendorf und berichteten das Erlebte.
Das allabendliche Gespräch, der Tratsch am offenen Feuer, war seit Jahrhunderten ein sehr wichtiges Ritual in den Familien und Gemeinschaften.

Am Meisten hatte Claus daheim zu erzählen. Er hatte es geschafft bereits nach 13 Tagen bei seinem Bauern und seiner Liebe zurück zu sein.

Er wurde von allen sehr freudig begrüßt, besonders liebevoll von seiner Margaretha. Er fühlte sich bei seinem Arbeitgeber sehr wohl. Der Abend kam ihm einer Vernehmung gleich, denn Margaretha, wie Antje und die Bäuerin löcherten ihn mit ihren Fragen.

Der Bauer hingegen schaute sich das Ganze mit Vergnügen an. Einzig interessant fand er die Erfahrungen, die seine Familie mit dem Kartoffelanbau gemacht hatten.

Nachdem die Neugierde der drei Frauen zufrieden schien, wandte sich Claus an seinen Bauern.

„Was hältst du davon, wenn ich einen Immenzaun für drei Völker errichte und mit einem Volk versuche, für den Hof, die Einnahmequellen um eine weitere zu erhöhen?"

„Was weißt du denn von Bienen? Mir ist es bisher nicht geglückt, Bienen zu halten. Meinen letzten Korb habe ich im Jahr ohne Sommer verloren."

„Mein seliger Großvater hat mir alles gezeigt, was man über Bienen wissen muss. Mit dem Wissen haben die Völker auf dem Hof meiner Eltern überlebt. Ich habe in deinem Schuppen drei leere Körbe gesehen. Und als ich bei meinem Oheim in Kranenburg war, habe ich mit ihm abgesprochen, dass, wenn mein Bauer ja sagt, ich ihm ein Volk abkaufe."

Johann sah seinen Knecht eine Weile wortlos an, bevor er ihm eine Antwort gab.

„Claus, das ist ein sehr gutes Vorhaben, auf dem Hof wieder einen Immenzaun lebendig werden zu lassen. Allerdings werde ich das Volk bezahlen, und du wirst dich in Meldorf umsehen und mir ein gesundes Volk besorgen. Du wirst mir altem Mann, wie meinen Söhnen alles zeigen und beibringen, was du über Immen weißt."

Claus stimmte der Entscheidung seines Bauern gerne zu.

Mit Interesse verfolgte Johann, wie sein Knecht ein Bienenvolk auf dem Hof pflegte und versorgte.
Als er Ende August das Ergebnis der ersten Honigernte sah, klopfte er ihm anerkennend auf sie Schultern.
„Johann, ich habe eine Königin aus dem alten Volk in den zweiten Korb getan. Bis zum Herbst werden sie sich noch einen Vorrat an Honig anlegen. Im nächsten Jahr werden wir dann drei Völker auf dem Hof haben."

So ging das zweite Jahr auf dem Hof zu Ende.
Auch in Ostendorf und Kranenburg hatten alle ein ereignisfreies Jahr mit zufriedenstellenden Ernten erlebt.
Außer Lucia, die älteste Tochter vom seligen Joachim in Ostendorf hatte ihren dritten Sohn in Ostendorf geboren und Johann Hinrich taufen lassen.

***
1822

Dithmarschen

Zum ersten Markttag des Jahres begleitete Claus, wie gewohnt seinen Bauern, dessen Frau und die älteste Tochter der beiden nach Meldorf.
Sie fuhren noch vor dem ersten Hahnenschrei los. Claus hatte das Fuhrwerk mit dem Zugpferd angespannt und wartete vor der Groot Dör.
Nachdem die drei aufgestiegen waren, fuhren sie los. Der Bauer saß vorne mit auf dem Bock. Die beiden Frauen saßen auf strohgefüllten Säcken und waren mit Decken eingemummelt.
Ab und an rutschte der eine oder andere Weidenkorb mit den Bewegungen des Fuhrwerks. Zum Reden war es den Frauen zu kalt, zudem waren sie zu müde.

Der Bauer hingegen besprach mit Claus, was er mit ihm auf dem Markt zu kaufen gedachte.
„Claus, du weißt, dass meine Frau zwei junge Legehennen kaufen will. Der junge Hahn hat alles versucht, aber wir haben derzeit nur alte Hennen, und keine taugt als Glucke. Sie geben höchstens noch Suppenhühner ab. Mal sehen, ob wir es schaffen, wieder eigene Legehennen zu züchten. Meine Frau möchte wieder mehr Eier auf dem Markt verkaufen. In dem Bündel haben sie die selbstgewebten Leinen eingepackt, die sie heute anbieten werden. Ich bin auch sehr gespannt, wie viele Zuckerrüben sie versilbern, die du gestern aus dem Erdbunker in die Körbe gelegt hast. Fahre den Wagen auf unseren Platz. Sie werden alles vom Wagen ab verkaufen. Du weißt ja Bescheid. Wir zwei werden über den Markt gehen, ich will einen neuen Pflug beim Schmied bestellen oder gleich kaufen. Dazu brauche ich deinen Sachverstand."

„Du freust dich wirklich sehr über den Immenzaun. Bienen brauchen auch im Winter ihren Honig. Wer ihnen zu viel Honig im Herbst nimmt, oder zu wenig für den Winter lässt, riskiert, dass sie verhungern. Großvater hat ihnen in sehr langen Wintern Honig aus seiner Reserve in den Korb gegeben. Man könnte sagen, er hatte sie gefüttert."
„Junge, wir werden in diesem Jahr Weizen, Kohl und Zuckerrüben anbauen."
„Johann, wollen wir ein Feld mit Kartoffeln bestücken? Ich denke daran, dass der Acker am Bach vom Boden her am geeignetsten ist", schlug ihm Claus vor.

„Und woher soll ich zu dieser Zeit günstig Kartoffelsaat herbekommen?"
„Mein Oheim in Kranenburg würde mir 2 Stiegen mit Kartoffeln zur Saat überlassen. Wir lassen sie zur rechten Zeit keimen und bringen sie in die Erde."
„Warum legst du dich so sehr für den Hof ins Zeug?", wollte der Bauer wissen.
„Ich möchte Margaretha zur Frau nehmen, dann bei dir als Häusling auf dem Hof arbeiten. Ich kenne mich mit Immen sehr gut aus, und von meinem Oheim erfahre ich seinen Erfolg mit den Kartoffeln. Als Häusling hätte ich auch ein Stück Land zum Selbstanbau, einen Garten sozusagen", platzte es aus ihm heraus.
Der alte Bauer schaute ihn aus den Augenwinkeln heraus überrascht an. Selbst die Frauen hatten seine Worte klar und deutlich auf der Ladefläche, trotz der Decke über den Ohren gehört, nun warteten sie gespannt auf die Reaktion des Bauern.
„*Nun ist es heraus*", dachte Claus und wartete nervös auf die Antwort und Reaktion von Margarethas Vater.
„Pass auf den Weg auf und lass deine Augen auf dem Boden", war seine erste Reaktion mit fester Stimme.

„Junge, du hast ja eine sehr eigenartige Art und Weise, um die Hand meiner Tochter anzuhalten", reagierte Johann nach einer Weile lachend.
Sie konnten inzwischen schon den Kirchturm von Meldorf sehen.
„Mir gefallen deine Vorschläge und Ideen. Du bist ein sehr fleißiger und ehrlicher junger Mann. Über deine Bitte Margaretha heiraten zu dürfen, sprechen wir heute Abend, wenn meine Tochter dabei ist."
Damit beließ es der Alte und blieb wortlos, bis Claus den Wagen auf dem angestammten Platz auf dem Markt in Meldorf platziert hatte. Claus versorgte das Pferd, während der Bauer und die beiden Frauen die Ware auf dem Wagenboden ausbreiteten. Da es ein Leiterwagen war, konnte er auf ganzer Länge mit den Angeboten genutzt werden. Es waren noch nicht alle Marktanbieter angekommen. Dennoch waren schon kauffreudige Kunden unterwegs und Antje hatte bereits fünf Zuckerrüben verkauft, bevor alle Waren auf dem Wagen ausbreitet waren.
Trinke hatte ihren Johann zur Seite gezogen. „Johann, was wirst du dem Jungen antworten?"
„Er ist der Richtige und ich werde seine Werbung annehmen, aber ich will das zu Hause tun, wenn die Deern dabei ist!"
Dann wandte er sich ab und ging auf seinen Knecht zu, der das Pferd inzwischen versorgt und mit einer wollenen Decke abgedeckt hatte.
„Claus, wir überlassen den Frauen nun den Marktverkauf und gehen zum Schmied."
Nach wenigen Minuten kamen sie an der Schmiede an. Das metallische Hämmern war schon von Weitem zu hören und ließ jeden wissen, dass der Schmied in seiner Schmiede anwesend war.

Die Verhandlungen um einen neuen, eisernen Pflug dauerte eine ganze Weile. Es gab zwei Schwingpflüge für das Gespann eines oder zweier Pferde oder Ochsen.
Johann hatte nur ein Pferd und das dazu gehörige Geschirr.
Johann entschied sich für den neuen Pflug, auch wenn er nun mehr Taler zahlte, als er für den reparierten hätte zahlen müssen. Er würde mit seiner Schar die Ackerkrume umwerfen. Da das alte Geschirr genutzt werden konnte, war er sehr zufrieden.
Er bezahlte den Schmied und verabredete, dass er ihn nach dem Gang in den Krug mit seinem Knecht abholen würde.
Im Krug ging es hoch her, dennoch fanden die beiden Männer noch Platz an einem der Tische.
Johann bestellte und bezahlte zwei Krüge Bier.
„Junge, ich freue mich, wenn du mein Schwiegersohn wirst. Aber ich will von meiner Tochter ein *Ja* hören, bevor ich euch mein Einverständnis gebe", fing er das Gespräch an.
„Ich habe über deinen Vorschlag mit dem Kartoffelanbau nachgedacht. Warum eignet sich der Boden vom Acker beim Bach dazu?", wollte der Bauer wissen.
„Ich kenne ja inzwischen alle deine Felder und Äcker gut. Der Boden am Bach ist sandig und lehmig. Er ist zudem ein wenig abschüssig, sodass er bei starkem Regen nicht nass fällt. Wir müssen nur ausreichend Kompost unterpflügen. Da eignet sich der neue Pflug bestens."
Sie tranken einen weiteren Schluck.
„Ich habe meinen Oheim bei meinem Besuch in Kranenburg von meinem Plan erzählt und mit ihm abgesprochen, wenn mein Bauer, also du, zustimmst, würde er mir 2 Stiegen gute Saatkartoffeln schenken, sozusagen als Hochzeitsgeschenk", fügte er keck an.

„Ach, dann habe ich ja keine Chance mehr, nein zu sagen", frotzelte der Bauer ohne Groll, bevor er fortfuhr auf die Ausführungen seines Knechts und zukünftigen Schwiegersohns zu antworten.

„Johann, selbstverständlich liegen alle Entscheidungen vollkommen bei dir. Du bist der Bauer und Margarethas Vater. Ich bin kein Hoferbe und meine Tochter erbt auch keinen Hof. Ich will nicht ein Leben lang Knecht sein, und Vater von Knechten. Deswegen mache ich mir Gedanken, was aus mir werden soll. Ich hatte schon daran gedacht nach Amerika auszuwandern. Seit ich Margaretha auf dem Hof näher kennen und lieben gelernt hatte, habe ich den Gedanken verworfen. Ich möchte mir hier eine Zukunft und eine Familie aufbauen", erklärte er es seinem Bauern, leerte seinen Krug und schaute seinem Gegenüber erwartungsvoll in die Augen.

„Mir gefällt, dass du Pläne hast, die auch realistisch klingen. Wir holen jetzt erst einmal den neuen Pflug vom Schmied und laden ihn auf den Wagen. Ich hoffe, die Frauen haben inzwischen alles verkaufen können."

Nachdem die beiden Männer Richtung Schmied gegangen waren, konnten die beiden Frau miteinander reden, ohne dass der Bauer mithören konnte. Zwischendrin verkauften sie immer mal wieder dies und das.

Antje hatte beim gegenüberliegenden Marktstand auch junge und gesunde einjährige Legehennen gefunden und drei gekauft. Sie pferchte sie gleich in den mitgebrachten Käfig aus Holz, von Binsen zusammengehalten, danach stellte sie ihn auf den eigenen Wagen.

„Was hältst du denn von Claus", wollte die Tochter von ihrer Mutter wissen.

„Er ist ein guter Junge, ein fleißiger, ehrlicher und kräftiger Mann, der anzupacken weiß und gerade heraus ist. Er würde gut zu deiner Schwester passen. Dass sie seit langem miteinander turteln, wäre auch einem blinden Huhn nicht verborgen geblieben."

„Und was glaubst du wird unser Vadder dazu sagen", bohrte sie nach.

„Er hat doch schon ja gesagt, wenn auch nicht deutlich mit einem Ja. Sie werden sich im Krug bereden, denn für das Kaufen eines Pflugs braucht es nicht so lange", stellte sie mehr fest, als der Tochter zu antworten.

„Was haben wir noch an Ware?", womit sie das Thema wechselte.

Hastig zählte Antje was noch auf dem Wagen lag.

„Die Zuckerrüben sind alle weg, von den Leinen haben wir nur noch eine Rolle mit gut sechs Metern. Die 20 Eier sind auch alle verkauft. Ich wurde gefragt, ob wir nicht noch Weißkohl im Fass haben, was ich verneint habe. War das richtig?", wollte sie von der Mutter wissen.

„Ja, das war richtig. Die zwei Fass Sauerkraut brauchen wir um über den Winter zu kommen. Einzig unsere Webarbeiten und die reichliche Ernte der Zuckerrüben bringt uns ein wenig Geld ein. Nächste Woche nehmen wir die geflochtenen Körbe mit auf den Markt. Ich hoffe auch, dass der Immenzaun bereits am Jahresende Geld abwirft. Claus scheint dafür wirklich ein glückliches Händchen zu haben."

„Schau Modder, die beiden kommen zurück."

Kaum ausgesprochen standen die beiden Männer am Wagen und hoben den Pflug auf denselben.

„Der sieht sehr, sehr gut aus", lobte die Bäuerin die Neuerwerbung.

„Was hast du für ihn bezahlt", wollte die Bäuerin wissen.

Anstatt einer Antwort schaute ihr Mann auf den Wagen und zählte die unverkaufte Ware.

„Ihr habt ja ganz gut verkauft, da bleibt trotz Marktsteuer ja noch ein wenig Gewinn übrig", lobte er die beiden Frauen.

„Lasst uns einpacken. Die Marktzeit ist gleich vorbei und ich bin hungrig", mahnte er alle zur Eile an.

Nachdem Claus sich um Pferd und Wagen gekümmert hatte waren die Frauen mit dem verzurren der Wagenladung und ihren Sitzplätzen beschäftigt.

Johann prüfte noch einmal, ob der Pflug auch fest genug verzurrt war, denn er wollte nicht, dass eine der Frauen, oder gar der Pflug zu Schaden kam.
Dann stieg er auf den Bock und blieb dort bis zum Erreichen seines Hofes wortlos sitzen, in Gedanken über seinen zukünftigen Schwiegersohn und dessen Pläne versunken.
Auf dem Hof angekommen, saß er ab und ging direkt ins Haus. Das Abladen und das Pferd versorgen überließ er dem Knecht und den beiden Frauen.
Als er das Haus betrat, erblickte er seine im Haus verbliebenen Kinder. Margaretha saß am Webrahmen und ließ den Schlitten fahren.

[12]

Was sie im Winter an Leinen webten, würden sie im Frühjahr draußen bleichen und dann verkaufen.
Die Kinder Trinke, Wiebke und Claus waren mit dem Korbflechten beschäftigt. Christina und Marx spielten mit den Hühnern.

---

[12] Abb. 10 entnommen aus dem Artikel von Karl Simon aus dem Heimatjahrbuch Kreis Hofgeismar, 1962.

Der fast einjährige Hinnerich lag schlafend in der Wiege, neben seiner zweitältesten Tochter, am Webrahmen.
Johann legte seine Mütze und seine Joppe ab und trat an das wärmende Feuer, freudig von seinen Kindern begrüßt.
Als die Bäuerin mit Antje eintrat, ließen die Kleinen von dem Vater ab und umringten die Mutter. Nur Margaretha ließ den Schlitten weiter hin und her fahren.
Antje legte die Wintersachen ab und setzte sich zu ihrer Schwester an den Webrahmen.
„Psst, Claus hat Vadder gefragt, ob er dich zur Frau nehmen kann, aber sag man nichts", flüsterte Antje der Schwester ins Ohr.
Plötzlich stand der Schlitten still. Das fiel aber keinem auf.
Margaretha schaute ihre Schwester verdutzt an, die sie schelmisch angrinste.
Als dann auch noch Claus ins Haus eintrat drehte sich die angehende Braut wieder zum Webrahmen und ließ den Schlitten, mit viel Schwung, hörbar hin und her fahren.
Antje war mal wieder mit sich und der Welt zufrieden. Sie nahm den kleinen Bruder aus der Wiege, roch an ihm und entschloss sich, die Leinenwindeln zu tauschen.
Da der Tisch bereits von ihren Geschwistern eingedeckt war, blieben ihr nur die Holzkisten in der Ecke zum Windeln wechseln übrig. Nachdem sie ihm die nassen und vollgekoteten Leinen vom Körper genommen hatte, kroch allen im Haus ein süßlicher Geruch durch die Nasenhaare, der sich von den Gerüchen der Schafe und Kühe im Haus eindeutig unterschied.
Antje hatte einen Eimer mit Wasser neben sich stehen. Wiebke ging ihr zur Hand, dass der kleine Po sauber und trocken wurde.
„Schau Wiebke, wichtig ist, dass der Po nicht rot oder wund ist", erklärte sie der 18-jährigen Schwester.
„Es ist ja nicht so, dass ich ihn nicht schon häufig gewickelt habe", schoss sie zickig zurück und ließ Antje allein weitermachen.

Antje hatte es als älteste Schwester im Haus nicht leicht. Häufig musste sie sich an Mutterstatt um die Kleinen kümmern, was immer wieder zum Streit führte.

Antje war inzwischen 23 Jahre alt und eine stattliche Frau. Sie würde zu Maria Lichtmess auf einen Hof in der Wilstermarsch als Dienstmagd in Stellung gehen. Wegen der kleinen Geschwister und an Ermangelung einer Magd war sie bisher im Elternhaus geblieben.

Sie legte den kleinen Bruder wieder in die Wiege zurück, nachdem ihn die Mutter gestillt hatte.

Danach versammelte sich die Familie am Tisch zum Essen. Auch Claus saß auf seinem Platz.

„Kinder hört zu", begann der Bauer eine Ansprache, was ungewöhnlich und selten war.

Alle schauten ihn an und die Wissenden ahnten, was nun folgen würde.

„Claus hat heute um die Hand eurer Schwester Margaretha angehalten", fing er seine Ansage an.

Bis die unterschiedlichsten Reaktionen und Äußerungen von den Anwesenden verebbt waren, schwieg Johann.

„Margaretha, ich habe mich mit ihm sehr ausführlich unterhalten. Deine Eltern haben euer Turteln seit längerer Zeit beobachtet. Was sagst du denn dazu?"

„Vadder, ich würde sehr gerne die Frau von Claus werden", war ihre knappe und klare Antwort.

Inzwischen hatte sie ja reichlich Zeit gehabt über eine Antwort nachzudenken. Antje hatte ihr ja gesteckt, dass Claus den Vater am Vormittag gefragt hatte.

Es dauerte wieder eine ganze Weile bis wieder Ruhe am Tisch eingekehrt war.

„Meine Frau und ich sind einverstanden, dass ihr heiratet. Damit geltet ihr als Verlobte. Die Hochzeit wird lange nach der Ernte stattfinden. Ich spreche mit dem Pastor in Burg einen Termin für den Dezember ab und denke, dass dann auch von deiner Familie, Claus, einige über die Elbe kommen werden."

Johann war es schon gewohnt, dass die sechs Frauen in seinem Haushalt sich vollkommen anders als er und seine zwei Jungen bei freudigen Entscheidungen verhielten. Der Säugling zählte nicht zum Kräfteverhältnis hinzu, noch nicht.
Ihnen eine gesegnete Mahlzeit zu wünschen fiel den Diskussionen der Frauen und Mädchen zum Opfer. Gegen die Themen am Tisch: Hochzeit, Brautschmuck, Gäste, Sonntagsstaat, Ort, Hochzeitsbitter, Hochzeitsfestessen, Geschenke u.v.m. versuchte er gar nicht erst anzukämpfen. Seine Margaretha hatte sich neben ihren Verlobten gesetzt und drückte sich mit ihrer Schulter glücklich an ihn.

Nachdem Johann zu Ende gegessen hatte stand er einfach auf, setzte sich ans Feuer, legte einen Scheid nach und stopfte zufrieden und satt seine Pfeife. Hinter ihm tobte der Mob seiner Familie am Tisch wie in einem vollen Wirtshaus. Er sah seinen jüngsten Sohn trotz des Trubels schlafend in der Wiege liegen, zündete sich mit einem Kienspan seine Pfeife an, zog genüsslich den Rauch ein und lehnte sich zurück.

Irgendwann wurde es hinter ihm ruhiger und leiser. Nacheinander setzten sich die Familienmitglieder zu ihm ans wärmende Feuer. Mit Freude sah er, dass Trinke ihrem Schwiegersohn einen anderen Platz in der Runde, neben Margaretha zuwies. Sie führte den Haushalt und war auch im Haus die Macht.
„Eines ist klar", mahnte die Hausherrin zu den Verlobten gewandt mit erhobenem Zeigefinger.
„Jeder schläft in seinem Bett. Unzucht dulde ich nicht."

Auch dieser ereignisreiche Tag fand sein Ende.

Am Tag Maria Lichtmess stand Antje mit ihrem Bündel vor der Familie, um sich zu verabschieden. Es war das erste Mal, dass sie den Hof für länger verlassen sollte.

„Eure Schwester geht nicht auf Besuch zu Verwandten", erklärte die Bäuerin noch einmal den Kindern.

„Sie geht in die Wilstermarsch nach Nortorf zu einem Vetter von mir in Stellung als Dienstmagd. Verabschiedet euch jetzt von ihr. Claus wartet schon mit dem Wagen, sie dorthin zu fahren", ergänzte sie.

„Warum fährt Claus sie denn?", wollte der fast 10-jährige Marx wissen.

„Marx, hast du heute schon einmal vor die Tür geschaut?", wurde der Frager gefragt.

Er schüttelte den Kopf.

„Das dachte ich mir. Auf dem Wagen liegen drei kleine Baumstämme, die mein Vetter von deinem Vater gekauft hat. Die kann Antje nicht so einfach mitnehmen. Deswegen fährt Claus deine Schwester mit dem Fuhrwerk", erklärte sie es dem Knaben.

Sie winkten Antje noch eine Weile vor dem Haus stehend hinterher, bevor sie wieder ins Haus gingen.

„Frau, nun beginnen wir alt zu werden", sagte Johann mit einem tiefen Seufzer.

„Stimmt, das erste Kind hat das Haus verlassen und das zweite wird in diesem Jahr heiraten.

Claus dankte Antje während der Fahrt noch für ihre Hilfe für ihn und seine Margaretha. Ihre Fürsprache war nicht verborgen geblieben.

Spät am Abend war Claus wieder in Buchholz zurück.

Wie er es mit dem Bauern besprochen hatte, richtete er den Acker beim Bach für die Kartoffeln her, holte beim Oheim, Mitte März, in Kranenburg zwei Stiegen Saatkartoffeln nach

Buchholz und ließ sie im Haus vorkeimen. Als es Zeit war, fuhr er mit dem Bauern und dem Saatgut zum vorbereiteten Acker.

Er pflanzte genau nach den Anweisungen aus Kranenburg die Knollen in die Erde, zusammen mit seinem Bauern.

„Hier ist es sonnig und hell über den ganzen Tag", erklärte Claus seinem Bauern noch einmal.

„Die Abstände der Knollen sind wichtig. Sie sollen zwei Handbreit auseinander gepflanzt werden. Die Reihen sollen ca. eine Fußlänge Platz haben, um dazwischen gehen zu können. Auf der restlichen Fläche könnten wir Kohl oder Bohnen pflanzen. Sie vertragen sich gut nebeneinander."

„Claus, wir werden das Ergebnis in vier bis fünf Monaten aus der Erde holen. Ich bin schon sehr gespannt und freue mich", gab ein zufriedener Bauer zu wissen.

Danach gingen sie zum Immenzaun, den Claus gezimmert und aufgebaut hatte.

„Werden wir am Ende des Jahres genug Honig ernten, dass wir etwas davon verkaufen können?"

„Ja, da bin ich mir sicher. Es werden am Ende sogar vier Völker sein. Sie entwickeln sich sehr gut und der Standort ist genau der Richtige. Es ist sehr wichtig für mich, dass du so viel Vertrauen in mich setzt."

„Hör zu. Ich habe mit meiner Frau folgendes besprochen. Du kannst auf meinem Grund am Stubbenberg ein kleines Stück Land mit einem Haus bebauen. Das ist ein Steinwurf vom Hof entfernt. Du kannst bei mir als Dienstknecht so lange arbeiten, bis du dir ein Stück Land dazu kaufen kannst. Das kleine Stück Land ist die Mitgift, die ich meiner Tochter zur Heirat mitgebe, außerdem, was Frauen so an Leinen und Hausrat sich zusammengesammelt haben."

Claus umarmte den alten Mann wortlos und vollkommen unerwartet.

„Claus, bringe meinen Söhnen den Umgang mit den Immen bei, nimm dir bei Zeiten auch ein Volk rüber zum Haus."

Im Juni nahm die Bäuerin ihre Tochter Margaretha beiseite.
„Sag mal, bist du schwanger?", stellte die Bäuerin ihre Tochter zur Rede.
„Ja, das bin ich. Wir waren schwach geworden und haben es nicht ausgehalten. Dass es dann beim ersten Mal gleich passiert, habe ich nicht geahnt. Verzeih mir bitte und sage Vadder bitte nichts", bettelte sie.
„Kind, dein kleiner Bauch ist deinem Vadder bereits aufgefallen."
„Und was hat er gesagt?", wollte sie verschämt wissen.
„Nichts. Schau, Antje ist acht Wochen nach unserer Hochzeit zur Welt gekommen und es war keine Frühgeburt."
„Oh, dann konntet ihr es auch nicht abwarten?", fragte sie ein wenig erleichtert.
Ihre Mutter nahm sie nur zärtlich in den Arm.

Abends nahm sich die Bäuerin die Verlobten im Beisein der ganzen Familie am Abendbrottisch zur Brust.
„Ihr konntet euch also nicht zurückhalten", schalt sie die jungen Leute, alle wussten wovon die Alte sprach.
„Am Hochzeitstermin wird sich deswegen nichts ändern. Zudem wird der Pastor euch sicherlich eine saftige Kirchenbuße wegen Unzucht auferlegen."

Claus hatte ein paar Tage später mit seinem zukünftigen Schwiegervater das kleine Grundstück besichtigt, war im Juli beim Amt vorstellig geworden und hatte zum Errichten eines Hauses eine Genehmigung erhalten.
Das Grundstück würde er erst mit dem Ehevertrag übertragen bekommen. Damit war ein Hausbau erst in 1823 möglich.
Nun konnte Claus mit dem Zimmermann und dem Maurer über die Planung des Hausbaus im folgenden Jahr reden, wobei er sich vom alten Bauern beraten ließ.

Als er dann von den beiden Handwerkern erfuhr, wieviel Holz und Steine sie benötigten und was es ihn kosten würde, war ihm klar, dass seine sparsame Lebensweise ihm noch Geld für seine Familie übrig ließ.

Er setzte sich abends nach dem Abendessen an den Tisch, um seiner Mutter einen Brief zu schreiben. Dazu nahm er die gespitzte Feder und Rußtinte, die er vom Schulmeister mit dem Papier zusammen gekauft hatte.

Liebe Modder,
ich finde endlich einmal wieder Zeit dir ein paar Zeilen zu schreiben.
Mir und meiner Verlobten, wie der Familie meines Bauern geht es gut. Die Kartoffelernte wird mehr als 10 zu 1 ausfallen. Richte es den Kranenburgern gerne aus. Der Immenzaun entwickelt sich sehr gut.
Ich hoffe, dass du allen bereits mitgeteilt hast, dass wir am 13ten Dezember in der Kirche in Burg heiraten.
Ich muss dir nun etwas beichten. Margaretha erwartet ein Kind, und es wird wohl vor der Hochzeit geboren werden. Der Bauch lässt sich nicht mehr verstecken.
Du weißt ja, dass ich immer sehr sparsam war. Der Bauer überschreibt uns nach der Hochzeit ein kleines Grundstück, unweit von seinem Hof, und ich darf darauf ein kleines Haus bauen. Der Zimmermann und der Maurer werden das Material im Januar zur Baustelle bringen. Mein Geld wird reichen, um das Haus bauen zu können.
Ich habe eine Bitte an dich. Was uns fehlt ist der Hausrat an Töpfen und Pfannen. Bis das Haus fertig ist, wohnen wir bei den Schwiegereltern.
Ich werde auch weiterhin bei Johann Wiese als Dienstknecht arbeiten. Er ist ein guter Bauer und ein guter Schwiegervater.
Ich habe hier mein Glück gefunden.

in Liebe dein Claus

Als Margaretha der Familie auf dem Hoopshof den Brief von Claus vorlas, konnte sie ein Zucken bei ihrem Sohn Joachim erkennen, als sie die Zeilen vorlas, in denen der Junge schreibt, dass er in absehbarer Zeit im nächsten Jahr ein eigenes Haus auf eigenem Grund und Boden haben würde.
Im Grunde genommen gönnte Joachim seinem jüngeren Bruder die eigene Scholle, die ihn zwar nicht ernähren konnte, aber sein Eigentum sein würde.
Es spornte ihn noch mehr an, den väterlichen Hof noch zu Lebzeiten als Eigentümer ohne Grundherrn zu besitzen.

Anfang August ging er mit dem alten Johann zum Kartoffelacker in Buchholz. Das Grün stand in voller Pracht und lag als geschlossener, grüner Teppich über dem Ackerboden.
Vorsichtig grub er mit den Fingern bei einer der Kartoffelpflanzen mit Bedacht in die Erde. Er wollte sehen und seinem zukünftigen Schwiegervater zeigen, welche Ernte sie zu erwarten hatten. Claus war sehr aufgeregt.

Als er mehr als zehn schöne Kartoffeln zählte, die an der Pflanze hingen, war er glücklich über das Schulterklopfen seines Bauern. Er schob die Erde wieder über die Kartoffeln.
„Wir müssen nun nur noch warten, bis das Kraut welk wird. Ausgeblüht sind sie ja bereits. Heute sollten wir noch einmal das wenige Unkraut aus den Reihen entfernen", schlug Claus vor.

Johann nickte nur und rechnete im Kopf. Wir haben zwei Stiegen nebeneinander liegender Kartoffeln in die Erde gebracht. Bei einer zehnfachen Ernte, würden das 20 Stiegen, gefüllt zehn Stiegen ergeben.
„Claus, wir werden im nächsten Jahr den ganzen Acker am Bach zur Kartoffelpflanzung nutzen. Dafür brauchen wir

sechs Stiegen als Saatgut. Dann blieben mir sieben gefüllte Stiegen zum Essen und zum Verkauf."
Claus zupfte und harkte das Unkraut, mit einer Freude über den Erfolg mit den Kartoffeln, aus der Erde.
Abends berichtete der Bauer erfreut seiner Frau von der zu erwartenden Kartoffelernte.
„Claus, ich möchte, dass du morgen noch einmal den Erdbunker prüfst, ob er die richtige Temperatur zur Kartoffellagerung hat und ob er groß genug ist."
Claus nickte nur zustimmend und zog sich zufrieden in seinen Alkoven zurück.

Die Ernten waren eingebracht, das Erntedankfest war ein für die meisten Bauern sehr zufriedenes, weil die Speicher gut gefüllt waren, und Margarethas Bauch war mit der Kindesfrucht prall gefüllt.
Die Hebamme hatte als Geburtstermin Mitte November terminiert und war mit dem Zustand der werdenden Mutter sehr zufrieden.
Die Kartoffelernte überzeugte den alten Bauern vollends. Er zählte das Zwölffache an Knollen als Ernte. Die besten Knollen hatten sie für die Saat im nächsten Jahr heraussuchen lassen. Dafür war der Oheim von Claus extra aus Kranenburg nach Buchholz gekommen. Er blieb über Nacht, gab für den Acker noch ein paar Anregungen, begutachtete auch die anderen Äcker, ob sie zum Kartoffelanbau taugten. Zudem gab er zur Fruchtfolge noch Ratschläge. Nachdem das Saatgut sicher eingelagert war, die Beratungen abgeschlossen wurden, bedankte sich Johann beim Oheim von Claus.
Der Kartoffelhofbauer ritt gemächlich und zufrieden nach Kranenburg zurück. Mit dem Fährmann hielt er noch einen kleinen Plausch über alte Zeiten. Sie kannten sich aus Himmelpforten. Dort war der Mann geboren und aufgewachsen.

Der Zimmermann, wie der Maurer hatten das Baumaterial für das kleine Haus in Buchholz bereits geliefert und bei Johann Wiese auf dem Hof abgelegt, damit es sich nicht unbeaufsichtigt vermehren würde. Das Geld für das Material hatte Claus bezahlt, wie eine 10%ige Anzahlung für die Bauarbeiten geleistet.
Das restliche Geld würde er erst nach der Fertigstellung zahlen, was mit einem Handschlag vor Zeugen besiegelt wurde. Der Zimmermann war auch zugleich der Dachdecker im Dorf.

Am Mittwoch, dem 13ten November, ließ Trinke die Hebamme holen und schickte die Männer aus dem Haus. Sie sollten den Immenzaun, den Bauplatz, die Äcker, die Scheune oder sonst was prüfen gehen.
Die beiden verstanden, nahmen aber auch Margarethas Brüder Claus und Marx mit.

Die Hebamme selbst lebte auch in Buchholz und hatte damit einen kurzen Weg. Sie ging schnurstracks in die Kammer zur Schwangeren und untersuchte sie. Dann sagte sie zufrieden: „Mädchen, du wirst heute noch Mutter."
Gegen Mittag war alles vorbei und ein gesundes Mädchen lag in den Armen einer erschöpften jungen Mutter.
Trinke bezahlte die Hebamme, die am folgenden Tag noch einmal nach beiden sehen wollte, was sie auch unangemeldet tat.
Als hätte sie sich mit den ausgewiesenen Männern des Hofes abgesprochen, trafen sie die kleine Gruppe im Dorf auf dem Weg nach Hause. Sie berichtete kurz, was sie für wichtig erachtete und setzte den Weg zu ihrem Haus fort.
Als würde der Teufel hinter den Seelen her sein, stürzten die vier Kerle allesamt ins Haus.
Trinke breitete die Arme aus, als wollte sie die Meute aufhalten, was sie damit aber auch tat.

„Nun mal langsam mit den jungen und alten Pferden", mahnte sie die Herren des Hauses.
„Legt euer Zeug ab und setzt euch allesamt an den Tisch, dann erzähle ich euch, wonach euch dürstet."
Sie wartete in aller Seelenruhe ab, bis sich alle vier an den gedeckten Tisch gesetzt hatten. Sie setzte sich dann dazu.
„Nun esst und hört zu", begann sie ihre Ausführungen.
„Margaretha hat ein gesundes Mädchen bekommen, ist selbst auch wohlauf. Es hat auch nicht lange gedauert. Ich lasse euch nachher in die Kammer zur jungen Mutter, die jetzt schläft."
Die Männer waren zufrieden mit dem, was die Bäuerin ihnen erzählte.
„Übrigens, sie soll der Tradition folgend nach deiner Mutter getauft werden, also Margaretha", fügte sie beiläufig an.
Mit gefülltem Mund nickte der junge Vater zustimmend, wenn gleich es auch hier gar keinen Ermessensspielraum für ihn gab.
„Johann, ich habe mir überlegt, dass wir das Kind erst nach der Hochzeit taufen lassen. Dann darf Margaretha mit zur Taufe in die Kirche gehen. Mit dem Hochzeitstermin hatten wir aber auch Glück. Er liegt mehr als sechs Wochen nach der Niederkunft."
Nachdem alle Männer gesättigt waren, der Tisch abgeräumt war, schaute Trinke in die Kammer und sah, dass die junge Mutter wach war.
Sie rief die Männer in die Kammer, mahnte aber zur Ruhe, das schlafende Neugeborene nicht auf zu wecken.
Claus konnte nichts sagen, drückte stolz ihre Hand und küsste sie auf den Mund.

Der Tag der Hochzeit war gekommen und auf dem Hof von Johann Wiese alles vorbereitet. Die jüngsten Kinder hatte man in die Kammer zum Schlafen und Spielen verbannt, damit sie die Vorbereitungen nicht störten, oder gar jemand über sie stolperte.

Freitag der 13ᵗᵉ war nur in den Augen sehr abergläubischer kein Glückstag. Die Herkunft und den Ursprung kannte keiner der heute Lebenden.[13]
Die Trauung fand in der Kirche von Burg statt.
Aus dem Haus Wiese fuhren nur die Brauteltern und das Brautpaar zur Kirche. Alle anderen blieben zu Hause, das Hochzeitsessen im Hause vor zu bereiten. Auch Antje war vor zwei Tagen für eine Woche zur Hilfe nach Hause geeilt. Sie wollte es sich nicht entgehen lassen, an der von ihr mit eingefädelter Hochzeit persönlich teilzunehmen. Zudem sah sie ihre Nichte endlich erstmals, alle ihre Geschwister nach langer Zeit wieder.
Sie hatte inzwischen auch einen jungen Mann gefunden, den sie mochte. Aber das behielt sie für sich.

Wie von der alten Margaretha, der Mutter von Claus, mit einem Brief angekündigt, trafen sie sich vor der Kirche in Burg. Es waren auch alle vier Geschwister mitgekommen, wie im Brief aufgeführt, aber ohne Ehepartner oder Kinder. Die Hochzeitsgeschenke hatten sie in Kisten versteckt und rüttelsicher eingepackt. Es war gar nichts zu hören, auch wenn das Fuhrwerk mächtig hin und her geschüttelt wurde. In den zwei Kisten lagen Töpfe, Pfannen, Kellen, Besteck und Geschirr, eben alles was eine Frau zum Kochen und Braten in der Küche braucht. Alle Verwandten Hoops aus Ostendorf, Kranenburg, Bremervörde, Oldendorf und Forst hatten zusammengelegt, und der Krämer in Bremervörde hat es ein sehr gutes Geschäft gebracht, selbst mit dem von der alten Margaretha Hoops vom Hoopshof heruntergehandelten Gesamtpreis. Sie hatte ihm einfach gedroht in Stade oder bei einem andern Krämer kaufen zu gehen, wenn er nicht mit sich handeln ließe.

---

[13] Am Freitag, dem 13. Oktober 1307, hatte der französische König die Verhaftung aller Tempelritter in seinem Land angeordnet. Seit dem gilt der Tag als Unglückstag, als schwarzer Freitag.

Wegen der langen Anfahrt hatte Johann Wiese ihnen Quartier im hiesigen Gasthaus reservieren lassen. Dort waren sie auch zuvor, das Quartier zu beziehen, um sich ein wenig frisch zu machen und die Trachten an zu legen, wie sonst immer zum Kirchgang oder bei Hochzeiten üblich.

Als nun der Wagen mit dem Brautpaar vor die Kirche fuhr, sah Claus einen Teil seiner Lieben wieder. Alle waren gekommen, wie im Brief aufgeführt. Wegen der Kinder und der großen Anzahl der Familie hielt man sich zurück. Die Kopfzahl der Familien sollte stets ausgeglichen sein. Zudem war es ein weiter und beschwerlicher Weg, der vom Eingang der Elbe und dem Tiedehub abhängig war.
Die Anreise war gut gegangen und wie geplant verlaufen.

In der Kirche waren die hölzernen Bänke mit kleinen Türchen versehen und liebevoll verziert. Auch der Altar, hinter dem der Aufgang für die Emporen verlief, gab dem Gotteshaus ein hochherrliches Antlitz. Die Hochkanzel an der Seite, neben dem Eingang, war mit vielen geschnitzten Figuren, wohl Heiligen verziert. Dazu waren das weiß und grün eine gelungene Farbgestaltung, das den Besucher nur staunen ließ. Die Zeremonie in der sehr alten Petri-Kirche[14] in Burg verlief für die Anwesenden als ein unvergessliches Erlebnis.
Claus ließ sich ein wenig ablenken und schaute neugierig auf das Taufbecken mit dem Deckel, über dem in wenigen Tagen seine Tochter, im kleinen Kreise, getauft werden würde. So weit vorne hatte er die Kirche bisher nicht betreten. Er war immer hinten in der Kirchenbank der Familie Wiese gesessen.
Für den Pastor war es ein erhellendes Erlebnis, denn hier waren zwei verschiedene Trachten vertreten, weil sie sich aus Dithmarschen von denen im Elbe-Weser-Raum

---

[14] Die Kirche wurde erstmals im Jahre 1281 urkundlich erwähnt.

unterschieden, aber nicht weniger aufwendig gefertigt und beeindruckend anzusehen waren.
Auch das etwas andere Plattdeutsch, was er von vielen hörte, die sich über die Elbe nach Norden verändert hatten, war ihm hinreichend bekannt.

Nach dem das Brautpaar nun ein Ehepaar war, fuhren alle nach Buchholz zur Hochzeitsfeier. Der Pastor ritt auf seinem Pferd den zwei Wagen, ein wenig Abstand haltend, hinterher.

Das Durcheinander und die Unruhe im Haus hatten schnell ein Ende, nachdem eine jede Person ihren Platz gefunden hatte.
Nun holte Trinke auch die kleine Tochter der Frischvermählten, die am folgenden Mittwoch auf den Namen „Margaretha" getauft werden sollte.
Auch Trinkes jüngstes Kind, der 18 Monate alte Hinnerich, saß auf dem Schoß seiner Schwester Wiebke.
Der Herr Pastor gab der Feier noch seinen Segen, bevor der Hausherr, Johann Wiese, das Wort ergriff und seine Freude zum Ausdruck brachte, dass auch die Mutter und Geschwister seines Schwiegersohnes es über die Elbe geschafft hatten, und er sie nun endlich persönlich kennenlernen durfte.
Die alte Margaretha erwiderte die Worte, denn auch ihre Familie lernte nun die neue Heimat ihres Claus und die Familie seiner Angetrauten kennen. Zudem freute sich die Großmutter aus Ostendorf über die Namensgebung.
Nun dachten alle, endlich würde es zum Essen übergehen, aber es erhob sich nun Joachim, Hoferbe in Ostendorf und der ältere Bruder von Claus.
„Ich will gar nicht lange das Wort ergreifen. Im Namen aller deiner Verwandten haben wir deinen Hilferuf aus deinem Brief aufgegriffen und ernst genommen. Hier in der Ecke stehen zwei Kisten mit Töpfen, Pfannen, Kellen, Besteck

und Geschirr für die Küche in eurem noch zu bauenden Haus. Herzliche Grüße von allen Hoops aus Ostendorf, Kranenburg, Bremervörde, Oldendorf und Forst."
Joachim setzte sich und bevor noch jemand irgendetwas sagen konnte, sprang die Hausherrin auf und wünschte allen, dass sie es sich schmecken lassen sollten.
Nun gab es kein Halten mehr. Alle aßen und tranken, feierten das Ehepaar und lernten sich endlich näher kennen, oder tauschten alte Geschichten aus.
Selbstverständlich siegte nach dem Essen die Neugierde der Eheleute auf den Inhalt der Kisten. Aber die alte Margaretha verwehrte ihnen das Vergnügen.
„Bringt die Kisten ungeöffnet in unser Haus, bis euer Haus fertig ist. Danach öffnet die Kisten und packt sie aus. Das versprich mir mein Sohn, und nun kümmert euch um eure Gäste", forderte die Alte beide auf.
Sie setzte sich zum Ehepaar Wiese und plauderte mit ihnen den Rest des Abends. Die drei sahen zufrieden auf die kleine Gesellschaft und Johann sprach in höchsten Tönen von seinem Schwiegersohn. Er erzählte, wie der junge Mann ihn mit seinem Wissen und seiner Tatkraft über Immen und Kartoffeln beeindruckt hatte.
Die alte Bäuerin aus Ostendorf freute sich über die lobenden Worte und fühlte im Herzen, dass ihr Junge hier gut aufgehoben war. Sie hatte sich auch sehr ausführlich mit ihrer jungen Schwiegertochter unterhalten und mochte sie.
Die Alten beendeten die Feier gegen Mitternacht. Der Pastor war kurz nach dem Essen bereits zurück geritten.
Joachim hatte nichts getrunken und lenkte den Wagen sicher zum Gasthaus in Burg zurück.

Auf dem Hof kehrte, nachdem aufgeräumt war, Ruhe ein. Auch für das im Haus lebende Viehzeug war die gewohnte Ruhe eingekehrt, und das Ehepaar konnte sich nun in dem engen Bett, für eine Person, zur Ruhe begeben. Die kleine

Tochter lag in einer offenen und ausgeräumten Kiste, die als Kinderbett hergerichtet wurde.

„Wir werden im neuen Haus ein neues und größeres Bett haben und die Kleine wird eine eigene Hängewiege bekommen", murmelte Claus im Einschlafen vor sich her.

Am nächsten Morgen wachten die Ostendorfer Gäste spät und mit brummenden Schädeln auf. Nachdem sie etwas gegessen hatten, zahlten sie die Zeche und fuhren mit dem Wagen zur Fähre nach Brunsbüttel. Das Übersetzen war an dem Tag möglich, sodass alle am Abend auf ihren eigenen Höfen bei ihren Lieben angekommen waren.

Joachim ging in Ostendorf noch einmal ums Haus und alle Gebäude, schaute auch bei dem Viehzeug nach dem Rechten. Zuletzt verbrachte er noch ein wenig Zeit mit seinen drei Söhnen und seiner Frau Gesche, bevor er hundemüde, kaum, dass er im Bett lag, einschlief.

***
1823

Ostendorf

„Die Kinder, Joachim, Lucia und Claus haben schon geheiratet. Harm, hast du schon ein Mädchen im Auge?", wollte die Alte von ihrem Sohn wissen.
„Was ist denn mit mir?", fragte die 17-jährige Anna empört ihre Mutter.
„Kind, du bist noch lange nicht an der Reihe. In wenigen Tagen wirst du erst einmal deine Stellung als Dienstmagd bei deinem Oheim in Kranenburg antreten. Und unterstehe dich, dass du Unzucht treibst und Schande ins Haus bringst", mahnte sie die junge Frau.
Sie wandte sich wieder dem Sohn zu und schaute ihn, eine Antwort erwartend, an. Er wand sich noch ein wenig, bevor er antwortete.
„Modder, ich habe schon ein Mädchen das mir gefällt, aber ich weiß nicht, ob sie ja sagen würde."
„Junge, du wirst bald 29 Jahre alt, hast mehrere Jahre als Dienstknecht auf zwei Höfen abgeleistet. Ich finde, dass es Zeit ist sie zu fragen. Wer ist sie denn?", fragte sie mit sanfter Stimme, der er nicht widerstehen konnte.
„Es ist die Tochter von Johann Matthies in Hönau. Sie ist vier Jahre jünger als ich."
„Was hält dich ab sie zu fragen?", wollte die Alte wissen.
„Nun ja, ich bin Dienstknecht beim Nachbarn im Dorf, habe wenig auf der hohen Kante und weiß nicht, ob das für eine Familie wirklich ausreicht, denn ich bin nicht so sparsam wie Claus. Ich habe mich ja schon umgehört, wo eine Häuslingsstelle frei wird, aber nichts gefunden."
„Hör zu, mein Junge. Du solltest einmal mit deinem Bruder reden. Der Knecht wird uns in wenigen Tagen verlassen, weil er wieder auf den Hof seines Vaters zurückgeht. Einen Nachfolger hat Joachim noch nicht. Zudem will dein

Bruder, dass der Hof wächst, von der Moorkate zum Halbhof, durch Zukauf von Land. Das wird er sicherlich nicht alleine schaffen", ermutigte sie ihn mit seinem Bruder zu reden.

Harm arbeitete am darauffolgenden Tag in Sichtweite zum väterlichen Hof beim Nachbarn, wo er in Stellung war.

Er sah seinen Bruder, wie er in die Scheune ging. Dann steckte er die Forke in den Misthaufen, wischte sich die Hände in der Hose ab und schlenderte hinüber zur Scheune. Den Graben zwischen den Höfen überwand er mit einem kleinen Sprung.

Er öffnete die kleine Tür der Scheune und sah seinen Bruder bei der Reparatur des Leiterwagens. Es war eine Sprosse zu ersetzen.

„Harm, schön dich zu sehen", begrüßte ihn Joachim, ohne seine Arbeit zu unterbrechen.

„Ja, ich freue mich auch. Hör zu, ich muss mit dir reden."

„Das hört sich ernst an. Ist etwas passiert?"

„Nein, aber ich möchte auch irgendwann heiraten, aber das ist für einen Knecht nicht so einfach", leitete er das Gespräch zwischen den Brüdern ein.

Joachim legte den Hammer und die neue Sprosse aus der Hand, setzte sich auf eine Kiste und schaute seinen Bruder erwartungsvoll an.

Harm setzte sich neben seinen Bruder und begann sein Herz auszuschütten. Vom Gespräch mit der Mutter wusste Joachim nichts.

„Ich bin nun schon 29 Jahre alt und ledig. Du weißt, dass ich nun beim dritten Bauern in Stellung bin. Der Nachbar ist ein guter Mann, aber ich suche eine Stellung als Häusling. Dazu brauche ich aber eine Frau", fuhr er fort.

Joachim machte keine Anstalten ihn zu unterbrechen und hörte geduldig zu.

„Eine Frau könnte ich finden. Ich mag ein Mädchen aus Hönau, habe auch schon häufig mit ihr getanzt, aber noch nicht gefragt, ob sie meine Frau werden möchte, weil ich noch keine Häuslingsstelle in Aussicht habe. Glaube mir, ich habe schon in vielen Dörfern gefragt, aber nirgends ist eine Stelle frei, oder wird demnächst frei."

„Kennst du einen Bauern, der einen Häusling sucht?", fragte er ihn direkt und mit einer gewissen Vorsicht.

„Naja, ich weiß nicht, wo eine Häuslingsstelle frei wird oder ist. Ich selbst habe, wie du ja weißt, derzeit keine Häuslingsstelle, aber ich verliere meinen Dienstknecht zu Maria Lichtmess. Jan geht nach Hause zurück, den Hof seines Vaters zu übernehmen. Einen Nachfolger habe ich noch nicht."

Eine ganze Weile sprach keiner von beiden.

„Hör zu Harm. Ich habe beim Grundherrn im letzten Jahr die Einrichtung einer Häuslingsstelle eingereicht, aber noch keine Entscheidung erhalten. Du weißt ja, dass Vater wie ich auch, insgesamt vier Morgen Ödland und einen Morgen Wald in den Jahren hinzugekauft haben. Ich will den Hof vergrößern und aus der Moorkate von 1762 einen Halbhof machen, der mir und meinen Erben gehört. Ich will den Traum von Vater und Großvater verwirklichen."

„Ja, davon haben die beiden immer gesprochen", bestätigte Harm den Traum seiner seligen Altvorderen.

„Hör zu Bruder, wenn man mir die Häuslingsstelle genehmigt, dann sollst du diese Häuslingsstelle besetzen, vorausgesetzt, du hast eine Braut vor zu weisen", schlug Joachim vor.

„Das ist ein wirklich gutes Angebot, das ich nicht ausschlagen kann. Wie stellst du es dir vor?"

„Es wird meinem Nachbarn nicht gefallen. Lass uns gleich zu ihm hinüber gehen", dabei klopfte er seinem Bruder aufmunternd auf die Schulter und stand auf.

Beide gingen die wenige Schritte bis zum Nachbarhaus, vorbei an der Mistforke, die Harm vor kurzen noch in Händen hielt.

Sie trafen den alten Bauern beim Korbflechten im Flett am wärmenden Feuer an.

„Na, wenn die beiden Hoopsjungen zusammen auftreten, haben sie sicherlich wieder etwas ausgeheckt", begrüßte sie der Hausherr, ohne seine Arbeit zu unterbrechen.

„Du hast nicht ganz Unrecht", räumte Joachim ein.

„Du weißt, dass ich ein Häuslingshaus bauen will und dafür einen Mann suche, der diese Aufgabe übernehmen kann. Jan geht zu Lichtmess zurück auf seinen Hof, wie du weißt. Ich möchte meinem Bruder die Häuslingsstelle geben und ich gehe davon aus, dass er noch in diesem Jahr eine Braut freit."

„Das kommt für mich sehr kurzfristig. Auf die schnelle einen neuen Knecht zu finden ist nicht leicht. Mein Sohn ist selbst als Häusling in Otterndorf in Stellung und wird diesen Hof erst in drei bis vier Jahren übernehmen, Joachim."

„Ich mache dir ein Angebot. Wenn du keinen Knecht zu Lichtmess findest, bleibt Harm bei dir als Knecht und wird mir beim Bau des Häuslingshauses helfen, sobald es genehmigt ist. Spätestens zu Lichtmess im nächsten Jahr wechselt er zu mir als Häusling. Damit dir kein Nachteil entsteht, werde ich dich auf deinem Hof unterstützen."

Damit war der alte Bauer einverstanden. Nun setzte er den unfertigen Weidenkorb beiseite, nicht ohne die im Wasser liegenden Weiden mit dem Stein zu beschweren, dass sie unter Wasser weiter wässerten.

Er holte drei kleine Tongefäße und eine Buddel aus Glas aus der Ecke, die er einst bei den Franzosen abgestaubt hatte und goss jedem etwas von dem Selbstgebrannten ein.

„Lasst uns darauf anstoßen, Joachim", forderte er als Besiegelung des Handschlags.

Harm ging nun seiner Arbeit als Knecht mit der Mistforke weiter nach, der alte Bauer setzte seine Arbeit am Weidenkorb fort und Joachim kehrte in seine Scheune zurück, das Fuhrwerk zu reparieren.

Am folgenden Sonntag sah Harm seine Auserwählte während der Predigt in der gewohnten Familienbank in der Kirche vorne links sitzen. Nach dem Gottesdienst trafen sich die Meisten auf dem Kirchhof, gingen über den Friedhof zu den Gräbern der Familien, und / oder in einen der Krüge.
Harm wartete auf dem Kirchhof darauf, bis Engel, zusammen mit ihrer Familie, aus dem Gotteshaus trat.
Als er sie sah, ging er auf die Familie zu und sprach ihren Vater ohne Anrede und ohne Vorwort aufgeregt an.
„Darf ich einen Moment mit Engel reden", fragte er gerade heraus.
Überrascht stimmte der Angesprochene zu. Er kannte Harm von manchem Erntefest und Kirchgang. Zudem wusste er, von welchem Hof der junge Mann stammte.
Engel ließ sich am Arm ein paar Schritte von den Eltern von Harm wegführen und schaute ihn gespannt an.
„Engel, ich bekomme eine Stelle als Häusling bei meinem Bruder in Ostendorf. Die Stelle bekomme ich aber nur, wenn ich eine Frau habe und du weißt, dass ich dich mag. Würdest du mich heiraten?", platzte es aus ihm heraus.
„Ja, das möchte ich", antwortete sie mit einer warmen und ruhigen Stimme.
„Ich habe befürchtet, dass du mich niemals fragen würdest und nur tanzen wolltest. Dass du ein Häusling wirst, bedeutet ja auch, dass ich dann eine eigene Feuerstelle habe. Wir gehen jetzt zu meinen Eltern und du wirst meinen Vater fragen, ob du mich heiraten darfst, wie es sich gehört."
Die Eltern von Engel hatten die Tochter die ganze Zeit nicht aus den Augen gelassen. Auch wenn sie nichts hören konnten, war ihnen an den Reaktionen der beiden jungen Menschen klar, was dort geschah.
Nun warteten sie gespannt, was die beiden Verliebten nun tun würden. Als sie direkt auf die Eltern zugingen, blieben sie neugierig und voller Erwartung stehen.

„Vadder, Modder, Harm hat euch etwas zu sagen", munterte sie ihren Zukünftigen auf.
Kneifen konnte er nun nicht mehr und war zu nervös für eine zünftige Anrede.
„Ich möchte Engel heiraten. Hiermit bitte ich um die Hand eurer Tochter", fand er dann doch noch die richtigen Worte.
Die beiden Alten schauten sich an und Engels Vater ergriff das Wort.
„Harm, als Knecht hast du heute arbeitsfrei. Wie wäre es denn, wenn du mit uns nach Hönau fährst. Auf dem Wagen ist sicherlich auch genug Platz für dich."
„Sehr gerne."
Den ganzen Weg von Bremervörde nach Hönau lächelten sich die beiden jungen Leute auf dem Wagen wortlos an.
Die beiden Alten saßen auf dem Bock nebeneinander. Wer sie sah, sah zwei zufrieden dreinblickende Menschen.

In Hönau gab es außer einer längeren und intensiven Unterhaltung auch Kuchen, bevor die Brauteltern ihr Einverständnis erklärten. Sie galten nun als Verlobte.
Als Harm Ostendorf erreichte ging er erst zu seiner Mutter, bevor er zum Nachbarn, seinem Bauern ging.
Er berichtete seiner Familie, dass er nun eine Braut, eine Verlobte hatte und wurde von allen herzlich beglückwünscht.
„Nun muss ich ja zusehen, was mein Antrag auf Errichtung eines Häuslingshauses macht", grinste Joachim seinen Bruder verschmitzt an.
„Ich habe heute am Nachmittag zwei junge Männer gesehen, die bei meinem Nachbarn waren. Vielleicht haben sie sich ja um die freiwerdende Stellung beworben", verriet Joachim seinem Bruder.
Harm war neugierig geworden, verabschiedete sich und ging, als wüsste er von nichts, ins Haus seines Bauern, der wie immer im Winter Weidenkorb um Weidenkorb flocht.
„Harm, du bist schon zurück", sagte der Alte.

„Ich hatte heute überraschend Besuch von zwei Brüdern. Der jüngere suchte eine Stellung als Knecht. Ich habe mich für den älteren entschieden, der schon auf einem Hof dient. Sie werden mit dem Bauern reden, dass er den jüngeren als Jungknecht nimmt. Da der Bauer in Bremervörde drei Knechte beschäftigt, dürfte er mit einem Jungknecht kein Problem haben. Ich kann nur einen erfahrenen Knecht brauchen."

„Das ist wirklich eine Überraschung. Damit gibst du mich zu Lichtmess frei?", wollte Harm wissen.

„Ja, aber das werde ich noch mit deinem Bruder von Bauer zu Bauer besprechen. Ich möchte, dass er dich mir für vier Wochen tagsüber überlässt, um den neuen Knecht auf den Hof, den Feldern und Äckern richtig ein zu weisen. Meine Knie mögen keine Kälte, wie du weißt. Es wäre mir eine große Hilfe, sagte der Witwer, der alleine mit seinem Knecht im Haus lebte."

Der Hof warf nicht viel ab. Bei der Auslosung 1862 hatte sein Vater zwar ein gleich großes Stück wie alle anderen auch erhalten, aber es stellte sich heraus, dass der Boden weniger gut war. Zudem starben ihm zwei Frauen jung weg. Eine Magd konnte er sich nicht leisten, aber ein Knecht machte sich bezahlt. Bevor sein einziges Kind, sein Sohn aus erster Ehe, den Hof übernehmen konnte, musste er als Knecht auf anderen Höfen lernen, einen Hof zu bewirtschaften. Erfahrungsgemäß brauchte es andere, als die Eltern die Söhne oder Töchter auszubilden. Die Jungen wollten schon bestimmen, und die Alten hatten ja noch das Sagen und die Verantwortung als Bauer dem Grundherrn gegenüber. Das führte häufig zu Zank und Streit, ebenso, wenn Altenteiler sich nicht heraushalten konnten.

Der alte Bauer hatte sich in sein Schicksal gefügt. Einmal in der Woche schaute seine Schwester, die in Ostendorf verheiratet war, bei dieser Männerwirtschaft nach dem Rechten.

Zwei Tage später war alles geklärt.

Zu Lichtmess wurde Harm erst einmal Knecht beim Bruder, der beim Nachbarn den neuen Knecht vier Wochen lang begleitete und einwies. Das tat dem Hof insgesamt gut, dass zwei junge und erfahrene Knechte dem Alten zur Hand gingen.
Der Bauer in Bremervörde hatte den Jungknecht gerne in seine Dienste aufgenommen, weil sein älterer Bruder ihm gute Dienste geleitet hatte.

Nach den Verlobten, freute sich die alte Margaretha auf Hoops am Meisten von allen.

Lieber Claus, mein lieber Junge

uns geht es gut. Harm hat sich mit einer netten Deern aus Hönau verlobt und wird im Oktober heiraten. Joachim baut ein Häuslingshaus und Harm wird dort mit seiner Familie einziehen und wohnen.
Wie geht es euch und eurer Familie?

deine dich liebende Mutter

Im Juli des Jahres brachte der Landbriefträger einen Brief aus Buchholz auf den Hoopshof, nicht ohne mit der alten Bäuerin noch einen Klönschnack zu halten. Das gehörte dazu, wodurch sich seine tägliche Tour ab und an ungewöhnlich lange hinzog, und mancher Brief erst am darauffolgenden Tag zu gestellt werden konnte.
Sie hatte es gleich gesehen, dass der Brief von ihrem Claus geschrieben war. Nachdem der Amtsbriefträger auf dem Weg zum nächsten Hof war, setzte sie sich ans Feuer, so dass das Licht aus der kleinen Luke ihr das Lesen erleichtern würde. Sie zog eine Haarnadel aus dem Haar und öffnete damit den Brief. Sie faltete das Papier auseinander und nahm die Arme zu Hilfe, bis sie die Schrift mit ihren alten Augen einigermaßen lesen konnte.

Liebe Mutter,

es war sehr schön, dass ihr alle auf unserer Hochzeit wart. Wir haben noch lange darüber gesprochen.
Das Haus wurde im Juni fertiggestellt und wir sind eingezogen.
Wie versprochen haben wir die zwei Kisten ins Haus gebracht, wo wir sie im Beisein von Margarethas ganzer Familie geöffnet und ausgepackt haben. Meine Liebste hat alle Männer, nachdem sie sah was in den Kisten war, rausgeworfen und mit ihrer Mutter zusammen über Stunden geschäftig die Küche verteidigt.
Wir haben dann im Bauernhaus gewartet. Als wir zurück ins neue Haus durften, stand Essen auf dem Tisch, und überall hingen Pötte und Pannen. Es war nun eine richtige Küche und meine Frau war glücklich. Ich weiß gar nicht, wie wir euch dafür danken können. Ich habe von dem restlichen Geld noch ein neues Bett bauen lassen und einen alten Schrank von einem der Bauern gekauft. Wir werden zur Hochzeit von Harm nach Ostendorf kommen und eine Woche bleiben.

in Liebe dein Claus

Claus hatte seine Arbeiten in Buchholz bei seinem Bauern auf den Feldern und Äckern weitgehend abgeschlossen.
Für die Hochzeit seines Bruders Harm hatte er mit seinem Schwiegervater abgesprochen, dass er für eine Woche mit seiner kleinen Familie nach Ostendorf fährt.
Der Immenzaun von Johann hatte vier Völker, Claus hatte einen eigenen Immenzaun mit zwei Völkern geschaffen. Die Honigernte war so gut ausgefallen, dass seine Schwiegermutter ihn begeistert auf dem Markt in Meldorf verkaufen konnte.
Der neue Pflug hatte sich bewährt. Er schnitt wie ein scharfes Messer durch die Krume. Auch die drei Legehennen hatten das Zeug zum Glucken, was Gesche und Claus drei eigene Hühner und einen Hahn einbrachte.

Gesches Bruder Claus hatte ein ähnlich glückliches Händchen mit den Immen, weswegen er seinen Schwager bat, auch auf seine Immen und Hühner aufpassen zu dürfen.

Mit Zufriedenheit im Herzen für die Erfolge im zurückliegenden Jahr fuhr Claus mit seiner Familie nach Ostendorf, wozu ihm sein Bauer das Fuhrwerk samt Pferd zur Verfügung stellte.

Als Hochzeitsgeschenk hatte Claus zwei Bienenkörbe geflochten und einen kleinen Krug Honig von seiner Ernte abgefüllt.

Sie fuhren zwei Tage vor der Hochzeit gleich früh morgens los, eben sobald ein Wagenlenker gute Sicht auf die Wege hatte.

Der Tag blieb trocken, war aber kühl und der Himmel Wolken behangen.

Sie setzten bei Brunsbüttel über und wurden in Freiburg an Land gesetzt. Das auflaufende Wasser half dem erfahrenen Schiffer stromaufwärts zu fahren. Für Margaretha war es das erste Mal auf einer Fähre. Sie war ein wenig ängstlich, vertraute aber auf ihren Ehemann.

Als das Fuhrwerk in Freiburg wieder auf festem Boden rollte, ging es ihr gleich besser.

Claus prüfte noch einmal die Verkehrssicherheit des Wagens, gab dem Pferd ein wenig Hafer und Wasser.

Seine Frau hatte es sich hinten auf dem Wagen gemütlich gemacht, zudem war sie dort auch vor dem Wind geschützter, als auf dem Bock.

„Das Wetter wird sich halten", versuchte er seine Frau aufzumuntern.

Nachdem er mit allem zufrieden war, setzte er sich auf den Bock, nahm die Zügel in die Hand und löste die Bremse.

Mit einem „Hüh" veranlasste er das Pferd los zu traben. Sie fuhren über Wischhafen nach Hemmoor, dann weiter nach Lamstedt, wo sie eine kleine Pause einlegten.

„Der Weg dort führt nach Hechthausen und dann weiter nach Kranenburg auf der anderen Seite der Oste zu meinem Onkel Johann, von dem wir die Kartoffeln haben", erklärte er ihr.

„Wir fahren dort weiter. Der Weg ist nicht so gut ausgebaut, wie der bisherige. Wir kommen durch zwei Dörfer, fahren über einen Bach nach Iselersheim und dann erreichen wir schon Ostendorf."

Seine Frau nickte nur. Das Geschaukel des Wagens, wie das Übersetzen über die Elbe taten ihr nicht gut und gehörten nicht zu ihren Lieblingsbeschäftigungen. Sie lenkte sich ab, indem sie sich sehr intensiv um die kleine Tochter kümmerte.

In Iselersheim legten sie die nächste Pause ein, die Margaretha erneut für einen kleinen Spaziergang nutzte, um ihre Übelkeit aus dem Körper zu vertreiben.

Claus hingegen aß und trank während der Pausen, nachdem er das Pferd versorgt hatte.

Nach einer weiteren Stunde Fahrt erreichte die kleine Familie den Hoopshof in Ostendorf. Claus hielt in der Zufahrt zum Hof an und bat seine Frau zu ihm auf den Bock zu steigen. Sie lehnte ab, stieg aber vom Wagen und nahm die Tochter auf den Arm.

„Das also ist dein Geburtshaus", sagte sie tief durchatmend. Er nickte und erklärte ihr, vom Bock hinunter aus, den Hof und die Nachbarn. Sie konnte sich gar nicht alles merken, so viel war es, was aus ihrem Ehemann heraussprudelte.

Als sie sich vollkommen von der Schaukelei erholt hatte, bat sie ihn voraus zu fahren. Sie würde die letzten 200 Meter zu Fuß folgen.

Sie ließ sich Zeit sich um zu sehen und dem Wagen zu folgen. Als sie dann beim Wagen ankam, war das Pferd abgeschirrt, trockengerieben und stand versorgt im Stall.

Was nicht nass werden sollte, hatte Claus unter den Wagenschauer gelegt. Für seinen Wagen selbst war kein Platz mehr frei.

Claus nahm noch das Reisegepäck vom Wagen und stellte sich neben seine Frau. Nun waren sie bereit ins Haus zu gehen.

Im Flett saß die alte Bäuerin, zusammen mit der Magd, beim Mahlen von Weizen.

In einer Ecke spielte der kleine Joachim mit seinen jüngeren Brüdern, Jacob und Harm, mit geschnitzten Holzpferden.

Als die Alte sah, wer ins Haus getreten war, entwich ihr ein Freudenschrei, der alle aufhorchen ließ. Oh, wie sie sich freute, drückte die Schwiegertochter, dann tüdelte sie mit der Enkeltochter herum, bevor sie sich dann Claus zuwandte.

Die Magd mahlte den Rest alleine weiter.

Claus nahm seine Tochter mit in die Spielecke, nachdem seine Frau die Windeln gewechselt hatte.

Die Magd kümmerte sich später um die Windeln. Sie hatte ja noch zwei kleine Hosenscheißer im Haus zu versorgen, da machte ihr einer mehr nichts aus.

Claus setzte sich zu seinen drei Neffen in die Ecke, stellte die Kinder sich gegenseitig vor, auch wenn sie es nicht alle verstanden. Er setzte die vier zusammen und beobachtete mit Freude, dass sie miteinander spielten.

Währenddessen stand die alte Bäuerin mit ihrer Schwiegertochter am Tisch, wo beide Frauen zusammen Brotteig machten, während die eine über die tolle Küche und das neue Haus erzählen musste, und der Schwiegermutter alle Fragen beantwortete. Schließlich hatten sie sich fast ein Jahr nicht gesehen und sich bei der Heirat nur sehr kurz kennengelernt.

„Hör zu. Für die Zeit, die ihr hier seid, werdet ihr drei bei mir mit in meiner Kammer schlafen. Ich schnarche nicht weniger als die Männer. Du schläfst mit Claus auf der Bettseite von meinem seligen Mann. Für die Kleine hat Joachim ein Bettchen in die Kammer gestellt.

Das Häuslingshaus ist noch nicht ganz fertig. Die Genehmigung durch den Grundherrn kam leider etwas spät. Das Fachwerk steht, wie ihr es ja gesehen habt, als ihr auf den Hof gefahren seid. Der Maurer und der Dachdecker kommen erst nach der Hochzeit. Wenn alles gut geht, ist es vor dem Weihnachtsfest fertig und die zwei sind eingezogen. Die Magd schläft in dem Alkoven dort, das frisch verheiratete Ehepaar wird in dem zweiten Alkoven solange schlafen, bis das Haus bezogen werden kann. Du siehst, es ist sehr eng bei uns und wir müssen zusammenrücken. Die drei Kinder von Joachim schlafen in der Kammer ihrer Eltern."

Während die beiden Frauen sich unterhielten, war der Teig für 10 Laibe Brot fertig gestellt worden.

„Nun muss das Ganze ruhen. Morgen wird der Backofen angeheizt, und du kannst mir dann gerne beim Brotbacken helfen. Es kommen noch zwei Nachbarinnen, um weitere Brote für ihre Höfe zu backen", erklärte sie der jungen Frau.

Am Abend saßen alle gesättigt an der Feuerstelle, nachdem die kleinen Kinder versorgt waren.

Nun mussten die beiden aus Dithmarschen noch einmal vom neuen Haus, der Küche, den Immenzäunen und der ertragreichen Kartoffelernte berichten.

Am Abend hatte Margaretha ihre Tracht in der Kammer aufgehängt, damit die Falten auch richtig fallen konnten.

Der nächste Morgen war zugleich der Tag vor der Hochzeit. Es gab eine ganz klare Einteilung, wer wann was zu tun hatte. Die Regie führte dabei die alte Bäuerin, worüber Joachims Frau froh war. Es gab keinen einzigen Tag, an dem sie das Gefühl hatte, dass ihr ihre Schwiegermutter den Rang als Bäuerin und Hausherrin streitig gemacht hätte.

Die Männer waren für den Tag aus dem Haus verbannt worden. Schließlich gab es ja auch draußen genug für den Hochzeitstag vorzubereiten. Mittags kamen noch die zwei Nachbarinnen mit ihren Brotlaiben zum Backen und zum Mithelfen für das Festmahl.

Der Backtag und die Hochzeitsvorbereitungen banden alle Frauen komplett ein. Die Magd kümmerte sich um die vier Kinder, die Männer hatten am Morgen einen Fresskorb mitbekommen, damit sie im Haus nicht störten.
Die Suppe wurde in einem großen, eisernen Topf gekocht. Zum Braten war vor zwei Tagen ein Schwein geschlachtet worden. Bei all dem Treiben keimte in der jungen Ehefrau aus Buchholz der Wunsch nach einem eigenen Backofen.

Nachdem die Frauen mit den Vorbereitungen für das Essen fertig waren, verabschiedeten sich die Nachbarinnen mit ihren fertigen Broten.
Nun kam die Zeit, das eiserne Bügeleisen mit Glut zu füllen. Die Brauttracht wurde hervorgeholt und Stück für Stück für den Hochzeitstag hergerichtet. Die Falten wurden sauber eingeschlagen, mit einem nassen Leinentuch abgedeckt, dann erst mit dem Eisen gebügelt.
Die wenigen Fensterscheiben im Haus waren nass vom vielen Wasserdampf.

Die Nacht war für die Gäste, wie für die alte Bäuerin ungewohnt. Nur die kleine Tochter schlief die ganze Nacht durch, was ungewöhnlich war.
Der Morgen hatte es in sich, denn die Hochzeitsfeier wurde in der Regel vom Brautvater ausgerichtet.
Das bedeutete, dass Claus mit seinem Wagen sehr früh anspannen musste. Die vorbereiteten Speisen, wie die Hochzeitstracht sollte er nach Hönau fahren. Seine Familie sollte ihn begleiten. Die Familie auf dem Hof würde später direkt nach Bremervörde fahren und den Bräutigam mitbringen.
Nun fuhr Claus mit dem Fuhrwerk und seiner wichtigen Fracht Richtung Bremervörde. Hönau lag so zu sagen auf dem Weg. Er kannte den Weg und erreichte den Hof von Johann Matthies in recht kurzer Zeit. Sie wurden sehr herzlich begrüßt. Nachdem das Brautkleid von der

Brautmutter sichergestellt war, wurden die vorbreiteten Speisen abgeladen. Claus und seiner Frau wurde die Kammer des Bauern zugewiesen, wo sie sich nachher ihre Festtrachten anziehen konnten. Sie bekamen erst einmal ein opulentes Frühstück und hier fügte sich für Margaretha zusammen, was zusammen gehört. Sie wusste ja bis heute morgen gar nicht, dass auch hier auf dem Hof das Festessen vorbereitet wurde und stattfinden sollte. Das war der alten Bäuerin in Ostendorf einfach untergegangen. Nachdem sie etwas gegessen und getrunken hatten, kümmerte sich die junge Mutter noch einmal um die kleine Tochter, die bei der Magd zurückbleiben sollte, da die sich um alle kleinen Kinder kümmern würde. Claus versorgte sein Pferd. Danach zog das junge Ehepaar ihre Festtracht aus Dithmarschen an.
Als es Zeit wurde los zu fahren, waren tatsächlich alle fertig. Das Wetter war trocken, worüber sich die ganze Hochzeitsgesellschaft sehr freute.
Alle die mit zur Kirche fahren sollten, stiegen auf ihre Wagen. Dann fuhr der kleine Wagenzug vom Hof, Richtung Bremervörde. Als sie nach zehn Minuten an dem Abzweig nach Ostendorf kamen, warteten dort bereits die Ostendorfer und reihten sich am Ende ein.
Vor der Kirche selbst standen noch zwei Fuhrwerke mit Hoops aus Kranenburg und Bremervörde.

Die Braut stach durch die bunte Brautkrone aus der Menge der Festtrachten deutlich hervor.
Nachdem die Familien ihre Plätze in der alten Kirche gefunden hatten, trat der Pastor vor den Altar, vor dem das Brautpaar noch zwei Schritte entfernt stand.
Er ließ das Gotteshaus auf die Anwesenden wirken und erreichte damit auch eine gewisse Spannung und Besonderheit des Augenblicks. Die großen, hellen Fenster beindruckten die Frau von Claus sehr, ebenso der Altar. Ihr fiel auf, dass die Kirchenbänke, im Gegensatz zu der ihr

bekannten Kirche, keine kleinen Türen im Mittelgang hatten. Dann lenkte die Zeremonie ihre Blicke auf das Brautpaar und den Pastoren, sowie auf den Klang der Orgel.
Claus hatte ein eigenes Gesangbuch aus der Tasche geholt.
Auf der ersten unbedruckten Seite stand mit Tinte, wie gemalt geschrieben:

13. Dezember 1822 Trauung in Burg, Dithmarschen
Claus Hoops und Anna Margaretha Wiese
*13.11.1822 Margaretha

Claus hatte die Einträge in dem Gesangbuch seiner Großeltern derart beeindruckt, dass er sich entschlossen hatte, dies auch für seine Familie so zu halten.
Zur Feier waren Speis und Trank auf dem Hof in Hönau reichlich vorhanden.
Die Hoops aus Kranenburg hatten sich in Bremervörde für die Nacht einquartiert.
Auch die Verwandtschaft der frisch vermählten Ehefrau hatte in Hönau und Lindorf ein Quartier gefunden.
Es kam die Zeit, da beendeten die Eltern von Engel, in Absprache mit den Ostendorfern, die Feier. Nach und nach verabschiedeten sich die Gäste und verließen den Hof in Hönau.
Das Ehepaar verließ selbstverständlich als letztes den Hof. Nur die Ostendorfer warteten noch auf das Ehepaar, es mit auf den Hoopshof zu fahren, wo sie nun leben würden.
Engel verabschiedete sich nun herzlich von ihren Eltern, nicht ohne, dass Tränen geflossen sind. Dann half ihr Harm auf den Brautwagen und der Tross setzte sich langsam in Bewegung. Die Wagen waren mit Laternen bestückt, da sie des Nachts fuhren.
„Gott sei Dank, dass es trocken geblieben ist", sagte die Altenteilerin zu ihrem Sohn und ihrer Schwiegertochter, auf deren Wagen sie mit einer Wolldecke, gut eingepackt saß.

Dann trotteten die Pferde den langen Weg nach Ostendorf.
Unterwegs bog Harms Schwester Lucia auf ihren Hof ab, aber nicht ohne sich hörbar zu verabschieden. Niemand stieg dazu vom Wagen.
Joachim und Claus lenkten die beiden Wagen sicher bis auf den Hoopshof.
Der Mond hatte es ihnen erspart, dass einer mit der Laterne vorweg gehen musste.
Auf dem Hof angekommen, stiegen alle ab und gingen, bis auf die Wagenlenker, gleich ins Haus.
Nachdem die Pferde versorgt waren, folgten die Brüder der Familie ans wärmende Feuer. Die kleinen Kinder, ihre Mutter, aber auch Margaretha waren schon in den Kammern verschwunden.
Nur Joachims Frau hatte auf die beiden Männer gewartet.
Gesche schenkte den Männern einen Krug mit Bier und zwei Schnäpse ein. Schließlich konnten sie auf der Feier kaum Alkohol trinken, weil sie für die Rückfahrt die Verantwortung hatten.
Gesche verschwand in ihrer Kammer und legte ihre Sonntagstracht ab. Dann schaute sie noch einmal nach den Kindern, legte sich dann ins Ehebett schlafen.

Einen Moment lauschten die Brüder, ob das Ehepaar in dem Alkoven noch aktiv war. Aber Harm schnarchte, wenn auch leiser als seine Mutter aus der Kammer.
Zu diesem Konzert gesellten sich die Geräusche, die das Vieh verursachte. Dazu ergänzte das Knistern des Feuers die Geräuschkulisse. Das aber störte die Brüder nicht wirklich. Sie redeten anfangs sehr wenig, genossen aber sehr die Anwesenheit des anderen, wie den Alkohol und das wärmende Feuer.
Kurz nach der Altenteilerin stand auch die Jungmagd auf. Beide waren verwundert, die Männer am Feuer wach sitzen zu sehen.

Die beiden Männer hatten dann doch die Zeit genutzt von ihren Erfolgen, Plänen und Wünschen zu berichten. Sie hatten beschlossen sich am Morgen zusammen das im Bau befindliche Häuslingshaus an zu sehen. Es war noch Holz übrig, das Joachim seinem Bruder mitgeben wollte. Es würde für einen kleinen Schuppen ein Anfang sein, den Claus noch bauen wollte.
Langsam erwachte das Leben auf dem Hof. Selbst das Krähen des Hahns nötigte das junge Glück noch nicht aus dem Alkoven zu kommen. Die alte Bäuerin hatte die Brauttracht am Abend noch in ihrer Kammer sichergestellt, denn diese Tracht wurde im Dorf verliehen, weil nicht jeder für eine eigene Brauttracht das notwendige Geld hatte. Zudem wurde in den Familien ja auch nicht häufig geheiratet. In Ostendorf gab es bei rund 50 Hofstellen nur drei Bauern, die eine Brauttracht im Hause hatten.
Da diese drei von unterschiedlicher Konfektionsgröße waren, konnten die Bräute im Dorf immer eine finden, die ihnen passen würde, oder passend gemacht werden konnte. Die Männer hatten es da einfacher. Der Anzug für den Kirchgang wurde hier und da mit einem bunten Band aufgehübscht.

Als es im Haus zu unruhig wurde, verließen die beiden Brüder, noch immer im Hochzeitsanzug das Haus und Joachim zeigte und erklärte ihm den Neubau des Häuslingshauses.
Als sie im Haus zurück waren, saß das junge Ehepaar mit der ganzen Familie am gedeckten Tisch. Aus Hönau wurde ein Teil der übrig gebliebenen Lebensmittel vom Festmahl mit nach Ostendorf gegeben. Diese standen nun, teilweise aufgewärmt, auf dem Tisch.
Bevor sich die zwei Brüder an den Tisch setzten, gingen sie in die Kammern und zogen den Anzug aus. Danach setzten sie sich zu den anderen an den Tisch, der gerade für alle

ausreichte. Sie waren eben zusammengerückt, hatten die kleinen Kinder teilweise auf dem Schoß sitzen.

Erst gegen Mittag löste sich diese Runde auf. Das Vieh musste erneut versorgt werden, die Kinder nörgelten und der Regen hatte das Land erreicht.

Claus und seine kleine Familie blieben noch zwei weitere Tage, bevor sie sich wieder auf den Rückweg machten. Claus hatte die Ladefläche mit einer eingefetteten Plane versehen, damit der Regen seiner Frau und seiner Tochter nichts anhaben konnte. Aber auch die Reisetasche, wie er die kleine Kleidertruhe mit der Tracht seiner Frau bezeichnete, durfte nicht nass werden.

Margaretha grauste schon vor der Rückfahrt und dem Geschaukel. Dazu prasselte der Regen auf die Plane. Claus hatte sich eine kleine Plane über die Schulter und den Rücken, wie einen Umhang, gelegt und zog die Mütze tief ins Gesicht. Seine Mutter hatte die Mütze noch mit Honigwachs gegen das Durchweichen geschützt.

Alle warteten eine Regenpause ab, bevor sie mit trockenen Kleidern auf den Wagen stiegen. Oben auf dem Bock, legte sich Claus noch eine Decke über die Beine, damit diese nicht gleich nass wurden. Hinten im Wagen hatte er zwei Laternen angezündet, die dort ein wenig Licht und Wärme verbreiteten.

Der Regen begleitete die Reisenden, immer mehr abnehmend, bis sie Lamstedt erreichten. Ab da regnete es nicht mehr. Der Fährmann in Freiburg begrüßte Claus, als er ihn sah.

„Du hast aber Glück mein Lieber. Fünf Minuten später und ich wäre abgefahren. Für dich ist noch Platz auf der Fähre. Stelle ihn genau dort in der Mitte ab."

Da sie ablaufendes Wasser hatten, fuhr die Fähre mit der Strömung, sodass die Fahrt wesentlich kürzer war, auch weniger schaukelte. Was die Seekranke auf dem Wagen allerdings nicht wirklich wahrnahm.

Bevor es zu dämmern begann, saß die kleine Familie im eigenen Haus und am wärmenden Feuer. Ihre Eltern waren herübergekommen, um den Rückkehrern zur Hand zu gehen, wofür beide sehr dankbar waren.

Johann staunte über das Holz, welches er auf dem Wagen gesehen hatte, als er ihn unter den Schauer schob.
"Mein Bruder hat es mir geschenkt. Er baut derzeit ein Häuslingshaus und das Holz war übrig geblieben. Ich lege es mir für eine kleine Scheune bei Seite."
In Ostendorf standen der Dachdecker und der Maurer ohne Vorankündigung vor Joachim.
"Bauer, wir wollen jetzt wie vereinbart die Arbeiten am Haus fortsetzen. Das Wetter scheint für eine Woche den Regen fern zu halten. Wir haben alles, was wir brauchen mit auf dem Wagen."
"Stellt den Wagen dort neben dem Haus ab. Das Pferd könntet ihr zu meinem ins Haus stellen. Auf dem Dachboden habe ich euch im Heu zwei Schlafplätze eingerichtet. Mein Bruder Harm wird euch wieder zur Hand gehen", wies Joachim die Handwerker ein.
Es dauerte nur zwei Wochen, dann war das Dach eingedeckt und das Fachwerk teilweise mit Steinen ausgemauert. Die Fächer an der Wand, mit der kleinen Groot Dör, waren bis zum Querbalken ausgemauert worden, weil es die Wetterseite war. Alle anderen Fächer waren schon vorher mit einem Flechtwerk versehen und mit Lehm und Stroh zugeschmiert worden.
Die Giebelwand hatte der Zimmermann auf beiden Seiten mit Brettern aus Lerchenholz verkleidet.
Es gab keinen Kamin im Haus. Die Feuerstelle bestand aus gemauerten Feldsteinen, die wie im Haupthaus gut 20 cm über den Fußboden hinausragten und rechteckig angelegt waren. Die Abmaße waren gut 1,5 Meter lang und 1 Meter breit. In der Mitte blieb eine kleine Vertiefung für die eigentliche Feuerstelle. Darüber hatte der Zimmermann aus

Schwarzeiche den Funkenschutz aufgehangen, der in alten Zeiten „Wodanswagen" genannt wurde.

Der Schmied hatte einen Kesselhaken geschmiedet, den der Zimmermann über der Feuerstelle am Funkenschutz angebracht hatte.

Nachdem die Handwerker fertig waren, gingen sie mit den Brüdern prüfend durch das Haus. Die Türen und Fenster schlossen gut. Die zugemauerten Fachwerke waren gut verschmiert. Alkoven gab es nicht, dafür zwei kleine Kammern. Sie kletterten in der Diele über eine Leiter auf den leeren Dachboden. Auch hier waren alle Dielen trocken. Das Dach hatte sich nach der gestrigen Regennacht als dicht erwiesen.

In der Diele war Platz für drei Kühe, zwei Schweine, ein Pferd und etliche Hühner an den Seiten. In die Diele passte ein Leiterwagen. Die Deichsel allerding musste hochkant gelagert werden, weil dafür kein anderer Platz verfügbar war. Die Dachluke war die Luke, über die sie auf den Dachboden gelangten. Sie stiegen einer nach dem anderen wieder nach unten, wobei der Letzte mit dem Strick die Bodenluke schloss. Als sie unten standen, meinte der Zimmermann. „In den neuen großen Bauernhäusern führt schon eine Treppe nach oben. Dennoch haben sie Luken zum Beladen mit Heu. Einige haben vorne am First noch eine kleine Tür zum Beladen eingebaut. Dazu muss das Haus aber auch groß genug sein."

„Ich merke es mir, falls ich ein neues Vierfachhaus bauen lasse. Du hattest uns ja dies und jenes für dieses kleine Haus vorgeschlagen. Für manches haben wir zu wenig Platz, für anderes zu wenig Geld", antworte Joachim dem emsigen Handwerker.

„Ich bin sehr zufrieden und mein Bruder Harm auch. Nun lasst uns die Feuerstelle einweihen und sehen, wie der Abzug funktioniert", forderte der Bauer den Zimmermann auf.

Er hatte die Feuerstelle dazu schon vorbereitet. Aus der Hosentasche holte er einen Feuerschläger und einen alten Feuerstein. Er schlug mit dem Eisen auf den Stein, bis der Funkenflug den Zunder an einer Stelle zum Glühen brachte. Damit es ein Feuer wurde, fachte er die Glut mit seiner Puste an und hielt trockenes Heu daran. Als das Heu entflammte, legte er das Ganze unter den Kienspan. Die Flamme breitete sich aus und fraß sich in die Holzscheite. Joachim warf noch ein wenig Heu in die Flamme und verfolgte, wohin der Rauch abzog. Sie sahen, dass er nach oben durch die Dachluke zog. Von außen sahen Sie, dass der Zimmermann das Eulenloch richtig platziert hatte, wodurch der Rauch in das neu erbaute Rauchhaus abzog.
"Männer, ihr seid euren Lohn wert. Ich bin sehr zufrieden mit eurer Arbeit. Lasst uns ins Haupthaus gehen. Dort erhaltet ihr das restliche Geld und ich meine Quittung."
Joachim ging voran.

Nachdem die beiden Handwerker zufrieden mit einer Zugabe von zwei Würsten und zwei Broten den Heimweg angetreten hatten, bat Joachim seine Frau, die Quittungen zu der Baugenehmigung in die Truhe zu legen.

Zu Harm gewandt sagte er: „Harm wir holen nun euer Bett aus der Scheune und bringen es in eure Kammer. Das Feuer im Flett brennt schon. Die Kinder helfen euch Holz für die ersten Tage ins Haus zu bringen. Euer Bettzeug könnt ihr ja gleich mitnehmen, damit ihr dann eure Hochzeitsnacht mit Verspätung in eurem eigenen Bett nachholen könnt." Er konnte sich nicht zurückhalten es mit einem Unterton und einem breiten Grinsen zu sagen.
Alle fassten mit an, damit das junge Glück endlich ins Häuslingshaus einziehen konnte.

Der nächste Tag forderte von allen auf Hoops noch einiges ab, bis alles ins neue Häuschen geschafft war, was hinein sollte.

Für den 22sten November hatte sich der Amtmann von Bremervörde zur zwölften Stunde angekündigt, welcher der Grundherr des Hofes war, weil er das Amt führte und vertrat. Er wollte persönlich sehen, was der Bauer auf Hoopshof aus der Genehmigung ein Häuslingshaus bauen zu dürfen, geschaffen hatte. Zudem waren ihm die Entwicklungen in den von Findorff gegründeten vielen Moordörfern wichtig, weil davon auch die Einnahmen in seinem Amt abhingen.

Schlussendlich hatte ja das Amt, also der Grundherr das Geld für den Bau gegeben, wobei Joachims Vorschlag, dafür in Vorkasse gehen zu wollen, einen entscheidenden Einfluss auf die Genehmigung gehabt hatte. Es würde der Kämmerer des Amtes im Gefolge sein, der alle bisher vorgelegten Rechnungen und Quittungen geprüft hatte. Nun fehlten noch die letzten zwei Handwerkerrechnungen und die Begutachtung durch den Amtszimmermeister.

Auf der Hofstelle waren alle sehr nervös. Harm hatte den ganzen Hof gefegt und vom nassen Laub befreit. Nirgends lag etwas unordentlich oder wie weggeworfen auf der Erde. Im Häuslingshaus hatte Engel ihre Hausarbeit erledigt und die Räume, soweit möglich, inzwischen wohnlich mit ihrer weiblichen Note hergerichtet.

Auch im Haupthaus konnte niemand die Hausherrin bremsen, das Flett, die Kammern und die Diele herzurichten. Noch am Morgen wurde das Stroh ausgetauscht, und dennoch hatten die Kühe gleich frische Fladen draufgesetzt. Dies verleitete Joachim zum witzeln, weswegen ihn seine Frau mit dem Besen aus dem Haus jagte, was bei den Kindern ein Gelächter auslöste. Sie fanden es im Gegensatz zu ihrer Mutter lustig.

Selbst die Kleidung wurde abgebürstet.

Der Knecht vom Nachbarn wurde ausgeliehen und vorne am Weg positioniert. Von dort war die Kutsche bereits von weitem zu sehen, jedenfalls bei Sonnenschein und klarer Luft. Als er rufend auf die unterm Schauer wartenden zulief, wussten alle, nun kommt er.

Einzig die Magd war mit den zwei jüngsten Söhnen von Joachim und Gesche im Haus geblieben, schürte das Feuer und passte auf den Kuchen auf, damit nicht noch Hühner oder Mäuse darüber herfielen.

Der fünfjährige Joachim drückte sich ganz eng an den Rockzipfel der Mutter. Selbst die Altenteilerin ließ es sich nicht nehmen, bei dem hochherrschaftlichen Besuch mit dabei zu sein.

Als die herrschaftliche und geschlossene Kutsche des Amts auf die Zufahrt zum Hof einbog schnaubten die zwei Pferde hörbar durch die Nüstern, deren Atem sichtbar in die Kühle des Tages gepresst wurde. Der leichte Nieselregen machte Joachim Sorge, die Stimmung der Herrschaften könnte dadurch getrübt sein. Der Kutscher hatte seine nasse Mütze tief in die Stirn gezogen, den Kragen vom Umhang hochgeschlagen. Er lächelte dennoch der kleinen Gruppe zu, hoffnungsvoll nickend, als wolle er mitteilen, dass der Beamte wohlgelaunt sei. Nachdem die Kutsche zwei Schritte von ihnen entfernt anhielt, trat Joachim vor, die Tür zu öffnen und den Tritt zum Ausstieg auszuklappen.

Es dauerte einen Augenblick und ein gut gekleideter, großer und schlanker Herr mit Schnauz- und Backenbart stieg aus. Die Augen des kleinen Joachim konnten sich an den glänzenden, schwarzen Reitstiefeln gar nicht satt sehen.

Ohne auf die restlichen Insassen zu warten, ging der Herr auf den Bauer zu und reichte ihm die Hand. „Ich bin der Oberjägermeister und Amtmann Haddorf", sagte er gerade heraus, den Hut leicht mit der anderen Hand angehoben, als er zu den drei Frauen sah.

„Oh, was ein feiner, netter Herr", murmelte sich die Alte in den Damenbart.
Joachim ergriff die Hand und verneigte sich leicht. Dann fasste er sich.
„Ich bin der Bauer, Joachim Hoops. Meine Mutter, meine Frau, mein Bruder mit seiner Frau, der als Häusling das neue Haus bewohnt. Und das ist mein ältester Sohn Joachim", damit zeigte er auf den sich nun hinter seiner Mutter versteckenden Jungen.
„Der Hoferbe. Respekt. Du hast drei Söhne, hat mir der Amtsschreiber berichtet. Ich sehe aber nur einen", meinte der Amtmann, womit er den Menschen ein wenig die Spannung nahm.
Inzwischen waren drei weitere Männer mit weniger herrschaftlichen Gewändern ausgestiegen.
„Die anderen zwei Knaben sind bei der Magd im Haus, Herr Amtmann", antwortete Joachim.
„Ich freue mich immer, wenn die Höfe wachsen und klug bewirtschaftet werden. In den letzten Jahren waren ja deutliche Verbesserungen und Erholungen im Amt sichtbar, auch in den Amtsbüchern. Heute sind diese drei Herren mitgefahren, das neue Gebäude, aber auch deinen Hof anzusehen und begutachten", führte der Amtmann aus.
Er gehörte zu den reitenden Förstern und war bis zum Amtmann aufgestiegen, was nicht das Ende seiner Karriere sein sollte.
Hinter ihm traten nun einzeln die Mitreisenden vor und begrüßten Joachim, wobei sie sich gar nicht erst vorstellen mussten, da man sich kannte.
Der Amtmann hatte den Kämmerer, den Amtsschreiber und den Amtszimmermann mitgenommen, die Begutachtung und Anrechnung vorzunehmen.
„Ich habe bereits beim Einfahren auf dem Hof das Haus von außen, aber auch den Eindruck des Ganzen grob gesehen. Nun gehe vor und zeige mir den Neubau. Dann gehen wir

in dein Haupthaus", lobte der Amtmann und gab das weitere Vorgehen vor.

Sie gingen, trotz des kühlen und feuchten Wetters, hinter dem feinen Herrn her, den sein leidender Schuhputz in keinster Weise störte. Er ließ sich von Joachim wie seinem Amtszimmermann dies und das erklären, sowie Fragen beantworten. Der Amtsschreiber wieselte, in ein kleines Buch Notizen kritzelnd, hinter der Corona hinterher. Engel war gleich ins Häuslingshaus gegangen, die Bäuerin und ihre Schwiegermutter stoben ins Haupthaus, um nach dem Rechten zu sehen, und um möglicherweise noch etwas ins rechte Licht rücken zu können.

Der Kämmerer sagte während der gesamten Inspektion nichts, hörte aber sehr aufmerksam zu, dabei machte er mit dem Zeigefinger den armen Amtsschreiber auf die eine oder andere Äußerung aufmerksam, damit er es auch akribisch niederschrieb. Der kannte das schon und nickte devot, schrieb aber was sein Amtmann für wichtig erachten würde. Es war ja nicht die erste Inspektion und er wusste, was die Herren interessierte. Er war ja keinesfalls der Schreiber des Kämmerers, sondern der des Amtmanns. Somit hatte ihm der Pfennigfuchser keine Anweisungen zu geben.

Harm folgte dem Treiben still und aufmerksam, aber nicht ohne den Zwist zwischen den beiden Beamten zu bemerken.

Dann gingen sie ins Haus, wo sie sich durch das offene Feuer ein wenig aufwärmen konnten.

Der Amtszimmermann schaute in jede Ecke, prüfte die Ausführungen und Arbeiten der Handwerker, stieg über die Leiter auf den Dachboden und kam auch wieder zurück. Die Türen und Fenster schaute er sich ganz genau an. Zu guter Letzt legte er ein wenig nasses Heu ins Feuer und verfolgte den Rauch mit einer zufriedenen Miene.

„Sehr gute Ausführungen und gutes Material", fasste der Mann seine Feststellungen zusammen.

„Herr Amtmann, wir sollten bei zukünftigen Bauten von Häuslingshäusern dieses als Maßstab nehmen, wie das von dem gestrigen in Iselersheim", schlug der Fachmann vor.
„Nun gut. Du hast es hier sehr wohnlich und gemütlich eingerichtet", lobte er die junge Ehefrau, die ihren Blick verschämt auf den Boden lenkte und nur: „Danke, Herr", herausbrachte.

Dann verließ der Amtmann das kleine Haus, setzte seinen Hut auf und ging direkt auf den Schauer zu, dann zur und in die Scheune, und über den Backofen zum in die Jahre gekommenen Haupthaus, wo ihm die Magd die Tür geöffnete hatte.
Als er im Flett am Feuer stand, rieb er sich wärmend die Hände, während er sich um 360° auf dem Absatz drehte und so einen Rundblick vollführte, während seine Herren hier und da hingingen, hinein und hinaus schauten.
„Gut, schauen sie sich noch in aller Ruhe um."
Er nahm den Hut ab, den er Gesche übergab, zog seinen Mantel aus, den Joachim entgegennahm und zum Trocknen über einen Stuhl hängte.
„Bauer, wir setzen uns schon einmal an den schön gedeckten Tisch." Diese Worte waren das Zeichen für die Beamten ihre Inspektion zu beenden und sich auch an den Tisch zu setzen.
Als alle Männer am Tisch saßen forderte der Amtmann den Amtszimmermann mit einem Blick auf, seinen Eindruck zu schildern.
„Herr, das Haus ist gepflegt und hier und da mit notwendigen Ausbesserungen versehen worden. Das Holz ist frei von Holzfraß. Die Treppe auf den Dachboden ist sehr stabil, und die Bodenluke lässt sich gut schließen. Ich bin zufrieden, Herr", war die knappe Antwort.
„Kämmerer, nun geht es ums Geld", forderte er seinen Mann für die Finanzen.

„Bisher waren deine Abrechnungen ohne Beanstandungen. Die Steuern wurden vom Hof bisher stets pünktlich und vollzählig gezahlt. Der Zustand des Hofes gibt mit dem Häuslingshaus auch Gewähr, die damit gestiegenen Abgaben und Steuern zu bezahlen. Der Bauer hat mir vorhin die letzten zwei Quittungen gegeben, welche ihm die Handwerker ausgestellt hatten. Mit dem Ergebnis der Begutachtung des Amtszimmermanns, der mich auch in Sachen Handwerkerrechnungen berät, waren die Kosten angemessen. Deswegen werde ich dem Bauern seine Auslagen gleich heute erstatten, Herr Amtmann", teilte er den Anwesenden mit.

Joachim und Harm, aber auch den Frauen im Hintergrund fielen Steine vom Herzen. Joachim war recht angetan von den Worten und der Einschätzung des Finanzbeamten.
„Ja, das ist ein sehr zufriedenstellendes Ergebnis", was ich derzeit nicht so häufig erfahre, wie ich es mir aber immer wünschen würde. Es sind durchaus auch schwere Zeiten gewesen, von denen wir uns noch weiter erholen müssen. Wozu steht eigentlich dieser gut riechende Kuchen hier auf dem Tisch?", fragte er in Richtung der wartenden Bäuerin.

Es dauerte noch eine für die Familie sehr angenehme halbe Stunde, bevor der Amtmann aufbrach und mit einer Wiederholung des Lobes in die Kutsche einstieg und weiterfuhr. Drei ganze Stunden hatte das Vorhaben nur gedauert. Joachim kam es wie eine Ewigkeit vor.
Kaum war die Kutsche aus der Sicht kam der Nachbar, Harms ehemaliger Bauer, neugierig herüber.
„Komm, lass uns ein paar Schnäpse zu Gemüte führen", lud er den alten Mann ein.

Bevor sein Bruder zur Frau in den Neubau ging, gab ihm Joachim mit auf den Weg: „Harm, der hat uns nicht nur gelobt, sondern auch in die Pflicht genommen. In Iselersheim und in Hönau hat er mehrere Bauern wie uns gelobt, aber auch andere aufgefordert, noch besser zu wirtschaften, und einem sogar die Hilfe vom Amt mit einem Knecht zur Verfügung gestellt. Einen hat er aber auch abgemeiert und einen neuen Pächter bemeiert. Er hat einen guten und fairen Ruf", womit er es bewenden ließ, seinem Bruder eine gute Nacht wünschte und ihn liebevoll und dankbar umarmte.

***
1824 – 1830

Diese Jahre waren für die Familien auf allen Höfen überwiegend von freudigen Ereignissen geprägt.

In Ostendorf wurden Joachim und Gesche drei weitere Kinder geboren, wovon der kleine Lütje nach gut einem Jahr starb, Claus und Catharina hingegen waren gesund. Die Kinderschar war auf fünf angewachsen.

Die Ehe von Harm und Engel war kinderlos geblieben.

Joachims Schwester Lucia hatte inzwischen sechs Kinder auf die Welt gebracht, von denen ein Sohn an Masern starb, kaum ein Jahr alt.

In Buchholz hatten Claus und Margaretha, nach der Tochter 1822, noch drei Kinder taufen lassen und Johann, Trina und Catharina genannt. Auch hier verloren sie die kleine Trina nach nur sechs Monaten.

Im Jahr 1829 heiratete, zum Glück für die Altenteilerin, auf Hoopshof in Ostendorf das fünfte und jüngste ihrer Kinder. Anna Catharina heiratete den Häusling Johann Peters und lebte in Gräpel, wo sie sechs Monate nach der Hochzeit eine gesunde Tochter auf die Welt brachte.

In Kranenburg gab es einen Generationswechsel. Johann, der Bruder vom seligen Joachim II, dem Vater des aktuellen Bauern auf Hoopshof, hatte den Hof an seinen einzigen Sohn Peter im Jahr 1825 übergeben und war mit seiner 2ten Ehefrau Anna auf Altenteil gegangen. Peter hatte mit Lucie Hoops eine Cousine aus Forst geheiratet. Beide hatten bereits zwei Söhne mit Namen Christian und Harm.

So verzweigten sich die Familien immer weiter, die Verbindungen wurden dünner, die Treffen und Teilnahmen weniger, weil die Verwandtschaft weitläufiger wurde und sich nicht nur auf den Familienamen Hoops konzentrierte.

Solange noch die Altenteilerin auf Hoopshof, ihr Schwager in Kranenburg und die anderen Kinder vom Hofgründer Joachim I, auch Jochen gerufen, lebten, waren die Fäden noch nicht gekappt, wurden aber dünner, weil mit dem zunehmenden Alter auch die Reiselust rasant abnahm.

***

1831

Hoopshof in Ostendorf

Am Mittwochabend, dem 7ten September beauftragte Peter Hoops, der Bauer vom Kartoffelhof, seinen Knecht Heinrich mit dem Zugpferd am nächsten Tag zu den Höfen seiner Familie zu reiten, um vom Tod des alten Bauern, Peters Vater, zu berichten und zur Beisetzung am Sonnabend nach Oldendorf einzuladen.

Johann Christian Hoops lebte, nachdem er aufs Altenteil gegangen war, mit seiner 2ten Frau Anna bei seiner ältesten Tochter Rebecka in Beehrste. Sein Sohn und Hoferbe aus 2ter Ehe hatte seinen Vater darum gebeten, weil es seiner Stiefmutter nicht gelang sich mit dem Altenteil ab zu finden und Peters Frau als Bäuerin zu akzeptieren.

Sie hatte es auch nicht ganz einfach, sie war nur die Stiefmutter und keine Hoops, während dessen Peters Frau Lucie eine geborene Hoops und Peters Cousine war. Sie war die Tochter von Peters Onkel, Harm.

Nun lebten sie mit Peters Vater bei der gemeinsamen Tochter Rebecka, die den Bruder von Peters Ehefrau geheiratet hatte.

Vor der Beisetzung graute der jungen Witwe Anna schon. Die ganze Sippe Hoops aus Ostendorf und Kranenburg würde mit den Anverwandten zur Beisetzung kommen.

Als ihre Tochter Rebecka 1833 in Beehrste starb und der Schwiegersohn im gleichen Jahr erneut heiratete, war sie die Fremde beim Stiefsohn. So zog sie zur zweiten Tochter, wo sie ihren Lebensabend entspannter verbrachte.

Aus dem einen Ehepaar von 1762 waren inzwischen viele Familien Hoops, Kinder und Kindeskinder geworden, die immer zahlreicher und weiter auseinanderlebend wohnten, dass einigen schon der Überblick zu verlieren drohte.

Zur Beisetzung des freien Bauern und Altenteilers vom Kartoffelhof hatten sich sehr viele Verwandte und Weggefährten eingefunden. Claus aus Buchholz war nicht gekommen, weil er vom Tod seines Oheims per Post erfuhr, da den Knecht die Runde nicht über die Elbe führte. Peter hatte die alte Margaretha gebeten, Claus einen Brief zu schreiben, was sie auch tat.

Lieber Claus,

ich muss dir leider eine traurige Nachricht mitteilen. Am 7ten ist dein Oheim, Johann Christian, aus Kranenburg an Schwindsucht verstorben. Er hat nicht lange leiden müssen, was mir kein Trost ist, weil wieder einer der Alten abberufen wurde. Nun leben von deines seligen Vaters Brüder nur noch Claus, der Gastwirt und Friedrich.
Peter, Johanns Sohn hat mich gebeten, dir diese traurige Nachricht zu schreiben.

Mir selbst geht es gut. Ich habe keinen Grund zu klagen, außer, dass mir der Herr deinen Vater viel zu früh genommen hat. Mir graust schon vor der langen Fahrt auf den unebenen Wegen auf dem Wagen zur Beisetzung meines lieben Schwagers, der für Deinen Vater immer ein Vorbild war, weil er es während der Franzosenzeit geschafft hat, seinen Hof vom adeligen Grundherrn zu kaufen.
Joachim, Gesche, Harm und Engel lassen dich und deine liebe Frau ganz herzlich grüßen. Die Handvoll Enkelkinder auf dem Hof lassen mir die Tage nicht langweilig werden. Das Häuslingshaus ist sehr schön geworden. Der Herr Amtmann war sogar persönlich auf dem Hof es sich anzusehen. Wenn das noch dein seliger Vater hätte erleben dürfen.
Ich freue mich immer wieder gerne von euch zu lesen. Für mich werden Reisen zu mühsam, aber noch holt mich der Herr sicherlich nicht zu sich ins Himmelreich.

deine alte Mutter

Am 16ten Oktober saß die alte Margaretha mit ihrer Familie auf ihrer Kirchenbank in Bremervörde. Sie hatte sich auf ihrem Platz, wie viele andere Ältere, seit Jahren ein Kissen gelegt, weil die Holzbänke unbequem waren und der Hintern schon auf der Herfahrt leiden musste.
Nachdem der Pastor den Gottesdienst beendet hatte, folgten wie immer die kirchlichen Verkündigungen vor den weltlichen Bekanntmachungen.

Bei einer amtlichen Bekanntmachung des Königs wurde Joachim III hellwach.

„Das Königreich Hannover gibt bekannt, dass am 10ten Oktober per Anno von seiner Majestät ein Ablösegesetz erlassen wurde. Der Herr Amtmann wird im Anschluss alle Hofpächter seines Amtes, die heute hier sind, dazu im Amtshaus kurz informieren."

Oh Gott, dachte die alte Margaretha, deren Knochen sich schon merklich meldeten. Sie fürchtete, dass sich damit die Rückfahrt zum Hof verschieben würde.
Die Bauern aus den Dörfern steckten schnell die Köpfe, gleich nach der Bekanntgabe und noch in den Bänken zusammen. Es war zwar für den Pastor als würden alle ungeordnet durcheinander reden, was es aber nicht war. Es war ja nicht das erste Mal, dass der Amtmann die Bauern ins Amtshaus einlud, auch wenn es sehr selten geschah.
Sie besprachen und regelten wie alle ihre Familien, mit wem und wer gleich nach Hause auf die Höfe fuhr und, mit welchen Fuhrwerken.
So wurde die Befürchtung der alten Margaretha nicht wahr, aber für die Bauern und Erbpächter mal wieder ein ausgedehnter Krugbesuch in Bremervörde möglich.
Es dauerte eine ganze Weile, bis die Amtsdiener die Menge Mensch an Interessierten, Neugierigen und herbeorderten Männern im größten Raum, in dem auch Gericht abgehalten wurde, diszipliniert und zur Ruhe gebracht hatten. Nicht

alle hatten einen Sitzplatz in dem Bereich für Besucher gefunden. Die Bänke und Tische der hohen Herren, die bei Gericht besetzt waren, blieben leer. Als der Amtmann den Raum betrat standen die wenigen Sitzenden auf und es war mucksmäuschenstill geworden.

Der Herr ging durch die Tür in den Saal, die ihm der Amtsschreiber geöffnet hatte, schaute in die vielen neugierigen Gesichter, ließ durch seine Anwesenheit und einen Moment des Wartens die Anwesenden die Macht seines Amtes spüren. Dann ging er zum Richterstuhl, auf den er sich setzte. Dort legte ihm der Amtsschreiber eine Akte, oder ein Dokument hin. Was es genau war konnte Joachim von seinem Platz aus nicht sehen.

Als der Amtsschreiber mit den Händen andeutete, dass man sich setzen durfte, nahmen diejenigen Platz, die eine Sitzgelegenheit auf den Bänken erobert hatten. Joachim war nicht unter den Glücklichen.

Nachdem der Amtsschreiber seinen Platz eingenommen hatte, flankierten die zwei Amtsdiener den Amtmann stehend hinter ihm.

„Männer, es ist gut, dass ihr so zahlreich meiner Anordnung und Einladung gefolgt seid. Was ich zu sagen habe, gilt für euch alle, nicht nur für die Pächter, deren Grundherr das Amt oder das Land ist. Der Amtsschreiber stellt jetzt fest, welche Herrenmeier anwesend sind, bevor ich euch kund und zu wissen gebe, weswegen ihr hier seid", endete seine Begrüßung.

Das war das Stichwort für den Amtsschreiber. Er rief Dorf für Dorf die Herrenmeier namentlich auf und notierte, wer anwesend war. Das dauerte eine ganze Weile. Währenddessen nahm der Amtmann die Gelegenheit wahr, nach zu sehen, wer von den Anwesenden welcher Pächter war, da er nicht jeden persönlich kannte.

Er zündete sich eine Zigarre an und blies den Rauch genüsslich in den Amtsraum, während der Amtsschreiber seines Amtes waltete, die Aufgerufenen mit erhobener

Hand „hier" oder „anwesend" oder „joh" riefen, womit sie ihre Anwesenheit bestätigten. Dass die zwei Amtsdiener, die hinter dem Amtmann standen einzig ein Auge darauf hatten, ob sich nicht einer der Anwesenden ein zweites Mal und damit für einen anderen meldeten. Die Anwesenden fühlten sich beobachtet, waren verunsichert und niemand wagte es, für einen Abwesenden die Hand zu heben.
„Herr Amtmann, ich bin mit der Feststellung der Anwesenden fertig", meldete der Beamte dem Amtmann, der nun seinerseits das Wort übernahm.

„Vor wenigen Tagen ist ein Gesetz erlassen worden, das ja eine Vorgeschichte hat. Ich will, auch wenn es bekannt ist, noch einmal ein wenig ausholen. Dieses Gesetz gilt für alle im Königreich, sowohl für die Herrenmeier, die Junkermeier und alle Grundherren. Wie ihr wisst, wurden nach 1815 alle Reformen aus der französischen Zeit zurück genommen. Die schweren Jahre vor und nach 1815 ließen nicht nur die Getreidepreise stark sinken. Dadurch waren die Einnahmen und Gewinne der meisten Bauern und Pächter so gering, dass sich die Meisten sehr hoch verschuldeten, dass die Gefahr bestand sie wüst fallen lassen zu müssen, weil sich keine Nachfolger finden würden. Deswegen war eine Reform von Nöten, damit die Bauern von ihrer Arbeit leben und ohne Schulden ihre Steuern und Abgaben zahlen konnten", erklärte der hohe Herr, zog an der Zigarre und legte eine Kunstpause ein.
Bei den Anwesenden hatte sich die Anspannung von Angst und Unsicherheit überwiegend in Neugierde gewandelt.
„Die Ständeversammlung in Hannover hat deswegen im letzten Jahr ein Schriftstück verfasst, worin die Probleme der Landwirtschaft und aller Pächter aufgezeigt wurde. Zugleich erarbeite sie Vorschläge, wie Abhilfe geschaffen werden kann", führte der Amtmann fort.
Er wusste sehr wohl, dass der hannoversche Adel vor zwei Jahren eine Gesetzesinitiative der Ständeversammlung

erfolgreich verhindert hatte. Er verschwieg, dass man in Hannover weitere Unruhen fürchtete, die das Militär unterdrücken konnte. Die Folgen waren, dass der König den Ministerpräsidenten in Hannover entließ und von der Versammlung erneut ein Antrag für das Gesetz gestellt wurde, weswegen er nun hier vor den Männern saß.

"Was steht nun in dem Gesetz. Ich will es mit eigenen Worten zusammenfassen. Jeder Eigentümer oder Pächter von Ländereien, Grundstücken und Höfen, die in einem Meier- oder gutsherrlichen Verhältnis stehen, oder mit dem Zehnten, Hand- und Spanndiensten oder sonstigen realen Lasten behaftet sind, haben das Recht, ihre Grundstücke durch Ablösung oder Verwandlung nach den Grundsätzen des gegenwärtigen Gesetzes davon zu befreien, sofern ihm ein erbliches Recht an demselben zusteht, sprich, er Erbpächter ist."
Das schlug ein wie ein Hammer auf den Amboss. Die ersten begannen zu murmeln und Unruhe kam auf.
„Herr Amtmann, was bedeutet das und wie soll das gehen?", fragte einer aus der Menge.
„Das Gesetz ist nur der Anfang euch allen die Möglichkeit zu geben, Besitzer eurer Höfe und Katen zu werden. Wie das genau geregelt wird, soll nun in eine Verordnung gefasst werden. Es ist zugleich eine Landreform und hat das Ziel, dass der Besitzer dann keinen Grundherren mehr hat, dem er Abgaben oder zu Dienstleistungen verpflichtet ist. Er zahlt aber weiterhin Steuern an das Königreich. Einzelheiten dazu wird Euch bekannt gegeben und auch erklärt werden, nachdem diese Ablösungsordnung erlassen ist."
Es gab noch vier weitere Fragen, die der Amtmann sicher und sachkundig beantwortete, ohne eigentlich etwas auszusprechen, was eher zu weiterer Verunsicherung geführt hätte. Er brauchte seine Bauern und warb eher um ihr Vertrauen, denn den Respekt hatte er von Amtswegen,

doch hatte er nicht vergessen, dass die letzten Unruhen noch nicht lange her waren und nur das Militär französische Verhältnisse verhindert hatte.

„Ihr müsst euch noch ein wenig gedulden. Nach der Verordnung werden Landvermesser sicherlich jeden Hof, jedes Grundstück neu vermessen, so wie einst im Jordebuch von den Schweden vor langer Zeit vermessen wurde, damit dann auch die Grenzen des Eigentums für jeden sicher ist. Hiermit beende ich diese Information", sagte er, zog an der Zigarre, stand auf und verließ den Raum.

Nach und nach leerte sich das Amtsgebäude, während sich die Krüge und Gasthäuser, wo sich viele noch lange über dieses Gesetz und das Gesagte unterhielten. Dabei ging es ab und an laut und rau zu.

Joachim saß auch noch gut eine Stunde in einem Krug, wo sich die Ostendorfer eingefunden hatten, die nicht gleich heimgefahren waren.

Es wurde Zeit für die Heimfahrt, denn der Hunger machte sich bei vielen bemerkbar. Der Alkoholgenuss ließ eine lustige Gesellschaft auf zwei Fuhrwerken den Heimweg antreten, wodurch die teilweise deftig geführten Gespräche keineswegs endeten.

Als der Wagen vor der Zufahrt zum Hoopshof hielt, stieg Joachim rasch ab, verabschiedete sich kurz und sputete sich ins wärmende Haus zu kommen.

Harm wartete schon sehr gespannt auf seinen Bruder im Häuslingshaus und bekam mit, wann Joachim auf dem Hof zurück war. Er wollte ihn aber nicht gleich überfallen, wartete daher noch eine gute Stunde.

Als Harm mit seiner Frau ins Haupthaus traten, saß Joachim mit seiner Familie gemütlich am Tisch. Es war Sonntag, aber zum Abendbrot noch zu früh.

„Schön, dass ihr gekommen seid. Setzt Euch doch zu uns", begrüßte der Bauer die zwei.

„Ihr seid sicherlich schon gespannt, was der Amtmann zu sagen hatte. Ich habe extra auf euch gewartet, davon zu erzählen. Erst einmal hatte ich nach dem Schnaps im Krug Hunger gehabt", erklärte er.
„Nun aber los", drängte ihn seine ungeduldige Mutter.
„Also. Ihr habt ja hier und da mitbekommen, dass das Militär in Hannover gegen hungernde Bauern vorgegangen ist, und dass die hohen Herrschaften, seitdem die Kleinen Leute ihr Blut gegen den Franzosen in Massen überall vergossen hatten, am Liebsten wieder die Leibeigenschaft eingeführt hätten. Der Kaiser war weg und ein König kam. Was hat sich für uns geändert, nichts! Die Schulden wachsen bei vielen unserer Verwandten, Nachbarn und Freunden, es ist auch kein Geld mehr für Medizin vorhanden. Uns auf unserem Hof geht es noch einigermaßen, weil wir sparsam sind, gut gewirtschaftet haben wie unser seliger Vater und seliger Großvater. Wir helfen uns auch hier in den Moordörfern untereinander, auch wenn es schwer ist und es immer wieder Rückschläge gibt."
Er holte ein wenig Luft und fuhr dann fort, denn er war kein Redner oder Geschichtenerzähler.
„Gegen den Adel hat der König ein Gesetz erlassen, auch wenn er ein Adeliger ist, weil sie keine Steuern und Abgaben mehr von uns erhalten, damit sie sich den Bauch vollschlagen können. Diese Ständeversammlung in Hannover hat sich durchgesetzt, und das Gesetz durchgedrückt."
„Was steht denn da drin?" fiel ihm seine Mutter ins Wort.

„Das Gesetz ermöglicht allen Erbpächtern ihre Höfe zu kaufen, damit den Traum von Großvater und Vater zu erfüllen, diesen Boden endlich als Eigentum, als Eigene Scholle bezeichnen zu können", sagte er enthusiastisch.
„Das wäre ein Wunder", schwärmte die Altenteilerin und schlug die Hände über dem Kopf zusammen.

„Woher willst du denn das Geld dafür nehmen?", fragte Harm kritisch.

„Bruder. Dafür wird demnächst eine Ablöseordnung erlassen, in der alles darin stehen, und wie das vonstatten gehen soll. Es werden auch Landvermesser durchs Land fahren, alle Höfe, Häuser, Grundstücke zu vermessen und vieles mehr, um es so wie einst die Schweden schon zu Papier zu bringen. Daraus ermittelt sich der Wert des Hofes, hat mir der Amtsschreiber nach dem siebten Schnaps im Krug gesteckt", beichtete Joachim.

„Sicherlich wird es noch einige Jahre brauchen, bis ich oder du mein Sohn Besitzer dieses Hofes sein wirst", freute sich der Vater dem Sohn in Aussicht zu stellen.

„Wir müssen dann auch nicht mehr diese ganzen unsäglichen Abgaben und Steuern, oder den Zehnten zahlen, sondern nur noch Steuern an das Land", ergänzte er.

Sein ältester Sohn Joachim VI war ein politischer Junge. Er drehte den Kopf leicht zur Seite und fragte seinen Vater: „Vadder, dann muss mir dein Bruder Harm ja Pacht oder Miete für das Häuslingshaus zahlen?"

Alle waren sprachlos von der Auffassungsgabe des 13-jährigen Hoferben und seiner Schlussfolgerung.

Harm sah seinen Neffen entgeistert an, zeigte auf ihn und sagte zu seinem Bruder: „Der wird einmal ein guter Bauer und Hofbesitzer!"

Dann klopfte er dem Neffen anerkennend auf die Schulter. „Sei gewiss, mein Junge. Dir zahle ich sehr gerne eine Pacht für das schöne Haus, viel lieber als dem Amt oder sonst jemandem. Aber bedenke, es gehört dir. Alle Reparaturen sind dann auch deine Angelegenheit, und die hast du zu bezahlen", lachte er ihn an.

„Oheim, das stimmt. Aber gehört mir, nur das zählt", kam es aus dem Dreikäsehoch wie aus der Pistole geschossen.

„Bleibt zum Essen", forderte Gesche die beiden auf.

Es wurde noch lange über den heutigen Tag gesprochen, aber auch viel gerätselt, wie lange es wohl dauern würde.

Das Gesetz hatte eine Initialzündung unter den Bauern und beim Adel ausgelöst. Die einen sahen sich als zukünftige Eigentümer und Besitzer, die anderen setzten alles daran, den dann ehemaligen Pächtern einen möglichst hohen Preis abverlangen zu können, da ihnen diese ständigen Einnahmequellen zukünftig wegfallen würden.

Die Tagesgeschäfte der Landwirtschaft und Viehzüchtung holte alle bald wieder ein, da es darum ging, die Speicher für den Winter gut gefüllt zum Erntefest zu wissen.

***
1832

Am Neujahrstag erschien erstmals die Hannoversche Zeitung, wenn es auch zuvor dort schon Zeitungen gegeben hatte. Was hier abgedruckt wurde, gelangte auch außerhalb der Stadt anderen zur Kenntnis.

Im Mai des Jahres fand auf dem Hambacher Schloss ein Fest statt, an dem auch einer aus dem Bremischen teilgenommen hatte. Als Joachim und Harm nach einer Lieferung zum Krämer anschließend im Krug saßen, weil sie ein gutes Geschäft gemacht hatten, hörten sie einen Mann von diesem Fest mit Inbrunst erzählen, dass dort mehr als 20.000 Menschen aus allen deutschen Landen zusammengekommen waren und er mittendrin war.
Er sang auch ein Lied, von dem er sagte, dass es dort gesungen wurde:

„Fürsten zum Land hinaus, jetzt kommt der Völkerschmaus!
Raus, raus, raus, raus.
Wilhelm liebt Bürgermord, mit ihm aus Preußen fort, erschlagt den Hund!
Dem Deutschen Bundestag werft faule Eier nach! Kikeriki, Kikeriki!
Dann ist im Lande Raum, pflanzet den Freiheitsbaum!
Hoch, hoch, hoch, hoch!"

Er erzählte weiter, dass er geflohen war, als bayerische Truppen in die Pfalz einrückten, viele festnahmen und verurteilten.
Harm fragte seinen älteren Bruder: „Weißt du wo Hambach ist und die Pfalz, wovon der Spinner da erzählt hat?"
Joachim schüttelte den Kopf und beide verließen den Krug.
Was sie gehört hatten hatte sie hellhörig gemacht. Joachim wusste nicht, ob der Kerl auch hier gesucht wurde und er

wollte auch nicht in diese Geschichte hineingezogen werden, weil er nicht die Möglichkeit auf den Erwerb seines Hofes riskieren wollte.
Die Gerüchte von den Ereignissen hatte die Runde gemacht. Alles war so widersprüchlich, einige verglichen es sogar mit der französischen Revolution.
Sie waren sehr verunsichert.
Als sie zu ihrem Fuhrwerk gingen, sahen sie fremd aussehende Soldaten in der Straße stehen, wo es zum Amtsgebäude ging.
„Oh, weh", sagte Joachim.
„Gut, dass wir den Krug verlassen haben. Sie suchen den Kerl bestimmt schon", meinte Harm.

Als Joachim drei Wochen später wieder in Bremervörde war, sah er wieder Soldaten in den gleichen Uniformen, wie er sie mit Harm zusammen gesehen hatte.
Der Schmied klärte Joachim auf
„Joachim das sind Soldaten unseres Königs, der in England auf der Insel lebt. Es sind eigentlich britische Uniformen. Weil sie aber keine britischen Soldaten, sondern Soldaten des Königs von Hannover sind, hat man die englischen ein wenig abgeändert. Die Aufschläge, das Wappen und die Kokarden sind nun gelb - weiß – schwarz."
„Was machen die denn bei uns?", fragte Joachim seinen Freund.
„Es sind unsere Soldaten, die vom Bremervörder Landwehrbataillon", versuchte er dem Bauern seine Bedenken zu nehmen.

Kapitel 6

1837

Ein neuer König

Am 21sten Juni wurden berittene Boten durch das ganze Land gesandt um zu verkünden, dass der König tot ist.
Er starb am Tag zuvor und war, wie sein Bruder Georg IV., ohne erbberechtigten Nachkommen geblieben.
Diese Nachricht brachte erneut Unsicherheit und Fragen in die Köpfe: Wer wird nun König - was wird er entscheiden – wird die Landreform zurückgedreht?
Die Nachricht enthielt auch die Information, dass England nun eine Königin hatte, die Nichte vom toten König.
„Der König ist tot, es lebe die Königin"
„*So ist das in England*", dachte Joachim, als er das hörte.

Es dauerte gar nicht lange, dann wurde allen nicht nur der Name des neuen Königs von Hannover bekannt, sondern auch, dass sie einen alten Mann von 66 Jahren, einen Haudegen und britischen Prinzen zum König bekommen hatten. Ernst August I. war am 5ten Juni 1771 in London geboren worden, worüber die Deutschen keinesfalls glücklich waren. Zudem war er der Onkel der jungen britischen Königin Victoria.
Es war schon ein Graus mit den Herrschaften, raunte es durch die Gassen. Einst regierte der Bischof, dann waren es die Schweden, danach die Dänen, später die Briten und dann der Franzose, nun wiederholt ein Brite. Diese Enttäuschung wurde zur Ablehnung in der weiten Bevölkerung, weil ihm ein sehr umstrittener Ruf voraus eilte. Für die meisten seiner Landeskinder bestätigte er dieses, weil er kurz nach seiner Krönung das einigermaßen freiheitliche Staatsgrundgesetz seines Vorgängers von 1833 aufhob, was später zu öffentlichen Protesten und Unruhen

führte. Das Gesetz von 1831 zur Ablösung hingegen blieb unangetastet.
Er hatte durch seine militärische Laufbahn vollkommen andere Schwerpunkte, als sich um Bauern zu kümmern. Nach seiner Krönung verordnete er seinen Soldaten eine neue Uniform nach preußischem Vorbild. Er schuf ein Gardekorps mit einer preußischen Pickelhaube. Damit war die Demonstration der Macht der roten Röcke beendet.

Dieses Jahr und die einschneidenden Veränderungen an der Spitze des Landes, wie die geringe Aussicht auf eine eigene Scholle bewegte viele dazu, über eine Auswanderung nach Amerika nach zu denken.
Der Familienzweig, der von Ostendorf nach Oldendorf als Gastwirte ihr Glück versuchte, scheiterte. Die Franzosenzeit und besonders das Jahr ohne Sommer führte 1817 zum Konkurs.
Damit konnte keiner seiner Söhne die Neubauerstelle und Gastwirtschaft in Oldendorf erben. Sie mussten sich eine andere Erwerbsquelle suchen.
Johann Friedrich Hoops hielt sich, nach seinem Konkurs, noch bis 1840 in Brümmerhof im Nachbaramt Zeven gerade mal so als Häusling über Wasser. Seine neue Heimat wurde Campbell Country, wohin sein jüngerer Bruder Wilhelm Nikolaus schon 1837 ausgewandert war. Dieser hatte noch im selben Jahr in Cincinnati in Amerika geheiratet und zog einen Teil seiner Geschwister in die Vereinigten Staaten von Amerika nach.
Sie hatten die Hoffnung, im Königreich Hannover ihr Glück zu machen, verloren.

***

1841

Generationswechsel in Ostendorf

Die alte Margaretha war eine stolze und kräftige Frau, trotz ihrer 76 Jahre. Am Neujahrsmorgen wunderte sich Joachim, warum die Altmutter nicht schon am wärmenden Feuer saß, weil sie, seit er denken konnte, meist noch vor der Magd, aber stets vor ihm aufgestanden war. Die tiefstehende Sonne hatte bereits die ersten wärmenden Strahlen durch die kleinen Fenster gesandt. In dem Licht tanzten Staubpartikel spielerisch durch das Licht. Das Feuer in der Feuerstelle war zur Glut heruntergebrannt.
Er legte zwei Scheite auf die Glut und fragte die Jungmagd, ob sie die Alte heute Morgen schon gesehen hatte, was sie verneinte.
Die Antwort trieb ihm die Sorge in sein Herz. Er lauschte an der dünnen Tür aus Brettern, hörte aber nichts außer dem Viehzeug im Haus.
Die Magd saß auf dem Schemel und molk die Kühe wie allmorgendlich. Der Knecht war nicht im Haus und Joachim wähnte ihn bei den Schafen, nach dem Rechten zu sehen.
Aber seine Mutter war nicht aufgestanden und saß nicht am Feuer, was ihn unruhig werden ließ.
Inzwischen war auch Gesche mit dem jüngsten der Kinder fertig, während die ältesten den Tisch zum Frühstück eindeckten.
Heute musste niemand von den Kindern zur Schule, weswegen es ein wenig unaufgeregter zu ging.
„Gesche, Modder ist noch nicht aufgestanden", sagte er leise mit einem ängstlichen Unterton zu seiner Frau.
„Das habe ich noch gar nicht bemerkt. Ich schaue nach ihr", sprach sie, drückte ihrem Mann den kleinen Johann in die Arme und ging zur Altenteilerkammer, öffnete leise die Tür und schaute mit dem Kopf hinein.

„Modder, geht es dir nicht gut", fragte sie leise und besorgt in den Raum.

„Gesche?", hörte sie die schwache, fragende Stimme ihrer Schwiegermutter.

„Ja, ich bin es", antwortete sie und trat vollends in die Kammer und ans Bett der Alten.

Die Tür fiel hinter ihr in den Türrahmen. Joachim konnte nichts mehr hören. Er war beruhigt, als er die Stimme seiner Mutter vernahm. Der fünfjährige Johann forderte nun die volle Aufmerksamkeit seines Vaters ein, dass er die Sorgen vergaß und sich um den Jungen kümmerte.

Als Gesche wieder herauskam, sah sie besorgt aus.

„Sie hat einen Schwächeanfall und fühlt sich nicht sehr wohl. Lasse sie man noch eine Weile schlafen", sagte sie mit besänftigender Stimme zu ihrem Mann.

Die 76 Lebensjahre als Dienstmagd, Bäuerin und Altenteilerin, Mutter und Großmutter hatten dem Leib einiges abverlangt.

„Geht Gevatter Hein schon ums Haus?", fragte Joachim sorgenvoll.

„Nein, aber er wird sicherlich nicht lange auf sich warten lassen. Der Tod ihres Vaters vor gut einem Jahr hat sie schon schwer getroffen. Seitdem wurde sie auch stiller", räumte sie mit sanfter Stimme ein.

Am Sonntag, dem 17ten Januar beorderte der Amtmann seine Meier und Erbpächter wie in den Jahren zuvor, wenn etwas Grundlegendes zu verkünden und zu erklären war, in den Saal, wo von Amtswegen das Amtsgericht außer an Sonntagen tagte.

Nachdem der Amtsschreiber durch aufrufen festgestellt und das Ergebnis schriftlich festgehalten hatte, welche Herrenmeier vom Amt Bremervörde anwesend waren, wies er einen der Amtsdiener an, den Herrn Amtmann darüber zu informieren.

Joachim hatte, entgegen der ersten Veranstaltung, mit dem Zigarre rauchenden Amtmann von vor zehn Jahren, einen Sitzplatz ergattert und seinen ältesten Sohn mitgenommen, der allerdings aus Anstand der älteren Generation gegenüber keinen Sitzplatz streitig gemacht hatte. Joachims Sohn und Anerbe wollte nun mehr über diese Ablöseverordnung wissen.
Der alte Joachim sah sich in aller Ruhe im Gerichtssaal um, in dem er bislang nur bei solchen Veranstaltungen zugegen war. Er hatte mal den Bremervörder Scharfrichter Schwarz auf der Straße gesehen. Es lief ihm ein Schauer den Rücken herunter, als er daran dachte. Seitdem hatte er, wenn er seinen Hühnern den Kopf abhackte, immer diesen großen, stämmigen und furchteinflößenden Mann vor Augen.

Als der Amtsbüttel endlich zurückkam, kündigte sich das zeitnahe Erscheinen des hohen Beamten an, weswegen alle aufstanden. Kurz danach betrat der Amtsträger den Raum, sich stehend einen ersten Überblick über die Anwesenden verschaffte und dann auf dem Richterstuhl Platz nahm. Seine Wampe verhinderte, dass er eng am Tisch sitzen konnte.
Der Amtsschreiber deutete mit den Händen an, dass es nun erlaubt war, sich hinzusetzen, sofern man einen Sitzplatz hatte.
„Meine Herren, ich werde euch heute gute Neuigkeiten aus Hannover mitteilen. Auch wenn meine Vorgänger bereits dieses und jenes mitgeteilt oder erklärt haben, werde ich noch einmal zehn Jahre zurückgehen, denn es sind jedes Mal andere Meier hier. Einige gehen aufs Altenteil, damit kommen neue Erbpächter zum Zuge; andere gehen Konkurs oder werden abgemeiert; wieder andere versterben oder müssen den Hof abgeben ohne einen Nachfolger oder leiblichen, lebenden Erben zu haben."
Joachim konnte ihm nur zustimmen. So hatte er es noch nicht gesehen. Er war inzwischen 52 Jahre alt und würde

sicherlich in wenigen Jahren seinen Hof an seinen Sohn Joachim abgeben, der mit seinen 23 Lebensjahren bald ins heiratsfähige Alter kam.

„Am 10ten Oktober 1831 wurde das Ablösungsgesetz erlassen, dem am 23sten Juli 1833 die dazugehörige Ablösungsordnung folgte. Dazu sage ich nachher noch etwas. Nun hat man in Hannover am letzten Dienstag, das war der 15te Januar, per Gesetz die Hannoversche Landeskreditanstalt beschlossen, die damit ihre Aufgabe aufgenommen hat."
Die Spannung bei den Anwesenden stieg.
„Männer, die Preußen machen es vollkommen anders, als unser König. Die Höfe sollen aus steuerlichen Gründen in ihrer Größe erhalten bleiben, was auch die Ertragslage sicherstellt. Bei wem aber ein unwirtschaftliches Verhältnis festgestellt wurde, wird eine Lösung vorgeschlagen. In den letzten Jahren waren die Landvermesser überall im Königreich unterwegs, die alten Besitzverhältnisse klar darzustellen und ggf. zu klären."
Ab und an machte er eine Pause, um den Anwesenden die Möglichkeit zu geben, weiterhin ihre Aufmerksamkeit auf seine Worte zu lenken. Nicht jeder war es gewohnt, so lange im Raum still zu sitzen, oder zu stehen. Der vorangegangene Gottesdienst hatte einigen schon einen Tribut an Wachheit genommen.
„Diese Verordnungen regeln die Möglichkeiten der Ablösung von Lasten und nicht nur für die Höfe und Häuser. Es können auch andere, an die Person gebundene Lasten abgelöst werden. Der Amtsschreiber und die Beamten des Amtes werden mit den Notaren und jedem von Euch über seinen Hof, seine Kate oder sonstige Lasten reden. Dazu werden die Ergebnisse der Landvermesser eine der Grundlagen sein, die man mit eurer Unterstützung erstellt hat."

Er machte erneut eine kleine Pause und nahm erstmals einen Schluck aus dem Krug, der vor ihm stand.
„Einige Lasten können nicht abgelöst werden, wie zum Beispiel Gemeinheitsrechte oder Lehnverhältnisse, wie Schankwirtschaften. Letztere sind an erteilte Konzessionen gebunden, nicht an Höfe oder Häuser. Es ist geplant, bzw. in den Verordnungen niedergeschrieben, dass die Ablösung aller restlichen Lasten, wenn sie durch Entschädigung von Berechtigten, die damit ihre Rechte verlören, erfolgt."
Die Meisten hatten das nicht verstanden und ab dem Satz aufgehört zuzuhören, weil ja der Amtsschreiber mit jedem einzeln alles noch einmal sorgfältig durchgehen würde.
„Die Entschädigung bekommt der Grundherr vom Käufer, dem Erbpächter. Um das finanzieren zu können, wurde die Landeskreditanstalt ins Leben gerufen. Der Kaufpreis wurde für alle gleich auf den 25-fachen Jahreswert der bisherigen Abgaben festgesetzt. Das gilt für meine Herrenmeier, wie für die Junker- oder Kirchenmeier. Ihr müsst euch also keine Sorgen machen. Es ist ein gerechtes und einheitliches Verfahren für alle, die als Erbpächter gelten. Für andere bietet sich eine Möglichkeit, wenn ein Erbpächter oder dessen Erbe verzichtet. Details erspare ich euch."
Er schaute seinen Zuhörern in die Augen und fuhr dann fort.
„Als Letztes gebe ich zu merken mit auf den Heimweg: Es ist der Verkauf einzelner Ländereien wie Grundstücke, oder eine Teilung von Höfen als Folge."
Damit entließ der hohe Beamte viele verwirrte Anwesende, stand auf und verließ selbst den Saal.
Die alte Margaretha erlebte noch die Verkündung vom Gesetz über die Einrichtung der Kreditanstalt. Als Joachim ihr nach seiner Rückkehr vom Amt davon erzählte, nahm sie ihn mit beiden Händen fest in den Arm. Die Tränen rollten ihr über die faltigen Wangen. „Junge, das wird deinen Vater und deinen Großvater freuen davon zu hören,

wenn ich es ihnen erzähle, dass der Traum wahr wird", sagte sie und drückte ihn noch fester an sich.

Am 14ten März, einem Sonntag, tat sie kurz nach Mitternacht ihren letzten Atemzug in ihrem Bett in der Kammer, während alle im Haus schliefen. Der Körper hatte seine Kraft zu Leben verloren.
Morgens kam Gesche aus der Kammer der Schwiegermutter ins Flett und teilte der Familie mit: „Se ist dod bleven. Us Modder ist nicht mehr."

Ausblick auf Buch 4
***
1851
Der König ist tot

Wenige Tage nach der Taufe von Joachims zweiten Sohn, den er Johann Hinrich taufen und Hinrich rufen ließ, starb der König Ernst August in Hannover früh am Morgen.
Auf den Höfen in Ostendorf begann dieser Morgen wie jeder andere auch. Das Vieh musste versorgt werden, die Familie, auch die Herrendienste wurden abgefordert, denn sie waren noch nicht gänzlich abgeschafft, zudem warteten die eigenen Äcker und Felder in der Winterruhe auf die eine und andere Zuwendung der Landwirte.
Joachim war an diesem Tag mit seinem Nachbarn in Bremervörde, es war ein Dienstag. Sie wollten jeweils zwei Schweine beim hiesigen Schlachtermeister verkaufen. Die Säue waren fett geworden und brachten einen guten Preis, den sie nach dem Gottesdienst mit dem Schlachtermeister ausgehandelt hatten.
In Bremervörde kamen sie nachmittags zur dritten Stunde an, fuhren über die Straßen und Gassen, die mit glattem Kopfsteinpflaster befestigt waren, bis auf den Hof der Schlachterei. Während der ganzen Fahrt hörten sie das Grunzen und Quieken ihrer schlachtreifen Schweine, die auf dem Leiterwagen eingepfercht und angebunden waren. Auf den Höfen hingegen hörten alle das Geschrei der Schweine beim Einfangen und Beladen. Die Kinder schauten neugierig zu, waren aber zugleich ängstlich wegen des Lärms, auch wenn es ein jährlich wiederkehrendes Handeln war.
„Peter, wir sind endlich angekommen. Es wird ganz bestimmt ein sehr gemütlicher Tag. Nachdem wir die Schweine abgeliefert haben, lade ich dich zum Bier in den Krug ein", schlug Joachim seinem Nachbarn und Mitstreiter vor.

Die Moorsiedler

Eine historische Familiensaga in vier Teilen
von Jürgen Hoops von Scheeßel

Buch 1

MUTTERERDE

250 Seiten, 10/2021

€ 19,90, Paperback | € 9,99, e-book
ISBN 978-3-8382-1639-3 | ISBN 978-3-8382-7639-7

Buch 2

AUFBRUCH

232 Seiten
erhältlich ab Oktober 2022

€ 19,90, Paperback | € 9,99, e-book
ISBN 978-3-8382-1669-0 | ISBN 978-3-8382-7669-4

Buch 3

SCHWERE ZEITEN

250 Seiten
erhältlich ab Oktober 2023

€ 19,90, Paperback | € 9,99, e-book
ISBN 978-3-8382-1679-9 | ISBN 978-3-8382-7679-3

Buch 4

DIE EIGENE SCHOLLE

250 Seiten
erhältlich ab Oktober 2024

€ 19,90, Paperback | € 9,99, e-book
ISBN 978-3-8382-1689-8 | ISBN 978-3-8382-7689-2

Vorbestellbar unter vertrieb@edition-noema.de

Die Hexen-Tetralogie
von Jürgen Hoops von Scheeßel

GRETGE

„mit Hexen verwandt, als Hexe verbrannt"

10/2010, 250 Seiten

€ 19,90, Paperback | € 9,99, e-book
ISBN 978-3-8382-0039-2 | ISBN 978-3-8382-6039-6

TIBKE von Bartelsdorf

„angeklagt im Hexenwahn"

11/2010, 262 Seiten

€ 19,90, Paperback | € 9,99, e-book
ISBN 978-3-8382-0069-9 | ISBN 978-3-8382-6069-3

ANNA, die alte Zauberin

„Der letzte Scheiterhaufen von Rotenburg"

11/2011, 266 Seiten

€ 19,90, Paperback | € 9,99, e-book
ISBN978-3-8382-0079-8 | ISBN 978-3-8382-6079-2

METTES Flucht in den Tod

„Das verdächtige Gesicht"

11/2012, 260 Seiten

€ 19,90, Paperback | € 9,99, e-book
ISBN 978-3-8382-0229-7 | ISBN 978-3-8382-6229-1

Regionalhistoriografie
von Jürgen Hoops von Scheeßel

mißbraucht & verbrannt

Die Hexenprozesse im Amt Rotenburg, Bistum Verden

zusammengestellt und erarbeitet von
Jürgen Hoops von Scheeßel & Heinrich Ringe von Bartelsdorf

10/2009, 332 Seiten

€ 39,95, Hardcover
ISBN 978-3-89821-999-0

€ 26,99, e-book
ISBN 978-3-8382-5999-4

„LASST SIE BRENNEN!"

Die Geschichte der Hexenverfolgung im Amt Rotenburg

4/2011, 250 Seiten

€ 29,90, Paperback
ISBN 978-3-8382-0199-3

Edition Noëma
Melchiorstr. 15
D-70439 Stuttgart

info@edition-noema.de
www.edition-noema.de
www.autorenbetreuung.de